中国

「強国復権」の条件

「一帯一路」の大望とリスク

柯隆［著］

慶應義塾大学出版会

はしがき

２０１８年は日中両国にとって、そして筆者の個人史としても、とても重要な年である。まず個人的な話を先にさせていただくと、筆者は30年前の１９８８年に留学のために来日し、名古屋で研究生活をスタートさせた。それ以来ずっと日本で生活している。

名古屋大学で修士を取得したあと、今はなき長銀総合研究所に就職したが、入社の面接のとき「どういう仕事をしたいですか」と質問され、大学院ではアメリカの金融規制を学んだので「アメリカ金融に関連する仕事をしたい」と答えた。しかし人事部から「君は中国人なのだから中国経済に関する調査をしてもらう」といわれた。だったらその質問は何のためだったのだ、と思った。自分は当時、中国経済に何の関心もなかった。もし何らかの関心があったら、日本に来ることなど考えなかったからである。ほとんど興味を持てない自国の経済分析を行うことには気が引けたが、でも仕事だから、いわれる通りにやるしかない。以来、ずっと中国経済の研究を続けている。

そして、日本にとって、２０１８年は明治維新の１５０周年にあたる。日本を近代化したのは明治維新だった。さらに、中国にとって２０１８年は「改革・開放」から40周年になる。この40年間、中国は良くも悪くも、それ以前とはまるでちがう国になった。日本の明治維新と中国の「改革・開放」との比較は、本文で述べることにする。

では、なぜこの本を書こうと思ったのだろうか。

一つは、今までの30年間、日本で研究生活を行ってきたなかで、自分自身が自国をどのように認識しているか、一度総括しなければならないと思ったからだ。もし中国国内で中国を研究したら、必ずしも客観的に被写体を捉えることができないかもしれない。日本に来てよかったといつも思う。

もう一つは、書店へ中国関連の新刊書を探しに行くが、日本の中国関連の本はあまりにも極論が多く、いつも当惑を隠せない。「仮想敵国」中国は危険な国であるとする中国脅威論や世界制覇をたくらむよからぬ国としての中国陰謀論のかたわら、やがて綻びが生じて足元から崩れ落ちるという中国崩壊論まで、実に激しい議論が繰り広げられている。そのせいか、講演などのとき「中国では実際には何が起きているのか」「中国はどのような国になろうとしているのか」とよく質問される。中国が多様性に富んだ巨大国家であることはたしかだが、巷にあふれる極論を提示する論者たちは、あまりにも個人的な好き嫌いで中国を論じていることが多いため、日本人の読者が翻弄され、五里霧中を彷徨《さまよ》うことになってしまっているのではないか。

こうした二つの実情に鑑み、この本を執筆する目的は、個人的な感情論をすべて取り除いて、もう一度冷静に中国を観察し描写したいと考えたからである。ただし、この本は学術書ではない。一般の読者は中国経済に関する理論分析を知りたいよりも、中国という国そのものを知りたいはずである。中国を知らないまま、中国のことが好きになったり、嫌いになったりすることは一番よくないことである。好きか嫌いかになる前に、もう少し実態に肉薄した等身大の中国に近づくことが重要である。

今、日本では、パンダの香香《シャンシャン》がブームになっている。中国はパンダの生まれ故郷だが、日本と中国のつながりは、それだけではない。また、少なからぬ日本人が『三国志』の愛読者である。しかし、魏呉蜀三国鼎立の時代は数千年の中国史のなかでわずか一瞬にすぎず、中国の歴史はそれよりも遥かに長く複雑である。同様に、中国人の心も日本人が考える以上に複雑なものである。

筆者は個人的に中国経済を研究しているのだが、経済理論をもって中国経済を考察するだけで中国という国の全体像を描くことには限界があると感じている。経済には必ず社会の内実と結びついた複雑な事情が存在し、より真実に近づくには、その隠れた部分をも明らかにしなければならないからだ。一方で、足元の中国社会と中国経済を解明しようと思っても、なぜこうなっているかについて納得のいく説明ができない場合がある。やはり歴史的な観点から中国を鳥瞰しないと、中国の真相を解明できない。

しかし、この点は筆者にとって一番の難題である。なぜならば、文化大革命のときに初等教育を受けた筆者は、きちんとした歴史教育を一度も受けたことがない。たとえば、中国の教科書では、中国を統一した秦の始皇帝が国を統一した功績だけが讃えられているが、後日日本で歴史書を紐解き、始皇帝が実際はたいへんな暴君だったことを知ったとき、大きなショックを受けた。同様に、太平天国の乱は封建社会を打倒する農民一揆として総括されているが、実際は、いたるところで虐殺を繰り返す邪教徒の乱だった。したがって、現在の中国を知るために、まず中国の数千年の歴史を正しく知る必要があった。筆者にとって、間違った歴史観を正すことが先決だったのである。振り返れば、今までの十数年間、一番多く読んだのは経済学の書ではなく、大半が歴史書だった。

現在では、たいへん幸いなことに、中国の若手の歴史学者の一部は、史実を明らかにしようと最大限の努力をしている。社会主義中国の歴史観は歴史上の人物を白黒の二分法で分けることだった。しかも現在の政治的必要性から史実を曲解することが多かった。米プリンストン大学で共産党の歴史を研究している馮勝平氏は、「史実を捻じ曲げることができても、史実に含まれるロジック（論理）を捏造することはできない」と述べている。ある意味では、歴史を勉強することは史実を知るよりも、歴史の論理を勉強することがよほど重要である。

日中戦争史をめぐる日中の対立は、戦後70年以上を経た今となっては実に不毛な論争と思われる。なぜならば、その多くはある史実に関する見解の食い違いだからだ。時間が経てば経つほど、史実の一部は解明できなくなる。また、日中双方の立場のちがいにより、史実の描写は大きく異なることも、ある意味では当然のことである。むしろ、日中戦争がなぜ引き起こされたのかの背景を論理的に解明することのほうが、何よりも重要であると考える。

中国国内で、いまだに文化大革命の原因や責任の究明は公において認められていない。しかし、幸いなことに一部の知識人は私的に文革の体験者と当事者に対するインタビューを「口述歴史」のかたちで保存する活動を行っている。そして、アメリカで文革研究を行う中国人研究者も、当事者に対するインタビューを記録している。これらの努力は中国の現代史研究において最も重要な功績として記録されるだろう。

現在、中国ではいまだ言論の自由が十分に保障されていないが、40年前の中国は今の北朝鮮ときわめてよく似た国だった。それを考えれば、わずか40年で、世界で最も古い国の一つの中国がここまで進歩したのは、むしろ驚きである。中国の先行きに関する悲観論は往々にしてその進歩に対する期待と現実の進歩の遅さのギャップによるところが大きい。

筆者は30年前に上海から鑑真丸というフェリーに乗って日本に来た。上海市中心部に位置する上海港を出発した鑑真丸はゆっくりとしか進まなかった。揚子江の河口までは半日もかかった。なぜもっと速く走らないのか、と乗組員に尋ねたら、「川だから速く走れない」といわれた。

むろん、中国という巨大国家の舵取りは鑑真丸を操縦することよりも遥かに複雑な作業となる。指導者自身も歴史的限界性によって視野が塞がっていることもある。とくに、「改革・開放」はそれまでの社会主義計画経済と完全に決別してリスタートしたわけではない。毛沢東時代の負の遺産を引きずりながら、中国は鄧小平がいう渡り石を叩いて一歩前進してまた半歩後退するという困難な歩みを辿ってきた。でも、大まかな方向性についていえば、中国はゆっくりでありながらも前進している。逆に、中国のような巨大国家は猛スピードで走りだした場合、それこそ恐ろしい結末になるかもしれない。

イアン・ブレマは今の世界をリーダー不在のGゼロの時代と定義している。そのなかで中国の躍進はグローバル社会にとり大きなリスクとなると指摘されている。なぜならば、中国は独自のルールに則って行動してくるからである。要するに、中国が世界のリーダーになろうとしていることは主要国には受け入れられない。本書で議論する最重点課題は中国がグローバル社会の本当のリーダーになれるかどうかである。

筆者は1994年に長銀総研に入所以来、日本経済新聞社出版局（当時）の書籍編集者だった増山修氏の知遇を得て、機会あるごとに同氏に激励されながら、来日から10年がかりの研究の集大成として2007年『中国の不良債権問題』を同社から上梓した。それから10年経過し、増山氏は慶應義塾大学出版会に移籍されたが、その間も常に「柯さん、そろそろその後の成果をまとめられたら」とお誘いを受けてきた。今回、その機が熟したのを見計らってこの本が誕生したのである。ふたたび本書執筆の機会を与えてくれた増山氏に感謝したい。

この本は執筆当初から学術書として書こうとは思わなかった。一つは個人的な能力の限界によるものである。もう一つは上述のように、日本にある中国論の本に充満する極論を看過できないからでもある。落ち着いた冷静な議論をして本当の中国に少しでも近づければ幸いである。

ここ数年、筆者を取り巻く研究環境にはいろいろな変化があった。幸いにも富士通総研の本庄滋明社長は「自由にどんどん情報発信をしてほしい」と比較的自由な研究活動を認めてくれている。そして、筆者所属の経済研究所小村元所長・常務取締役から「柯君は、中国リスクに関する研究をもっと深めてほしい」と日ごろ筆者の研究に理解を示してくれている。ここで謝意を表したい。また、富士通総研の前会長・伊東千秋氏は、常に筆者の研究を励ましてくれたことに感謝したい。さらに、日ごろの研究活動とさまざまな企画の相談に乗ってくれる富士通総研の広報担当・香田隆氏と相原真理子氏の二人にも心からの謝意を伝えたい。日ごろの研究活動を支えてくれている研究アシスタント・眞野美香氏にも感謝する。

30年前、私費留学生として名古屋へ留学するにあたり、身元引受保証人になっていただいた浅野彰氏は、筆者のことを実の子どものように見守ってくださっている。ご家族の皆さんにも温かく接していただいている。ここで心より謝意を表する。また、名古屋滞在中、一番最初に下宿させていただいた故・黒川欽吾家の皆さんにも感謝したい。

30年前に留学のために来日したが、筆者の両親は今も南京で生活している。『論語』には、「父母在、不遠遊」との教えがあり、多少親不孝とも反省しているが、幸い、二人とも高齢ながら、大病もなく健在である。

最後に、南京で安定した公務員の仕事を持っていた妻は仕事を辞め、一介の私費留学生として来日を決意した筆者について日本に来てくれた。その勇気と信念と愛情に感謝したい。そしてこの30年間、妻と娘に多大な迷惑と心配をかけたことに心よりお詫びする。

２０１８年初春

柯　隆

著者プロフィール

柯　隆（か・りゅう、Ke　Long）

1963年　中華人民共和国・江蘇省南京市生まれ。
88年来日、愛知大学法経学部入学。92年、同大卒業。94年、名古屋大学大学院修士課程修了（経済学修士号取得）、長銀総合研究所国際調査部研究員（98年まで）。98～2006年、富士通総研経済研究所主任研究員、06年より同主席研究員を経て
現在　東京財団政策研究所主席研究員、静岡県立大学グローバル地域センター特任教授。
この間、中国浙江大学客員教授、財務政策総合研究所中国研究会委員、JETROアジア経済研究所業績評価委員、慶應義塾大学グローバルセキュリティ研究所客員研究員、広島経済大学特別客員教授、国際経済交流財団『Japan Spotlight』編集委員（継続中）等を歴任。
母国の経済関連諸機関や官庁、企業とのつながりも厚く、日中をつなぐコーディネート役を数多く務めるほか、NHK（クローズアップ現代、日曜討論、ニュースウォッチ９など）、フジテレビ（BSプライムニュースなど）、テレビ東京（ワールド・ビジネス・サテライト、BS Japanプラス10など）に出演多数。外国メディア（BBC、中国CCTV、ブルームバーグなど）への出演や講演、主要メディアへの寄稿も多数。
主著
『中国の統治能力』（共著）慶應義塾大学出版会、2006年
『中国の不良債権問題』日本経済新聞社、2007年
『チャイナクライシスへの警鐘』日本実業出版社、2010年
『爆買いと反日』時事通信社、2015年　など
このほか論文、レポートを多数執筆・発表している。

目　次

第2章　中華民族の復興と富国強兵の夢……………37

目　次

第10章　中国が「強国」になる条件……339

装丁　デザインフォリオ（岩橋香月
佐々木由美）

第1章　中国的ヘゲモニーと一帯一路

1　中国の国是

中国とは、どのような国だろうか。中国では多くの国民は、生まれてから死ぬまで自分の村からさえ一歩も出たことがない。そもそも誰が中国人なのだろうか。中国人の多くは「漢民族」である。中国の文字は「漢字」であり、中国語は「漢語」といわれている。漢民族以外の数多くの少数民族も中国の一部で、民族団結という観点から少数民族を排除してはならないが、あくまでもマイノリティである。

中国を歴史上初めて統一したのは秦の始皇帝だったが、ではなぜ中国人は自分たちのことを「漢民族」と呼び、「秦族」と呼ばないのか。アイデンティティの帰属意識について、秦の始皇帝はたしかに中国を統一したが、一方で焚書坑儒などにより民族文化の多くが壊されてしまった。秦王朝はトータルしても20年と続かなかった。その後の2000年余りの中国文化の基礎を築き上げたのは、秦が亡びたあと成立した漢王朝だった。前漢と後漢を合わせれば、約420年も続き、土地の制度や官僚システムなど、ほぼすべての制度と文化の基礎を築き上げたのがこの漢王朝だった。だからこそ中国人は自分たちのことを「漢」民族と呼んでおり、文字は「漢」字であり、言葉は「漢」語と呼ぶのである。

かつて宇宙飛行士は宇宙から万里の長城が見えたといわれたことがある。この伝説は本当かどうか定かではなく、のちに宇宙から肉眼では万里の長城は見えないと証明されたが、このような話ができるほど、中国の地図をみると、北方民族の侵略を防ぐ万里の長城はやはりとてつもなく長大な遺跡である（ただ、歴史において長城は北方民族の侵略を防ぐことができなかったが）。

そして、中国人にとって、中国文化の発祥は東西を流れる黄河だった。黄河は黄土高原を流れ、中原地帯を灌漑し、豊かな中国文化を育んだ。近年の研究では、四川省の出土品から中国文化は黄河流域だけでなく、長江（揚子江）流域も中華文明の発祥の地であることが判明した。

中国文化の一つのユニークなところは周辺諸国との朝貢関係の締結である。しかし、朝貢は小国を植民地としてその資源を略奪するための枠組みではない。どちらかといえば、華夷秩序と呼ばれる朝貢は周辺諸国へ中原文化を輸出するための枠組みだった。だからこそ朝鮮半島は漢字や漢詩など中国文化の影響を強く受けていた。同じようにベトナム北部は今でも中国文化の影響が残っている。一方で、ロンドンの大英博物館やニューヨークのメトロポリタン博物館とちがって、中国の博物館には外国の文化財の陳列が皆無に等しい。なぜだろうか。古代中国人は自分たちの国が世界の中心であり、中華文明よりも優れた文明はほかに存在するはずがないと勘違いしていたから、他国の文物を持ち帰り、展示などするべくもなかったからだ。歴史的に中国人が海外から輸入または略奪したもののなかで最も多いのは、象牙などの類である。だからこそ中国人は、中国は覇権主義的だといわれると、心外に思うのだ。

もしも中国人に覇権を求める気があるとすれば、やはりアヘン戦争以降、列強に侵された反動から来たものだろう。要するに、中国人は自給自足の中華文明に安住していた。外国を侵略しようとする意欲と危機感はほとんどなかった。だからこそ中国と中国人は「眠っている獅子」といわれていた。問題は、その眠っていた獅子が今、目を覚ましてこれから何をしようとするか、世界にとってのリスクとみられていることである。

辛亥革命の失敗と中国人の「皇権」への崇拝

おそらく民主主義と専制政治の最大のちがいは、民主主義が個人の利益を最大限に尊重するのに対して、専制政治は国家の利益、すなわち国益を最優先することである。むろん、国益が誰のものなのかを問われれば、専制政治では権力者のものということになる。かつて王朝時代においては、国王あるいは皇帝の権益が最優先にされていた。皇帝の権益は「皇権」とも呼ばれ、政治的にその権力が絶対的に不可侵のものだった。だからこそ、孫文は1911年に辛亥革命を引き起こし、清王朝を打倒し、共和制の中華民国を樹立させた。そのときの国是といえば、有名な「三民主義」、すなわち、民主主義、民権主義と民生主義だった。

辛亥革命は清王朝を倒したことで半分成功したといえるが、三民主義を徹底できなかったため、残りの半分は成功していない。だからこそ孫文は晩年、自らの後継者に「革命尚未成功、同志仍須努力」（革命は未だ成功しておらず、同志の皆さんはもっと努力すべし）との訓話を遺した。

振り返れば、孫文の革命を阻んだのは清王朝の皇帝というよりも、中華民族の根強い皇権への崇拝であろう。端的にいえば、孫文が引き起こした辛亥革命が完遂されなかったのは、彼自身が中国民衆の愚昧を過小評価したからであろう。魯迅は中国民衆の愚昧さを熟知したからこそ、医者になっても中国人を治癒できないため、中国人の心を治癒しようとして文学者になった。その代表作『阿Q正伝』のなかで民衆の無知蒙昧なさまを活き活きと描いた。

研究者の間に、経済が発展すれば、その社会は徐々に民主化していくと主張するものが少なくない。鄧小平は民主化を拒んだ理由として、経済発展は社会の民主化の前提条件と説き、経済が十分に発展するまでは民主化してはならないとしたのだった。しかし、どれが鶏か、どれが卵かは必ずしも実証されていない。少なくとも、今の中国社会をみればわかるように、経済はすでに世界二番目の規模になり、一人あたりGDPも1万ドルに迫る規模に成長しているにもかかわらず、中国社会は未だに民主化していない。

民主化する条件として経済発展が必要であると説かれる理由としては、人々は豊かになってはじめて、人権をより重視するようになると考えられているからだ。しかし、中国の場合、民衆の生活レベルはたしかに向上しているが、権力を崇拝し、権力に媚びるDNAも依然として強く働いている。1989年6月4日に起きた民主化要求の天安門事件が失敗したのは、中国政府が武力でそれを鎮圧したこともあるが、何よりも、一部の学生以外、民衆は民主化要求運動を傍観するだけで、自分たちも一緒に行動しようとは思わなかったからである。

国家と個人

当然、今の中国では、皇権という概念は存在しないが、それに代わって登場してきたのが「国益」である。

実は、ある意味では皇権と国益はよく似た概念である。国益を優先にするために、小学校の教科書に「大河没水、小河干」（大河に水がなければ、小川には水がなくなる）と書かれている。大河とは国益のことであり、小河は個人の権利である。実は、この表現は自然の摂理に反している。自然界では、大河が小河に水を注ぐのではなく、小河が大河に水を注ぐのである。しかし、ほとんどの中国人は小学校生のときからこういう間違った論理を教え込まれているため、多くの人がきちんと考えもせずに鵜呑みしてしまっている。

あらためて考えてみれば、自然界では、無数の小川、すなわち大河の支流が大河に水を注ぎ込んで、大河にはじめて水が流れる。すなわち、ほんとうは「小河没水、大河干」というのが正しい表現である。毛沢東時代（１９４９―76年）の経済運営がなぜ失敗したかについて、国益を重視するあまり、個人の権利がとことんまで無視されたため、国益（大河）を支える個人（小河）も力が尽きたからである。

ここ数十年、中国で実施されている愛国教育の原点はまさに大河を支える小河の責任が必要以上に誇張されているものである。唐の詩人杜甫が残した「国破れて山河在り」は戦争の悲惨さを訴えたものだが、実は、国が破れても、山河さえ在れば、また国ができると読むことができる。逆に山河が破れれば、国が在っても、長続きしない。

国益が重要でないというわけではないが、戦争状態にない現状においては個人の権利、すなわち、孫文が唱えた民権を最大限に尊重すべきであろう。

中国社会のタブー

文化大革命のときに迫害を受けて犠牲になった知識人は多数いた。その代表者の一人が劇作家の老舎である。行き場を失った作家は池に飛び込んで自殺した。老舎が残した代表作の一つに『茶館』（沢山晴三郎訳、大学書林、１９８２年）という小説がある。清王朝の末期と民国時代の初期、北京の茶館で起きたことと人物をリアルに描写したものだが、そのなかで茶館の柱に常に貼っている紙に「莫談国事」とある。その意味は、国のことや政治のことは口にすべからずということである。

実は、今の中国でも政治のことやイデオロギーのことなど、とくに指導者に対する批判的な言論は絶対的にタブーになっている。たとえ指導者を批判しなくても、指導者を皮肉る言論なども厳しく禁止されている。どうしても権力に挑戦する者が政権転覆または扇動の罪に問われてしまう。

中国では、地場のインターネットの検索エンジン baidu.com を使うことができるが、google を立ち上げることはできない。baidu.com でタブーとされるキーワードなどを検索すると、「政策や法規に触れる言葉が含まれているので、表示できない」というフレーズが出てくる。

なぜ言論が統制されなければならないのか。

一つは、権力の正当性が実証されないなか、その権威を担保するために、いかなる批判も排除される必要があるからだ。もう一つは、指導者に対する個人崇拝は専制政治の必要条件であるからだ。合議制に基づかない統治は、指導者とその権力の権威によって支えられる。したがって、指導者や権力に媚びる言論は奨励されるが、それに疑問を呈する言論やそれを批判するものなどはすべて厳しく禁止されている。この点は毛沢東の時代も鄧小平の時代も、そして、今の習近平の時代も変わらず続いている。

一方、こうした議論と正反対の主張もある。「国家興滅、匹夫有責」という古い教えがある。これは明の時代の思想家・顧炎武の主張といわれている。また、清王朝末期の梁啓超の主張という説もある。顧炎武は明に仕えていたが、明が清によって滅亡しても、絶対に清に仕えなかった。いわば民族の英雄とされている。「国家興滅、匹夫有責」という言葉の意味は、「国家が振興するか、滅亡するかは、庶民に責任がある」という、愛国教育において使い勝手のよい説教となった。

しかし、実はこの言葉には続きがある。それは、「国家興滅、匹夫有責任、肉食者謀之」である。すなわち、肉を食べる者はそれを図って実行するということである。古代中国では、肉を食べる者は庶民ではなく、権力者であり官僚である。今の中国社会でいえば、共産党幹部ということになる。要するに、顧炎武の言いたいことは、国が振興するか、滅亡するかは庶民に責任があり、実際にそれを図って実行するのは役人である。残念ながら、この言い伝えの最後の一言が意図的に削除され、それを知らない者が多い。

国情の摂理

現代中国の社会風潮は国益が最優先にされているが、そのときの表現は「国情」ということばを使って、中国は特別な国であることを強調する。たとえば、中国が民主化できない理由の一つとして挙げられているのは、経済発展レベルがまだ低く、民衆に対する啓蒙活動ができていないという国情があるからだ、とよく説明される。

そして、今の中国は毛沢東時代の社会主義ではなく、先進国の市場経済とも異なる「中国の特色のある社会主義市場経済」と定義されている。この「中国の特色」こそが中国の国情ということである。

北京にある清華大学には「国情研究中心」まで設立されており、今後の経済発展と国是について研究が進められている。しかし、冷静に考えれば、「国情」という言葉には、政治と政策の失敗をエクスキューズする口実の役割まで含まれている。たとえば、なぜ長年、中国経済が発展しなかったのかについては、国土が広く人口が多いという国情によるところが大きいといわれていた。

むろん、中国人の国家観は元来それほど強いものではないはずである。多民族国家の中国は漢民族と少数民族が緩やかな連携によって結ばれている。だからこそ中国の歴史をみれば、分裂と統合を繰り返す歴史だった。しかも、漢民族からみれば、歴史的に幾度も外族によって国が奪われた。たとえば、元はモンゴル、清は満州族によって乗っ取られた。歴史的に外族に負けずに必死に戦った者が英雄と祀り上げられた。その代表格の一人が岳飛だった。岳飛は宋の武将であり、攻めてくる金と戦い、幾度となく勝利を収めたといわれている。

しかし、民衆の愛国心が煽り立てられて、逆に社会不安に陥るリスクも高まる。歴史的に、愛国という大義名分のもとで法を無視する言動も、幾度となくみられる。法を無視する暴挙の背景には、「国情」という言葉が強調される。国情はあらゆる不合理な言動を正当化することができる、使い勝手のよい言葉である。問題は、国情が誇張されることによって問題の所在がみえなくなる場合が多い。ここで問われるのは、中国は今後どのような国になっていくか、ということである。

2 中国的覇権《ヘゲモニー》

幻の「韜光養晦《とうこうようかい》」

最高実力者だった鄧小平が自らの後継者に残した遺訓といえば、「韜光養晦」ということである。その意味をわかりやすい日本語に言い直せば、実力が付くまで腰を低くして力を蓄えるということであろう。むろん、中国人の国民性から腰を低くするのは最も難しいことである。逆に、日本人に腰を低くしろといわなくても、日本人は最初から腰を低くしてしまう。攻める中国人と守る日本人という表現は、最も適切ではないかと思われる。

鄧小平の遺訓は酸性の水にアルカリ性の水を混ぜて中性にしようという狙いがあったにちがいない。この遺訓は鄧小平自身の人生を如実に表したものといえる。共産党の歴史において、多くの幹部は革命が成功したあと、毛沢東によって追放された。なかには、劉少奇や彭徳懐のような愚直な幹部が毛沢東によって殺された。それに対して、鄧小平は毛沢東に追放されても、黙って腰を低くして、追放先で労働者たちと似たような生活をつづけ、我慢しながら再起のチャンスを待っていた。革命後の鄧小平の人生はよく「三起三落」と表現されている。すなわち、鄧小平は三回も毛沢東に追放されたが、三回も再起を果たした。この遺訓は鄧小平の人生観と世界観そのものといえる。

「韜光養晦」は無期限に腰を低くするのではなく、あくまでも実力が付くまで腰を低くするということである。すなわち、いずれは立ち上がるという意味である。毛沢東が死去したあと、鄧小平はかつての盟友だった葉剣英や陳雲と手を携えて、毛沢東夫人の江青を中心とする「四人組」を追放した。このときの鄧小平は決して腰を低くしなかった。

研究者の間には、「韜光養晦」は現在の中国の外交哲学の柱になっていると主張する者がいる。しかし、鄧小平の後継者たちの間で「韜光養晦」という言葉の意味をきちんと理解しているものは多くないはずである。かつて、鄧小平にとって毛沢東の存在はあまりにも巨大すぎ、鄧はどんなに踏ん張っても毛沢東を倒すことができない。一方、鄧と対照的だったのが劉少奇、彭徳懐、林彪たちである。彼らは毛沢東の独断と独裁に不満を持ち、とくに劉少奇と彭徳懐ははっきりと毛沢東批判を始めたのだった。林彪は明確な毛沢東批判こそ行わなかったが、毛沢東に追放されるのを恐れて国外逃亡を企てた。

鄧小平は中国人のなかでもまれにみる徹底したリアリストである。彼は頂点に立つまで、無意味な反抗をせず、とことんまで従順を演出していた。むろん、晩年の毛沢東は鄧小平を完全に信頼したわけではなく、死去直前にまた鄧小平を追放し、自らに忠誠を誓った華国鋒を後継者として抜擢した。毛沢東が華国鋒を抜擢したのは江青女史が院政を敷くことができると判断したからである。

しかし、毛沢東は自分といっしょに戦争のときに戦った戦友たちの反抗心を過小評価した。共産党の歴史において「四人組」の追放は正義の戦いと総括されているが、法的な措置が取られていなかったことからクーデターと言って過言ではない。

「四人組」を追放した主役は華国鋒と葉剣英だが、その最大の受益者は間違いなく鄧小平だった。だからこそ鄧小平は生涯「韜光養晦」を信奉していた。しかし、鄧小平のような共産党幹部は決して多くない。たとえば、胡錦濤政権の末期に腐敗によって失脚した薄熙来が少しでも「韜光養晦」の精神を引き継いでいれば、失脚せずに、間違いなく今の共産党中央の中枢に位置する存在になっていただろう。残念ながら、当時、重慶市共産党書記の薄熙来は自分は絶対に失脚しないと過信し、全国でも目立った存在だった。否、目立ちすぎたといえる。

覇権を求めない外交のあり方

中国人政治学者を最も悩ませたのはこの「韜光養晦」の鄧小平思想である。目立たないということは何もしなくてよいということか、という問いに対して、明らかに何もしないわけにはいかない。でも、意気揚々にやりすぎると、「韜光養晦」にはならなくなる。そこでずる賢い政治学者は、戦略的に「韜光養晦」のいう通り、腰を低くするが、戦術的には国益を守らなければならないので、いろいろやっていくべきだと主張している。

中国の総理と外交部長（大臣）は記者会見のたびに、「永不称覇」（永遠に覇権を求めない）を口にする。しかし、世界で「覇権を求めること」を露骨に語る政治家はいないだろう。世界最大の覇権国家のアメリカとロシアでさえ、覇権を口にしたことがない。彼らは自分が正義の代弁者をいつも演じている。

振り返れば、毛沢東時代、毛はスターリン死去後、自らが共産圏の指導者になりたかった。しかし残念ながら、当時の中国の経済力は覇権を行使できるほど強くなかった。それどころか、長い間、中華人民共和国は国連にすら加盟できなかった。中国が実際に国連に加盟したのは1971年のことである。それは中国の実力によるというよりも、米ソの対立が激化し、中国がアメリカに歩み寄ったからである。アメリカは中国を取り込めば、ソ連を孤立させることができると戦略的に判断したから、中国の国連加盟を支持するようになった。

中国にとって中華人民共和国が建国してから22年経過してはじめて国際社会でのデビューを果たした。第二次世界大戦において中国は戦勝国となったが、当時、中国を代表していたのは蒋介石の中華民国だった。1949年、中華人民共和国建国後、毛沢東は経済建設よりも、自らの権力基盤を固めるために、戦友たちを次々と追放し失脚させた。その結果、中国経済はかつてないほど停滞していた。

建国後に繰り広げられた土地改革の一環として農民たちが「旧社会」の悪さを批判するよう求められたが、一部の地域の農民はそうした批判大会で「旧社会はよくないが、少なくとも飯を食べられた」とついつい本音をもらした。共産主義革命の一つの特徴は資本家と地主を敵として打倒することである。しかし、一部の農民は地主の家で搾取されたことがなく、親切にされていたことから地主を批判するのを拒んで、最終的にこうした農民が打倒されてしまった。

理念のない共産主義革命は暴動と暴挙に発展するだけで、国際社会で覇権を行使するほどの力は、少なくとも毛沢東の時代において備えていなかった。１９８０年代、鄧小平のリアリズムの思想によって中国は「改革・開放」の新しい道を歩み始めた。当時の中国では、外貨と技術は極端に不足し、だからこそ「改革・開放」の狙いは外資を誘致し、外貨と技術の不足を補うものだった。中国の「改革・開放」に最も貢献したのは香港や台湾の企業などで、それに日本企業も中国に大挙して進出した。

当時の中国外交は間違いなく「韜光養晦」の方針に従って、外交官たちの姿勢をみる限り、腰が低かった。では、中国外交はいつから方針を転換させたのだろうか。

習近平政権の外交理念

２０１３年、習近平国家主席は就任早々から「中国の夢」を実現し、中華民族の復興を国民に呼びかけた。そもそも中国の夢とは何を意味するものだろうか。これについて毛沢東時代を振り返る必要がある。

毛沢東は、先進国と協力せず、「独立自主、自力更生」の理念を信奉していた。おそらく毛沢東の心のなかで、中国は大国なのだから、列強に頭を下げることはできないと思っていたにちがいない。旧ソ連以外、外国に行ったことのない毛沢東は国際協力についての考え方がかなり歪んだものだった。たとえば１９６０年代、アメリカから攻められるのを恐れて、沿海部の国有工場を西部山間部に移転させた。これは中国で「三線建設」と呼ばれる国有工場の引っ越しだった。長い目で毛沢東時代の外交をみると、どちらかといえば、内向きの守りの外交だったといえる。毛沢東は国内での統治と権力基盤の強化に終始していた。

よくいわれることだが、外交は内政の延長である。この見方を踏まえれば、毛沢東時代の中国経済は、ほぼ破綻寸前の状態にまで陥った。それゆえ毛沢東時代の外交も真の大国外交ではなかった。結局のところ、中国が友好関係を結んだのはアフリカなどの弱小国家ばかりだった。

中国の外交が飛躍的に伸長したのは鄧小平の時代に入ってからであり、日本や欧米諸国との関係がこのときはじめて正常化した。何よりも重要なのは、鄧小平は日本など周辺諸国とのトラブルを回避し、リアリズムの姿勢を貫いて関係改善に臨んだことだ。

鄧小平が死去したのは1997年だが、それまでの中国外交はこれまで述べた「韜光養晦」の低姿勢だった。その後、中国経済は順調に成長し、2001年に念願の世界貿易機関(WTO)加盟を果たした。中国にとりWTO加盟は単なる国際貿易に関する門戸開放だけではなく、外交の飛躍的な伸長を意味するものだった。

中国外交は一貫して核心的利益を守ることを軸としている。中国にとっての核心的利益とは、台湾は中国の一部であり、独立した国として認めないということである。したがって、諸外国と交わす外交文書に必ずや「台湾は中国の不可分の一部である」との文言が織り込まれている。アメリカも日本もこの一つの中国の原則を受け入れている。だからこそアメリカと日本は台湾に大使館を設置せず、大使館の機能を果たす「協会」と称する機関を設置している。

江沢民時代(1990―2002年)以降、中国の外交は大きく変わった。というのは、中国にとっての核心的利益が台湾に加え、東シナ海の権益と南シナ海の権益も守らないといけないと明記されたからである。少なくとも、かつて米中および日中の国交回復のとき、東シナ海と南シナ海の権益を守ることは外交文書に明記されていなかった。

２０１７年８月１日、中国の「建軍節」（人民解放軍設立記念日）にあたって、習近平国家主席は内モンゴルの軍事基地で軍の閲兵式に臨み、重要な談話を発表した。そのなかで習近平は「これから世界一の軍隊を建設する」と公約した。以来、中国のリベラル知識人の間で人民解放軍の属性について議論が広がっている（ＢＯＸ参照）。習近平は閲兵式での演説で「銃は党の指示に従うものである。党は銃に従うものではない」と、人民解放軍が共産党の下部組織であることを強調した。

ＢＯＸ　人民解放軍は国軍なのか、共産党の親衛隊なのか

中国共産党にとって、政権を奪取できた二つの家宝がある。一つは銃、もう一つは筆である。銃というのは人民解放軍の指揮権である。筆というのはマスコミに対する統制権である。したがって、長い間、中国で人民解放軍が党中央委員会の指示に従うことについて何も疑問視されることはなかった。ただ、１９８９年の天安門事件をきっかけに、「新聞法」（マスコミ法）の制定が一部の共産党幹部と知識人の間で議論され、民間のマスコミの存在を合法化すべきとの議論が現れた。その後、「新聞法」を制定すれば、かえって言論を統制しにくいと判断され、「新聞法」はいまだに制定されていない。

近年、一部の法学者の間で、人民解放軍はある政党に属するものではなく、国民の軍隊であるべきだという主張がなされている。こうした議論をリードする中心人物の一人が北京大学法学院の賀衛方教授であ

る。賀教授は「軍が個別の政党に属することはその政党の利益のみ最大化しがちになり、かつてナチス・ドイツの親衛隊はその典型である。軍の暴走を食い止めるためにも、『党衛軍』（親衛隊）ではなく、国軍に改めるべきである」と力説している。

むろん、これはあくまでもリベラルな思想を持つ知識人の考えであり、共産党指導部においては「銃」すなわち人民解放軍に対する指揮権をもっと強化すべきとの認識が根強い。ただし、人民解放軍の立ち位置について議論が現れていることは、中国社会にとって大きな進歩といえる。

習近平時代（2013年〜）の中国外交は、それまでのものと根本的に異なるものになった。というのは、今の中国にとっては、核心的な利益は台湾に限らず、より広い意味で捉えられているからだ。とくに、習近平政権になってから推し進められている「一帯一路」構想はグローバル社会における中国の主導権を確立させようとする試みである。

「一帯一路」構想の真の狙い

習近平政権がイニシアティブをとって推し進めている「一帯一路」構想を、当初日米両国が中心となって進めていた環太平洋パートナーシップ協定（TPP）に対抗するものと、日本では狭く捉えられる傾向があった。たしかにTPPは純粋な自由貿易協定（FTA）とちがって、国有企業の取り扱いなど、それに参加するにあたり、より厳しい条件が課される枠組みになっている。

だが2017年、発足したばかりのトランプ政権は選挙公約どおりTPPからの離脱を宣言した。

アメリカを除いた11カ国は改定版のＴＰＰ協定に調印しているが、その効果は当初に比べ限定的であろう。要するにフルバージョンのＴＰＰが当面発効できないということである。日本は主導権を取って残りの国々と暫定的にＴＰＰを発効させようとしているが、仮にそれが発効されても、従来のような影響力は期待できないはずである。

こうしたなかで中国が主導する「一帯一路」構想は着々と前進しているようにみえる。２０１７年5月、北京で一回目の「一帯一路」サミットが開かれた。それに１３８カ国の首脳などが参加したといわれている。日本からは、安倍首相こそ参加しなかったが、二階俊博自民党幹事長は安倍首相の親書を携えて北京に赴きサミットに参加した。

一帯一路サミットそのものは祭りのように盛り上がったが、一帯一路構想そのものが実現するかどうかについては冷静かつ客観的な考察が求められる。

上で述べたように、一帯一路構想は協定（agreement）ではなく、交通インフラを整備する構想である。そのイニシアティブを取る中国にとり、鉄道や港湾などの交通インフラを整備すれば、国際貿易を行うコストを抑えるメリットがあると考えられる。

見方を変えれば、中国はユーラシア大陸を跨ぐ巨大経済圏の形成を主導しようとしていると考えることができる。一帯一路沿線の国や地域をみると、インフラが十分に整備されていないことで貿易の伸長が妨げられている場合が多い。中国が主導してインフラを整備するというのは、中国が当該地域でのインフラ整備と交易において、より有利な立場に立つことを目的として推進しているとも考えられる。

図1　中国の対外直接投資と一帯一路沿線での直接投資の推移

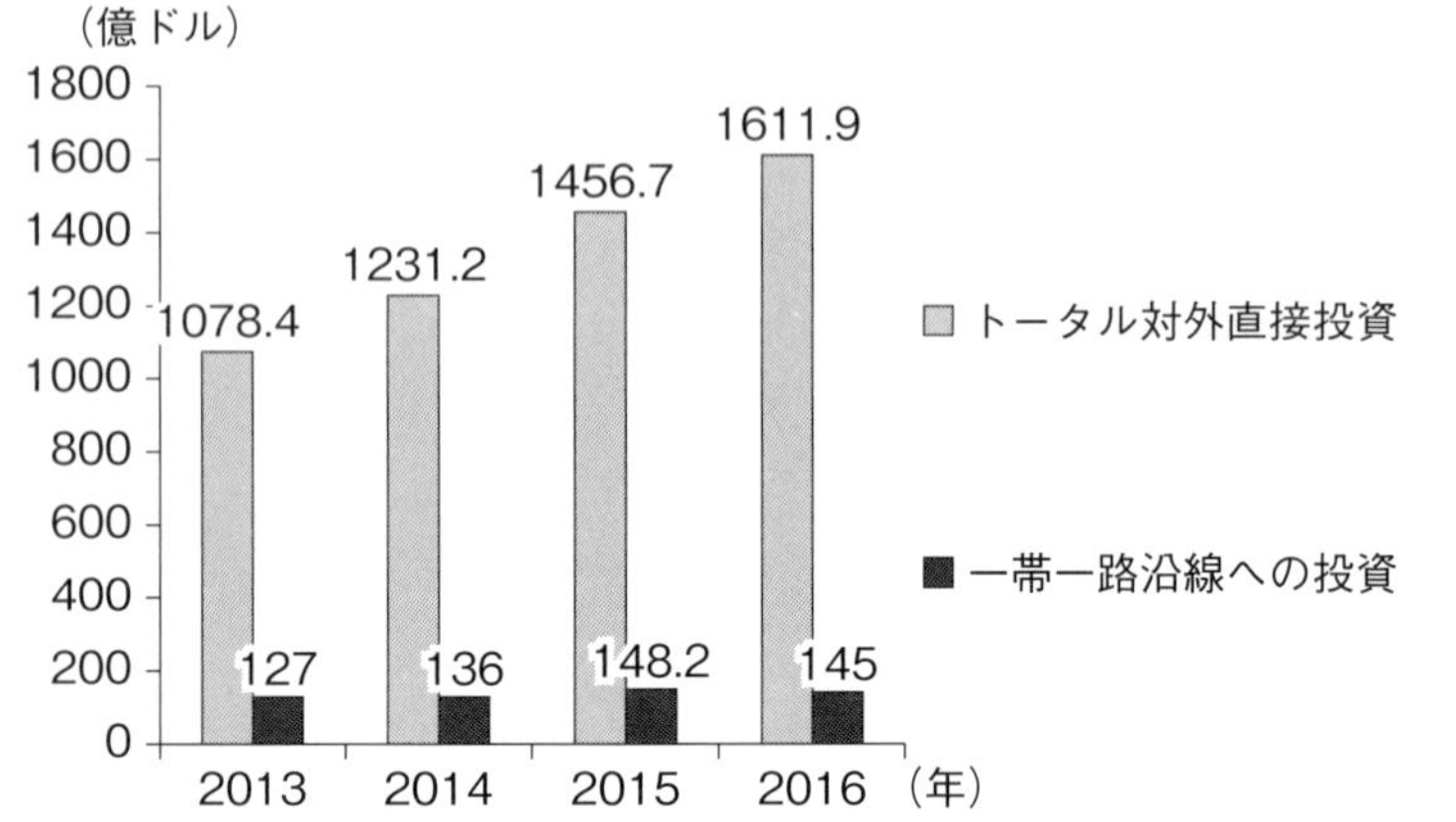

資料：中国商務部

ただし、一帯一路構想によって中国が当該地域での影響力を強化することはできても、それを支配することはないだろう。中期的な観点からみると、沿線のインフラ整備によって、ヨーロッパを結ぶ陸水の交易路から創出される莫大な利益を得ることが、中国にとって、より重要な見返りであるからだ。

むろん、中国がイメージする一帯一路構想が思惑通りに実現するかどうかについては、もう少し深く検証していく必要がある。現在は、一帯一路のインフラ整備は主に中国によって推進されているが、もし中国の景気がこのまま減速していけば、また外貨準備が減少すれば、一帯一路構想は計画よりもかなりダウンサイズしていくだろう。また、一帯一路沿線のインフラ整備と投資の主役が中国の国有企業だけだと、この構想は実現しにくい。経済合理性に基づいて民営企業が参入してくることが必要である。現在、一帯一路沿線で直接投資を行う企業の大半が中国の国有企業である。それゆえ、その直接投資はほとんど拡大していない（図1参照）。

もう一つ重要なポイントは、この構想は中国国内では人民日報など官製メディアこそたくさん報道しているが、国民の間では十分に盛り上がっておらず、国民に十分に支持されているとは必ずしもいえない状況にあることだ。このままいくと、一帯一路プロジェクトは習近平国家主席の「面子プロジェクト」になってしまう可能性がある。そうなれば、巨大経済圏を形成する構想の実効性がかなりトーンダウンする可能性が高い。

3　中国人の世界観

世界の中心に位置する国

大国の国民と小国の国民のちがいとは何かを考えた場合、大国の国民は根拠を必要としない、生まれつき、ある種の自信とプライドを持っているということであろう。15世紀以降、ヨーロッパの人たちは大洋に乗り出し、東方を探検してアメリカ大陸を発見したりアジア・アフリカへ進出したが、そのころ中国人は中国国内で満足のいく生活をしていた。皇帝にとって十分に統治できないほど国が広い。しかも、周辺の小国が定期的に朝貢に来る。珍しい物産を持ってくるが、皇帝にとってそうした珍しいモノはある意味では遊びの道具にすぎず、基本は国内の物産で十分に満足できた。

歴史的に中国の皇帝は領土を拡張しようと思ったことは少なかった。秦の始皇帝は同じ漢民族の

表1　1820年の世界主要国のGDP順位

国　名	GDP（百万ドル）	構成比（%）
中国	199,212	28.67
インド	93,125	13.40
フランス	38,071	5.45
ロシア	37,873	5.45
イギリス	34,829	5.01
日本	21,831	3.14
ドイツ	16,393	2.35
イタリア	12,975	1.86
アメリカ	12,432	1.78
インドネシア	11,011	1.58

資料：マディソン『世界経済の成長史　1820－1992年－199か国を対象とする分析と推計』（金森久雄監訳、東洋経済新報社）。

文化を持つ小国を統合した。漢は騎馬民族の侵入を防ぐことに精一杯だった。隋と唐は経済が順調に発展し、西域の騎馬民族との交易が盛んだった。歴史家によれば、漢民族文化が一番栄えたのは宋であるといわれている。中国の歴史において国土面積が一番広かったのは元の時代といわれている。しかし、元はモンゴルのチンギスハンが統治した国で、騎馬民族だから、目の前の国土だけでは満足しなかった。元はヨーロッパまで国土を広げたといわれている。最後の王朝清も国土が広かったが、清王朝も元と同じように漢民族の王朝ではなく、騎馬民族の満州族が樹立した王朝だった。

表1に示したように、アヘン戦争（1840年）の20年前の1820年、清のGDPは依然として世界一の規模であり、世界経済に占める割合は28・67％だった。二位のインドは13・40％と、中国の半分にも満たない。こうした歴史的な観点からみると、中国人のプライドの由来はある程度

推察できると思われる。

近代以降の１５０年こそ、中国経済と中国社会が弱体化し、列強に侵略され、国内においても群雄割拠の状態が続き、内戦が後を絶たなかった。中華人民共和国が建国してからは、完全に鎖国状態となり、外国と通商はもとより文化交流などもほぼ途絶えた。それでも、中国人のプライドとアイデンティティはそのＤＮＡに深く入り込んで、中国の特色のある大国外交を展開しようとした。

儒教は中国で生まれた宗教というよりも、哲学と思想の結晶であり、中国人の世界観でもある。ただし、今の中国人が果たしてどれほど儒教の影響を受けているかは明らかではない。少なくとも、１９４９年以降に生まれた中国人（現在60代の人々）は儒教の教育をほとんど受けたことがない。中華人民共和国の建国後、学校教育のなかでマルクス＝レーニン主義を植え付けるために、自らの古典文化が批判され、学校教育では教えられなくなったからだ。

おそらく中国人のプライドとアイデンティティを支えているのは、中国国内で自己完結する漢字文化と数千年にわたって脈々と流れている歴史ではなかろうか。毛沢東時代（１９４９―76年）の中国でも学校教育では、中国の歴史をきちんと教えていなかったが、三国志や水滸伝は読み継がれていた。かつて栄えていた文化は今の中国人にとっても心の支えになっている。それによって中国人の世界観が形成されたのである。こうしたＤＮＡこそ中国人の大国意識を創り出しているのである。

誇りと井戸の中の蛙

中国で愛国教育が展開されているのは今だけでなく、昔からである。指導者にとって、多民族国家の中国を統治するには、愛国教育が不可欠と考えられているのだ。愛国教育は指導者への求心力を高めるとされている。

そもそも愛国教育で何を教えるのだろうか。

一つは民族の優位性を学校教育のなかできちんと教えることである。歴史的な観点から優れた文化が中国で創り出されていることを立証し、教育のなかで徹底するのだ。中国の場合、漢字文化はその代表だが、同時に羅針盤、印刷術、紙と火薬からなる四大発明は中華民族にとっての誇りとなる。極端にいえば、愛国教育は国民の心の中の誇りを喚起するための活動なのだ。中国の学校教育のなかで最も批判されるのは「従洋媚外」、すなわち西洋のモノは何でもすばらしいという、西洋に媚びる考えである。その象徴的な言い方の一つとして「西洋の月は中国の月よりも明るくて丸い」という、西洋に媚びる姿勢や考え方を挙げ、このような信奉に対して徹底的に糾弾を加える。

もう一つは、正しいとされる「統一された歴史観」を教育のなかで徹底させることである。そもそも歴史の事実に対して、各々の人の見方（すなわち、歴史観）は人によって異なるのは当然のことであるが、トップダウンの専制政治においては、そこに多種多様の歴史観が存在すると、国の統治が難しくなると考えられている。したがって、教育の現場で歴史の事実を探求するよりも、統一した歴史観を身に付けさせることが優先されている。とくに、中国の官製歴史観は歴史の人物を白か黒の二分法で分けている。その枠組みでは人間が多面性を有する存在ではなくなる。こうした歴史観の背景には、「古為今用」、すなわち「今日のためにある歴史観がある」という考え方が横たわっている。歴史的な人物は本来の姿よりも今日の国家統治の必要性から白か黒かに分類される。学校教育では、その分類の客観性と正当性を追求するのではなく、それを受け入れることは教育の使命である。

さらに、偶像化する国家観の形成が、愛国教育の重要な部分を成している。本来、世界にはいろいろな国と民族があり、それぞれの民族と国はそれぞれにすばらしいところがあるはずだ。しかし、中国の愛国教育は極端に排他的なものであり、自分の国が世界で一番と教え込むことこそ愛国教育の役割なのだ。換言すれば、愛国教育は自分の国を偶像化していくことが求められている。その輝かしい国家を建設できたのは政治指導者のおかげであり、だからこそ指導者を崇拝するのだとされる。それによって、若者は無条件に自分の国を愛することになる。

その結果、人々の世界観は独立思考能力を失い、学校で教え込まれる国家観のみが正当化されるようになる。その根拠なきプライド（誇り）が高まり、井戸の中の蛙のような人間が輩出されるようになる。近代以降の中国はまさにこのような道を歩んできた。それを極めたのが毛沢東時代の文化大革命（１９６６―76年）だった。当時、大学教育が完全に廃止され、学生は師を批判し、労働者や農民に学ぶ運動が展開された（上山下郷運動）。人々の思考は毛沢東を愛する人と反革命の人とに二分化され、極端に単純化されてしまった。

愛国は民族のアイデンティティを強化するきわめて有用な行動であるが、政治に利用される愛国教育はきわめて有害なものである。人々の考えは単純化してしまい、独立思考能力の低下は、ときには社会の暴力化をもたらす傾向が強まる。文革時代、中学生や高校生が学校の先生を暴行し殺害した事件は少なくなかった。

歴史を辿れば、暴力化した愛国運動は旧ソ連のボルシェビキの民衆造反運動の延長とみることができる。革命に成功し、経済建設に専念すべき時代でも、愛国運動の暴力化が放置されるのはなぜだろうか。その根源的な原因は政治の不安定さと指導者の不安にある。暴力あるいは武力によって権力を手に入れた指導者はその権力の喪失を恐れるあまり、暴力的な愛国運動を奨励するのである。世界を知る人々はこうした暴力行為に加担しないはずだが、鎖国政策が敷かれるなかで人々は世界を知らず、井戸の中の蛙だからこそ暴力に走りがちになる。

しかし、社会主義体制と旧社会主義国を考察しても、中国ほど愛国教育を徹底した国はほかにないだろう。これは数千年の歴史のなかで皇帝への忠誠が当たり前のように教育されているからである。皇帝は龍（ドラゴン）の子供、あるいは、天子と呼ばれていた。すなわち、皇帝の地位は絶対的で民衆とは異なる者といわれていた。だからこそ清の末期に起きた太平天国の乱を主導した洪秀全は自らが神（上帝）の子供として生まれた夢を見たと周囲に伝え、その信奉者を募って一揆に成功したぐらいだった。なぜ詐欺まがいの邪教が簡単に成功してしまったのか、歴史学と社会学の観点から当時の中国社会の現実とメカニズムをきちんと解明しなければならない。

拝金主義に走る中国社会の激変ぶり

妄想的な愛国教育が機能する前提として、社会全体に閉鎖的で禁欲主義的な雰囲気が醸成されることがある。振り返れば、毛沢東時代の愛国教育は国民をマインドコントロールすることに、かなり成功したといえる。当時、愛国教育に抵触するあらゆる価値観が排除されていた。文学、歌曲、絵画など、あらゆるアートや文学作品およびマスメディアが毛沢東を謳歌するために動員された。今、ときどき日本を訪れる中国のバレエ団が日本のバレエ団と共演する「白毛女」という演目は、文化大革命のときに創作されたものである。日本人がどのような気持ちでそれを観覧しているかは不明だが、筆者は個人的にそれに対する強い嫌悪感を持っているため、観る気にならない。なぜならばそのストーリーは人々の憎しみを煽り立てるからである。

ある意味では、毛沢東という人はすごい人といえる。というのは、毛沢東は生涯自由気ままな人であり、渡米した毛沢東の主治医・李志綏の回顧録によれば、毛沢東は性欲が強く、生涯思うがままに女遊びしたと証言されている。しかし、毛沢東は同じ時代の中国人に禁欲主義を強要していた。このことは当時の中国で愛国教育を成功させた一つの背景といえる。

日本の政治評論家やマスコミは、よく１９９０年代以降に中国で行われている愛国教育を問題視する論評を行うが、中国人からみれば、「改革・開放」政策以降の愛国教育は、それ以前の洗脳教育と比べれば、その機能と役割はきわめて限定的なものだと感じる。なぜならば、１９７８年に始まった「改革・開放」政策によって多様な価値観が海外から中国に入り込んだからである。学校教育において、小中高校こそ愛国教育の内容が多いが、大学では、サルトルの実存主義やポストモダンといった最新の思想と哲学が教養課程で教えられるようになった。人々は自由のすばらしさを味わったため、二度と束縛されない。

このパンドラの箱を開けたのは、最高実力者の鄧小平だった。

ただし、鄧小平自身が予想もしなかった傾向として、今の中国人は貪欲主義と拝金主義に陥ってしまったことがある。マインドコントロールを目的とする愛国教育が予期する効果を上げるためには、あらゆる「雑念」を排除する必要がある。しかし、今の中国社会をみると、その「雑念」はもはや排除しきれないほど大量かつ複雑に入り込んでいる。学校教育のなかでは今も愛国教育が実施されているが、おそらく教育者自身も信じていない説教を学生に信じ込ませようとしている。何ともいえない理不尽な現象である。したがって、今の中国人は愛国教育という「薬」に耐性を備えてしまっている。

これからの中国の指導者は、激変している中国社会の特性に直面しなければならない。中国社会を統治するには、旧態依然の愛国教育を実施しても効果はない。中国が真の大国になるには、指導者は小さい存在にならないといけない。小さい存在というのは、指導者が民衆と同じ存在になり、崇拝される対象ではなく、信用される存在になるべきなのだ。しかし残念ながら、中国指導者は依然として絶対的な権力を握る大きな存在になろうとしている。

4　なぜマルクス主義が依然崇拝されるのか

カール・マルクスの偉大さ

「ヨーロッパを妖怪が徘徊している。共産主義という名の妖怪だ。旧ヨーロッパのあらゆる権力がこの妖怪に対する神聖な討伐の同盟を結んでいる」と記しているのは『共産党宣言』を著したカール・マルクスである。マルクスは共産主義を支える精神的、思想的支柱であるが、19世紀当時こまで共産主義を描写できたマルクスは、偉大な思想家であるといわざるを得ない。

いうまでもないことだが、マルクスが目のあたりにした当時のヨーロッパの資本主義社会は欠陥だらけの醜い社会だったにちがいない。マルクスが描いた理想としてのコミュニズムは、労働者が搾取されず、みんなが平等に暮らせる、きわめて崇高な社会である。これはのちにロシアと中国でプロレタリア革命が成功した原因とされている。すなわち、労働者も農民も、マルクスという人物こそ知らないかもしれないが、コミュニズムという理想的な社会に対して共鳴したからこそ、革命に参加し、ソビエト連邦と中華人民共和国が成立したのである。

イギリスの共産主義研究の泰斗だったArchie Brown教授はその著書*The Rise and Fall of Communism*（『共産主義の興亡』下斗米伸夫訳、中央公論新社、2012年」の巻頭において「（共産主義は）その後多くの国へ広がった事柄がマルクスの思い描いた『共産主義』と同じだというのではない」と述べている。マルクスは同じ時代の資本主義社会の欠陥を発見し、そこから人々を解放していくことを指摘したかったのである。

問題は、マルクスの信奉者たちはマルクスの説を自分の都合の良いように解釈したことである。偶然かどうか明らかではないが、共産主義が成功を収めたのはロシア（旧ソ連）と中国という世界の二大農業国だった。ただし、ここで明らかにすべきことは、マルクス主義と共産主義と独裁の専制政治がそれぞれまったく別物である、ということである。マルクス主義は資本主義の明らかな欠陥を是正するため、より平等な社会を作るように提言されている。こうしたプロパガンダは初期の共産主義革命の精神的な支柱となった。

共産主義体制はその特徴として、共産党が権力を独占するという点が挙げられる（A. Brown）。旧ソ連も中国も北朝鮮もキューバも、ほぼすべての社会主義国で権力の独占が確立した。こうした特徴から共産主義と民主主義とは水と油の関係にあると考えられる。プロレタリア革命によって都市労働者は政権を樹立すると、それ以外の政治勢力をすべて排除してしまう。労働者階層は自らが権力の座に君臨すると、それまでの封建主義社会および資本主義社会よりも遥かに暗黒な統制を敷くようになった。少なくとも旧ソ連と中国と北朝鮮については、このようにいえる。

中国では、毛沢東およびその信奉者たちは建国の前に国民に約束した民主主義の連合政府との整合性を説明するために、「民主集中制度」を提起した。しかし、権力の意思決定の民主集中制度のなかで「民主」よりも明らかに「集中」のほうに軸足が置かれていた。では、誰の何に集中するのだろうか。共産党指導者は民意を集約し、最終的にその独占的な権力を持って意思決定を行う。問題は、この民主集中制度に何ら透明性がないから恣意的になりがちであることだ。

そして、共産主義体制は、その初心はともかくとして、途中からある種の新興宗教のような体を成すようになった。宗教と定義する理由の一つは、共産主義体制において、ほとんどすべてのケースで国民の信仰の自由を制限していることである。この点は現存の多くの宗教ときわめて類似している。そして、もう一つの理由は、共産主義体制は必ずやその指導者に対する個人崇拝を強要することである。指導者の神格化はまた、共産主義体制が新興宗教に類似している証左となる。

中華人民共和国が成立してからの数十年間をみると、ありとあらゆる宗教が弾圧されてきた。憲法には、信教の自由が保障されると記されているが、実際はその自由はほとんど付与されていない。それに代わって、毛沢東時代においては国民が毎日毛沢東の肖像の前で忠誠を誓うように強要された。その「教義」は現存のあらゆる宗教に勝るものだった。

したがって、マルクスが生きていれば、自らが確立させた〝マルクス主義〟がここまで曲解されるのをみると、心から後悔するにちがいない。マルクス主義と共産主義は世界の人民を解放するどころか、逆に世界の人民を苦しめてしまっているからである。

脱マルクスの中国特色のある社会主義

A. Brown は今の中国の社会主義体制について「混合体」と表現している。すなわち、今の中国社会には社会主義の要素、たとえば国有企業の存在などが残されているが、大半の社会主義のエレメントはとっくに放棄されている。だから混合体と表現されているのである。

中国の動物園に行くと、Davit Dear という動物がある。それは中国語では、「四不像《しふぞう》」と命名されている動物である。正式名は Elaphurus davidianus であるが、1865年フランス人神父 Armond David（1826―1900年）によって発見されたため、david dear の別名がある。その中国語の意味は「この動物は角があるが、鹿ではない、馬に似ているが、馬でもない、牛にも似ているが、牛ではない、ロバのような尻尾を持っているが、ロバではない」という動物のことである。中国人はこの動物を命名できず、いろいろな動物に似ているが、そのいずれでもないという意味の「四不像」と命名したのである。現在の中国の社会体制もある意味では四不像のようなもので社会主義でもなく、資本主義でもなく、封建主義でもない「怪物」のようなものである。

「怪物」というのは、中国社会にあるさまざまな制度とシステムが個別に作られているが、互いに矛盾しショック反応が起きているからである。たとえば、中国共産党は社会主義体制を堅持すると強調しながらも、個人の私有財産が法によって保護されると憲法で規定している。本来の社会主義では、私有財産が認められていないはずである。中国では、国有企業の公有制が依然として温存されており、あらゆる経済活動のなかで国有企業は民営企業に比べ有利な立場に立っている。まさに四不像のような体制である。

中国では、個人は不動産を購入できるが、その土地の所有権はあくまでも公有のものであり、使用権（70年間の定期借地権）が満期になれば、理論上、新たに賃借料を払わないと、その土地は再び国によって没収されてしまう。しかし、国民は全員土地の使用権付きの不動産を購入しているため、もし共産党が土地の賃借料を払えない、あるいは払わない人からその土地を没収すれば、間違いなく革命が起きる。現行の土地制度はいわば時限爆弾のようなものである。使用権をそのまま所有権に転換した場合でも問題が起きる。土地を持っていない人にとって不公平だからである。

これまでの40年間、こうした便宜的な「改革」が多数行われた。これらの「改革」は共産党が自らの墓穴を掘るような行為だったかもしれない。

今の中国社会はすでに毛沢東時代の社会主義体制に戻れなくなった。なぜならば、共産党幹部を含めて、みんなが自由のすばらしさを体験してしまったからである。共産党幹部は他人の自由を奪うことができても、自らの自由が奪われるのを嫌がるはずである。共産党の定義を援用すれば、中国特色のある社会主義市場経済はいつまで存続するのだろうか。

国家社会主義はヒトラーが実験して失敗に終わった。国家資本主義も長生きできないと思われる。国家が社会を統制しようとするから社会も経済も安定して発展していかない。むろん、世界の共産党は自ら進んで時代の大舞台から退こうとはしないはずである。鄧小平の言葉はまったく無意味ではない。彼は後継者に残した遺訓のなかで、「発展是硬道理」（発展こそこの上なく理屈だ）という言葉がある。すなわち、社会と経済さえ発展していれば、共産党は歴史の大舞台から退くことはない。旧ソ連がなぜ崩壊したかに関する最も簡潔な総括は、旧ソ連の経済が予想以上に停滞し、国民生活が困窮したからである。

中国の共産党と社会主義体制は、なぜいまだに続いているのか。それは、中国経済が世界二番目の規模に成長したからである。今後の課題は、中国経済がこれからこの成長を持続できるかどうかにある。

毛沢東思想へ回帰する中国社会の新たな動き

中国の歴史家のうちの何人かは、毛沢東時代は中国の数千年の歴史のなかで最も暗黒な時代だったと指摘している。資本家や地主に対する粛清、大躍進の失敗による飢饉、反右派闘争と文化大革命といった、毛時代の主な悪政によって最低でも４０００万から５０００万人が犠牲になったといわれている。最も多く見積もられている数字は、７０００万以上の犠牲者が出たというものもある。

辞書によれば、暴君とは人民を苦しめる暴虐的な為政者、と定義されている。この定義と毛沢東の政治と重ね合わせれば、毛は名実ともに暴君といえよう。しかし、今、中国では毛批判は基本的に許されない。毛沢東は神格化されており、依然として共産党の精神的な支柱であるからだ。

皮肉なことに鄧小平自身は毛沢東によって迫害され、長男・鄧朴方は毛沢東思想を信奉する紅衛兵からの迫害に耐えられず、大学の寮から飛び降りて両足を骨折し、身体に障碍を負った。にもかかわらず、鄧小平は毛を仏壇から降ろすことを認めなかった。習近平も父親が毛沢東によって追放され、自らも農村に下放された。しかし、彼らは公の場では毛沢東を批判しない。

中国の代表的なリベラル派経済学者の茅于軾は、毛を仏壇から降ろして普通の人間に戻すべきと論評する記事を公開したことがある。今日、茅氏はＳＮＳのアカウントや自らが立ち上げたシンクタンクの活動もすべて禁止されている。要するに、中国では、毛沢東批判は依然としてタブーなのである。

世代別でみた場合、現在、60歳以上の中国人の間で毛思想によるマインドコントロールが解かれていない者が多い。彼らの時代の小中高校での教育は、基本的に毛沢東思想教育だった。当時の課外活動も毛思想を学習するたぐいのものだった。彼らが読んだ小説、観た映画、歌った歌などはすべて毛思想に合致する作品ばかりだった。これらの高齢者は「改革・開放」以降の時代の流れに付いていけず、インターネットの利用も得意ではない。だからこそ中国では、年配の人たちはいつも集まって、毛時代の歌を歌うのである。

こうした活動は個人の活動としては問題ないが、毛思想は自由を求める現在のグローバルの傾向と相いれないものである。また、年配の人たちはこうした活動のなかで一部の若者を巻き込んでしまうこともある。中国国内の言論と思想の変化をみると、リベラルな思想や哲学が抑制され、毛沢東思想は再びメインストリームの寵児となったようだ。

もちろん、毛沢東時代に逆戻りしてもよいと考える人はそれほど多くないはずだ。そして、共産主義を最も嫌って自分の財産が没収されるのを恐れているのは、共産党幹部自身である。60歳以上の中国人の記憶のなかで毛時代はモノが不足し、生活は困窮していたが、人間関係はそれほど複雑ではなく、社会の見える格差も小さく、幹部の生活も今ほど贅沢なものではなかった。何よりも、毛思想が唱えるプロパガンダは中国人にとってこのうえなくすばらしい夢だった。当時の中国人はある種の無知の幸せを体験していた。むろん、迫害を受けた共産党幹部や知識人などにとっては当時の中国は地獄だったにちがいない。

人間は過去のことを振り返るときに、往々にして無意識にその記憶をフィルターで濾過して、醜い過去を美化してしまう傾向がある。とくに、毛および毛の時代の罪を清算していないため、たとえば、学校の先生を殺した当時の紅衛兵は誰一人その責任が追及されておらず、彼らも被害者に対して謝罪していない。逆に毛が犯した罪はすべて「四人組」に押し付けられた。毛が死去したあと、逮捕された江青女史は裁判で「私は毛主席に飼われた犬であり、毛主席の指示通り、人に嚙みついただけである」との有名な証言を残した。最後に自殺した江青は生涯、悲劇的な人生を送ったが、この証言は真実だったと思われる。

なぜ中国社会は暗黒な毛沢東時代に回帰しようとしているのだろうか。答えはきわめて簡単である。現在、中国各界の指導者と幹部はほとんど50代後半またはそれ以上の人たちである。彼らの青春時代はまさに毛思想によってマインドコントロールされていた。同時に、共産党にとり、毛に取って代わる使い勝手のいい偶像はほかに存在しない。共産党にとって無害化したこの偶像こそ、最も使い勝手のよい存在になっているのである。

強国の夢を支えるナショナリズムの台頭

コミュニズムとナショナリズムは双子のような関係にある。毛思想の柱はほかではなく、まさにナショナリズムそのものである。ただし、毛の時代の中国人にとっては、アメリカ帝国主義やソ連修正主義は仮想の敵のような存在だった。毛沢東思想教育は国民に反米感情を植え付けようとしたが、見たことのない敵を心の中から憎むことは簡単なことではない。

毛自身にとっては、国民が本気で反米感情を抱かなくても、さして重要なことではない。重要なのは国内の政敵をタイムリーに倒していくことである。したがって、毛自身は中国人に北極熊（ホッキョクグマ）と呼ばれるロシア人、とくにその指導者のフルシチョフが心底嫌いだった。ブレジネフの時代になってから、中ソは完全に分かれて対立した。だからこそ1970年代、米中の和解が実現したのである。あれだけアメリカを許しがたい帝国主義国と罵っていた中国は突然、態度を変えてしまった。これも君子豹変といえるのだろうか。

毛沢東の晩年、国内経済は年々の権力闘争と政治運動により低迷してしまい、彼自身は国土の拡張戦略を一度も提起したことがなかった。せいぜい小学校の教科書のなかで、台湾を「宝島」と小学生たちに教える程度だった。そもそも台湾を統一する体力は毛沢東時代の中国にはなかった。それよりも、台湾の工作員が大陸に潜んでいるのではないかと警戒されていた。

「改革・開放」政策が始まったのは1978年だったが、最初の10年間、中国人の欲望は、目の前に現れた日本製の家電製品などに刺激されてしまった。高性能、便利、使い勝手のよい日本家電は中国人の世界観を根底からひっくり返した。中国人がそれまで教え込まれた主義や思想は丸ごと忘れられてしまい、自分たちも豊かになりたい、そしてほかの人よりも先に金持ちになろうと、拝金主義に走るようになったのだ。

経済の自由化は必ずイデオロギーの自由化につながり、最後は共産党の専制政治を揺るがすことになる。共産党からみると、80年代半ば以降の自由化は明らかに行き過ぎた。だからこそ「反対資産階級自由化キャンペーン」が繰り広げられ、その動きのなかで胡耀邦共産党総書記が失脚したのである。

普通の中国人はともかく、知識人たちは胡耀邦の失脚を受け入れることができない。なぜならば、胡耀邦は1950年代に反右派闘争で打倒された「右派」と呼ばれる知識人の多くを名誉回復したからである。しかし、何の法的手続きも経ずに、共産党最高権力者の総書記が権力の座から引きずりおろされてしまった。このことは中国社会に大きなショックを与えた。1989年6月4日に起きた民主化要求運動の天安門事件のきっかけはまさに胡耀邦の失脚だった。

天安門事件は政府共産党にとり、行き過ぎた自由化が党の存亡を脅かす脅威であると改めて認識させられた。自由化が行き過ぎないようにナショナリズムの教育はやはり不可欠との認識が指導部で共有された。これが、江沢民時代になってから強化された愛国教育の重要な背景の一つである。

ただし、どんな高圧的な愛国教育を行っても、中国社会はもはや厳密に鎖国された真空パックのような状態ではなくなった。とくに、90年代末から中国社会はグローバル社会と同じようにネット社会となっていった。人々、とりわけ若者の関心はイデオロギーではなく、実利を追求することに変わった。いまや、愛国教育にとっての最大の敵は、インターネットで自由に交換される情報である。こうした情報交換によって人々の頭に雑念が入るため、マインドコントロールが効かなくなっていったのである。

しかし、専制政治の正当性を国民に対して説明できない共産党にとり、やはり愛国教育という常套手段を持って若者をマインドコントロールするしかない。イデオロギーの愛国教育に対して拒否反応を引き起こしている若者に対して、政府共産党はネット統制に乗り出したのである。共産党の統治について問題を提起するあらゆる言論を政府共産党は封じ込める作戦に打って出た。こうした対策がどれほどの効果があるかは明らかではないが、共産党の統治をこのまま続けたい以上、強引な統制措置は必要と思われている。

第2章　中華民族の復興と富国強兵の夢

1　中国人にとっての「愛国」

中国人ほど愛国を口にする民族はほかにないかもしれない。インターネットのソーシャルメディア（SNS）を覗いてみれば、日本のネット右翼を遥かにしのぐ過激な言葉で、現在の政治体制や社会問題に疑問を呈するリベラルな発言者を罵倒する書き込みで充満している。その書き込みのほとんどは開口一番「こいつは売国奴だ」と決めつけたうえで、普段口にすることができない汚い言葉で相手への人格攻撃を行う。国連で禁止されているヘイトスピーチが、中国では「愛国」という大義名分によって正当化されている。まさに「愛国無罪」ということのようだ。今の中国では、公の場で冷静な議論ができなくなった。

かつて中国史上、「百家争鳴」という言い方があったが、実際に歴史のなかで百家争鳴ができる時代があったかどうかは不明である。中国人の国民性から、自らの見解と異なる見方は一般的になかなか受け入れられない。皇帝の時代は皇帝の鶴の一声ですべて決まる。天下はそれに従うしかなく、異議を唱えることは絶対に許されない。

中華人民共和国が成立してから、共産党大会のほとんどの決議は全会一致で採決される。仮に異端児がいて異議を唱えた場合は「反党」の罪に問われる。共産党の文化として党中央と団結一致しなければならない。中国では「反党」は反革命と同じように重い罪になる。かつて劉少奇国家主席は毛沢東の過ちを党大会で指摘したことで「反党」と反革命の罪に問われ、迫害され実質的に殺害された。

日本などの民主主義の国では、政治政党の党首は選挙で選ばれるもので、党内外から批判を受けるのは当たり前のことである。また、政治家にとり、どの党に属するかについてはそれぞれの判断によるものである。仮に与党に属しても党首を批判することも日常茶飯事である。この点は中国の共産党の指導者は理解できないかもしれない。中国は共産党一党独裁の体制であり、党の決定に反対する党員は間違いなく失脚する。場合によっては投獄されることもある。

中国人の「愛国」的な言動は、あたかもDNAに組み込まれているかのように、生まれつき記憶されている。日本やアメリカで略歴や履歴を書くときに最も重要なのは学歴と職歴の実績であるが、中国人にとっては履歴のなかで親族などの「社会関係」をいかに赤く見せるかが重要だった。家族や親族のなかで共産党員と共産党幹部がいれば、その人たちを社会関係のなかでできるだけ優先的に記入したほうが評価として上がる可能性があるのだ。毛沢東時代の中国では、人々の「成分」（出自）がとりわけ重要視された。当時、資本家や地主は社会的地位が低いので嫌われていた。知識人も差別を受けており、無一文の労働者こそ共産主義社会の主人公といわれ、最も優遇されていた。

実は、出自を重要視する考えは今でも共産党の後継者選びで徹底されている。１９８９年の天安門事件以降、鄧小平に抜擢された胡耀邦と趙紫陽の二人がいずれも失脚した。二人は革命家の子息ではなかったため、それ以降、後継者選びにおいて革命家の子息が優先的に選ばれるようになり、「太子党」という言葉が生まれた。

共産党政権が労働者と農民の造反によって樹立した政権であることを考えれば、知識人や資本家と地主をできるだけ排除することは、理解できないことはない。しかし、知識を持つ社会の構成員が排除されると、社会の安定は実現しないうえ、経済も成長しない。事実、１９４９年以降、中国のあらゆる建設プロジェクトはその需要と合理性に基づいた制度設計と政策決定というよりも、指導者の思いつきとその面子《めんつ》を重んずるプロジェクトがほとんどだった。１９７８年の「改革・開放」以降、中国経済が成長したのは知識人を受け入れ、知識を大切にしたからである。

習近平政権になってから、中国では、「頂層設計」（制度のグランドデザイン）という言葉が提起されるようになった。「頂層設計」とはトップダウンの制度のグランドデザインを意味するものである。思いつきの面子プロジェクトは構造上の歪みをもたらし、成長は持続不可能である。だからこそグランドデザインを重視することは正しい考えである。習近平国家主席は国民に中華民族の復興と中国の夢の実現を呼びかけているが、強い国になる夢を実現するには、グランドデザインが不可欠である。

2　共産党にとっての経済発展の意味

失墜する毛沢東の権威

1945年4月、抗日戦争の末期、毛沢東は「聯合政府を論ず」という長編の演説を発表した。この演説の目的は国民党を批判し、国内の抗日勢力を団結させるためとみられている。毛沢東が執筆した多くの文章のなかで、この「聯合政府を論ず」ほど中国人の心を鷲掴みにした文章は、ほかになかったと思われる。

この演説のなかで、毛沢東は「国民党の一党独裁を廃止し、国民党、共産党、民主同盟と無党派分子からなる連合政府を組織し、民主主義の施政綱領を発表する。（中略）自由は人民が勝ち取ったものであり、だれかが恩賜したものではない。人民は言論、出版、集会、結社、思想、信仰と身体の自由を有する。（当時）共産党の解放区では、これらの自由はすでに実現されている」と強調している。

毛沢東のこれらの主張は間違いなく中国人の心を惹き付けた。少なくともこの演説において、毛沢東の共産党は民主主義と自由を是として受け入れていた。その後の5年間、共産党と国民党は内戦を繰り広げ、最後は国民党の残党が台湾に追いやられ、共産党は中華人民共和国を樹立した。これは「聯合政府を論ず」における毛沢東の主張と無関係ではない。さもなければ、国民は共産党を支持しなかったにちがいない。国民は自由と民主主義実現の夢を見ながら、共産党を支持した。

むろん、毛沢東が「聯合政府を論ず」のなかで提起した理想は幻のもので、実現しなかった。それよりも、中華人民共和国が樹立されてから、国民党時代と同じように、否、さらに厳格な一党独裁の体制に変わった。ここで問われるのは共産党の正当性である。毛沢東は自らが率いる共産党と人民解放軍が国民に支持され、国家元首たる国家主席に就任して当然だが、その後の政権運営をみると、指導者の多くが相次いで失脚し、経済政策も失敗した。こうした失敗によって数千万人が犠牲になっただけでなく、中国の伝統文化まで壊されてしまった。

毛沢東時代の経済建設がなぜ失敗したかについて、一つの原因は、旧ソ連のやり方をそのまま踏襲したからある。もう一つは他の社会主義国と同じように計画経済を導入して、市場メカニズムが経済建設のなかですべて取り除かれてしまったため、資源配分が極端に不合理だったからである。さらに、毎年のように繰り広げられる権力闘争は経済基盤と産業基盤を根こそぎから壊してしまった。それに加え、共産主義革命は知識人を迫害したため、経済建設のリーダーはいわば素人の労働者、農民と軍人ばかりだった。一部の資本家は中国国内に工場を残し、国民党の残党といっしょに台湾に逃げた。中国国内に残った資本家は「公私合営」（私営企業を公営企業に組み入れる改革）の過程で、すべて国営企業に呑み込まれた。資本家およびその家族も労働者から迫害を受けた。これでは経済建設が成功するはずがない。

毛沢東時代の経済建設は、いわば破壊のみで創造のないものだった。人々の生活は年を追うごとに困窮したが、毛思想によってマインドコントロールされていた。経済が極端に困難な状況に陥ったが、毛に対する個人崇拝は年々強化されていった。毛はかつていっしょに国民党軍と戦った戦友

表2　文化大革命のときに処刑された異論者の代表

姓名	生没年	出身	
遇羅克	1942－70年	資本家	中学校のときに「出身論」を執筆・発表。1970年、反革命の罪に問われ、死刑となった
張志新	1930－75年	教師	文化大革命のとき、「ある共産党員の宣言」を執筆、文化大革命の問題点を指摘した。現行反革命の罪に問われ、1975年死刑となった
林昭	1932－68年	官僚	北京大学の大学生のとき、文化大革命のとき、自由、平等、人権を追求する言論を発表したため、逮捕。1968年秘密裏に銃殺された
李九蓮	1946－77年	労働者	文化大革命のとき、恋人に送った手紙が恋人によって告発され、現行反革命の罪に問われ、1977年に死刑に処された

資料：筆者作成

や同志を次から次へと排除していった。残りの共産党幹部は生き残るために、毛沢東に媚びて「毛主席万歳」と叫ぶようになった。最も皮肉だったのは、毛による迫害を恐れ国外逃亡を企てたが、乗った飛行機がモンゴルに墜落し死亡した林彪であろう。彼は逃亡の前に毛沢東のことを偉大なる舵手と喩えた。このことから推察できるのは、共産党中央の指導者たちが心から毛沢東を崇拝していたわけではないということである。

共産党政権の正当性

共産党は政権与党として国民によって選ばれたものではない。それでも政権の座を支配し続けるのは、軍などの権力をしっかりと掌握しているからである。毛沢東語録の一つに「銃口の中から政権が生まれる」というのがある。毛沢東は誰よりも銃、すなわち武力の重要性を認識していた。そのうえ、マスコミを支配することの重要性も彼はよく理解していた。ただし、いかに民衆の支持を取り付けるかは一貫して共産党政権にとって悩みの種である。

毛沢東の時代、立て続けに仮想の敵を立てて、国民の注意をそらした。すなわち、経済建設が失敗したのは、政府の無能さによるものではなく、資本主義を信奉する政敵の邪魔によってもたらされたものだというのである。その仮想の敵は、旧ソ連だったり、台湾に逃げた蒋介石集団だったり、あるいはアメリカ帝国主義だった。もちろん、共産党のなかにも資本主義の信奉者はいたから、彼らによって邪魔され、社会主義建設がうまくいっていないという作り話も説教の材料として使われた。

民衆は毛沢東の呼びかけに呼応して、中国の経済建設を邪魔する敵を打ち倒そうと努力した。その代価として貧困を耐え忍んだ。1960年代から70年代にかけての中国は、決して極論でなく、今日の北朝鮮とそっくりだった。ただし、晩年の毛沢東は強引に鎖国政策を取り続けることができなくなり、周恩来首相(当時)の進言を聞き入れ、アメリカとの関係改善に同意したのである。その背景にはソ連(当時)との関係が急速に悪化したため、あのままいけば中国は孤立してしまうおそれがあったからである。アメリカとの国交正常化のあとは、おのずと日本とも国交を正常化することになる。

しかしそれでも、経済建設は成功しない。毛沢東は党内と国内に対する統制を緩めなかった。忘れてはならないことだが、マルクス主義も毛沢東思想も「全人類を解放すること」を最高の理想と豪語し人民に公約した。少なくとも、毛沢東時代の中国人の生活をみるかぎり、解放されたはずの中国人の生活レベルは一向に向上しない。否、むしろどんどん困窮していった。

ここで疑問視されたのが、共産党政権の正当性である。神格化された毛沢東の偶像に対して疑問を呈する者がいても、すぐに彼らは投獄され、潰されてしまう。毛沢東時代において最も成功したのが愚民政策だった。中国人の大半は毛沢東こそ人類の救世主であると信じ込まされたのである。

毛がわがままで冷酷な一面を中国の民衆の前で見せたのは、1976年1月に周恩来が死去したとき、民衆に尊敬された周の葬儀に参列しなかったことだった。このことはのちに（1976年4月5日）起きた天安門事件の導火線だった。1989年6月4日に起きた天安門事件と区別するために、この76年に起きた天安門事件は第一次天安門事件と呼ばれている。

のちに復権した鄧小平は、どんな愚民政策を実行しても、経済建設に成功しなければ国民に支持されないことを、誰よりも知っていた。だからこそ鄧小平は自らの力と知恵で長老たちを説得して「改革・開放」政策を推進したといわれている。「発展こそこの上ない理屈だ」というのは鄧小平の口癖だったといわれている。

ただし、最近、中国の共産党の歴史を研究する専門家の証言によると、「改革・開放」政策を実際に推進したのは鄧小平ではなく、今の習近平国家主席の父親・習仲勲などの開明的な長老たちだったといわれている。鄧小平が果たした役割は開明的な長老たちがテストした事案を追認しただけといわれている。これらの証言はエズラ・ヴォーゲル・ハーバード大名誉教授の研究と正反対になっている。ヴォーゲル教授の情報源のほとんどは鄧小平の娘が記した回顧録であるため、客観性が疑われる余地がある。むろん、本書では、「改革・開放」が誰の功績かという議論に重点を置いていないため、これ以上、この争点を深めていくつもりはない。

鄧小平理論と呼ばれる彼の考えでは、経済が発展することは共産党指導体制の正当性を立証する最良の証左である。論理的にこの考えが正しいかどうかは別として、30年近く飢えに耐えてきた中国の民衆は、経済発展を目的とする「改革・開放」を支持しない理由などない。しかし、共産党にとって、この論理の危険性として経済成長が減速していけば、おのずとその正当性が崩れてしまう心配もあった。

資本主義に傾く中国的社会主義市場経済

そもそも毛沢東時代の経済建設はなぜ失敗し、「改革・開放」以降の中国経済はなぜ成長したのだろうか。これは共産党指導体制の問題と考えるならば、毛沢東時代の指導体制のどこが間違ったのかを明らかにしていく必要があろう。

端的にいえば、毛沢東時代、計画経済を遂行するという大義名分のもとで経済建設に介入しすぎたため、破綻したのである。考えてみれば、毎年、国務院（内閣）は全国の経済建設計画を策定して、それを各部（省庁）に下ろしていくが、地方まで計画が伝達されると、かなり原型も整わないほど恣意的な計画になってしまう。さらに問題なのは、計画の実施状況に対する精査は地方政府を中心に誇張して報告するため、農地単位面積の食糧生産量は常識的にあり得ない「実績」が報告された。なかには、社会主義の養豚場の豚は象のように大きく育つと報告された事例も散見された。しかし、冷静に考えれば、豚が象のように大きく育つことなどあり得ない。この明明白白の事実をなぜ日本軍と戦い、国民党軍に勝利した毛沢東と周恩来が見抜けなかったのだろうか。こういうブラックジョークのような「成績」が愚民教育の材料として使われたのではなかろうか。

それに対して、「改革・開放」以降の経済運営は市場メカニズムが導入され、政府による関与が徐々に削減され経済が自由化した。企業と個人は合理的に経済活動を繰り広げたため、経済は急成長した。言い換えれば、共産党が経済建設を直接指導しなければ、経済は順調に成長する。共産党は経済建設に直接関与すればするほど経済建設が逆にうまくいかない。この点は資本主義社会において大きな政府か小さな政府かの議論と重ね合わせると、大きな政府において財政支出が膨張するだけでなく、経済運営もうまくいかない。小さな政府に転換すれば、市場メカニズムはより重要な役割を果たすようになり、経済成長は持続していけることと同様である。むろん、政府の役割を完全に否定するものではなく、言いたいことは政府の役割を最適化すべきということである。

鄧小平に偉大なところがあるとすれば、共産党員として資本主義的な要素を実際の経済運営に取り入れたことであろう。逆に鄧小平の問題を指摘するとすれば、人民の利益を最優先するよりも、結局のところ、共産党統治体制を最優先にし、民主主義の政治革命を認めなかったことである。したがって、鄧小平に対する歴史家の評価は功績と過ちが五分五分である。一方、毛沢東に対する歴史家の評価は決して共産党中央が定義した七対三（七が功績、三が過ち）ではない。毛の問題は単に「過ち」ではなく、「罪」を犯したのである。

最近の研究で明らかになったことだが、鄧小平と同じ世代の長老・陳雲は「改革・開放」初期の経済建設に大きな影響を及ぼした。陳の経済理念は市場経済ではなく、「鳥籠経済」と表現されていた。すなわち、鳥を完全に自由にしてはならない。経済を完全に自由化すると、資本主義になってしまう。鳥は鳥籠に入れたまま育てていくべきだ、というのが陳の発想である。当時の共産党指導部においては、この経済理念は「市場レーニン主義」と呼ばれていた。すなわち、厳しく統制された市場経済のことである。むろん、今日ではレーニンはロシアでも悪名高い存在となっており、中国では、レーニン主義を公の場で信奉することはできない。

振り返れば、「改革・開放」がなければ、あるいは経済の自由化がなければ、中国は資本主義の市場経済の要素を取り入れることができず、中国経済はここまで成長しなかっただろう。自由はこの40年間の市場経済発展の原動力である。共産党は民衆に言論の自由や政治活動の自由などを与えていないが、経済活動の自由を部分的に認めた。一つの具体例としては、起業の自由を認めたことである。これは社会主義時代には考えられないことだった。毛時代においては、いかなる個人も会社を作ることができなかった。しかし、今は「公司法」と「工商管理法」に則って、すべての個人が会社を設立できるようになった。

そして、１９９０年代半ば以降、個人の私有財産は法によって守られることが憲法に盛り込まれた。実際は私有財産の保護は依然不十分だが、憲法で明記されたことは数千年の中国歴史上、一歩前進したといえる。今でも個人の私有財産が犯される事件などはたびたび発生しているが、毛沢東時代に比べれば、格段の進歩がみられる。

さらに、個人はどの会社に就職し、またはいつ会社を辞めるかについて完全に自由になった。振り返れば、30年前に、留学のため、筆者は勤務先に辞職願を提出したとき、最初は予想通り認められなかった。共産主義青年団員だったことも禍となった。団員は党の指導に従わなければならないと説教された。仕方がなく、あまりにも留学に出かけたいあまり、その場で衝動的に「退団願」を提出したぐらいだった。今の中国では、特殊なケースを除けば、個人の海外留学が邪魔されることはほとんどないと聞いている。

毛沢東時代の中国社会では、就職も転職も政府共産党の許可が必要だった。現在、経済の自由化によってヒト、モノとカネは政府に関与されずに、自由に流れ再配置されるようになった。この動きこそ中国経済のダイナミズムを創り出したのである。

むろん、「改革・開放」政策以降の自由化はきわめて不完全なものである。人々は富を創る自由こそ付与されているが、富を分配する過程において、政府共産党は依然強い権限を持ち、不公平さが目立つ。というのは、経済の自由化が推進されてからも、政府共産党がビジネスなどの事業の許認可権を握っているからだ。なによりも国有企業などの国有財産を払い下げたときのプロセスに透明性がなく、権力の中心に近い共産党幹部の親族がかつての国有財産を私物化したのである。この動きはきわめて自然な流れである。

国有財産は公正な評価がなされないまま、民間に払い下げられた。その情報をいち早く察知できたのは共産党幹部の親族や友人である。とくに、共産党幹部はこうした民営化されたかつての国有企業の社外取締役や監査役などに就任し、莫大な報酬を手に入れた。中国では、個人の給与に対する所得課税は比較的厳格に行われているが、資産課税などについて資産調査が十分にできないため、その徴税は恣意的になりがちである。したがって、鄧小平が国民による「改革・開放」に対する支持を喚起しようとして、一部の者が先に富めることを認める考えは共産党幹部とその親族に莫大な富をもたらした。このことは今日の中国社会の不安をもたらす背景である。

現在、習近平政権は反腐敗に躍起となっている。共産党幹部の腐敗はすでに看過できないほど深刻化している。したがって、腐敗を退治しなければ、中華人民共和国が滅びる可能性が出てくる。しかし、腐敗を完全に退治しようとすると、党の悪事が暴かれ、党が滅びる可能性がある。共産党にとってまさにディレンマである。

3　格差拡大の落とし穴と資本家の造反

良い格差と悪い格差

日本社会において格差はイコール悪という認識が根強く存在する。完全な平等を追求する日本社会のこうした風潮は、日本を社会主義社会に近づかせているのではなかろうか。世界的にみても、日本はきわめて平等な社会といえる。所得分配の公平性を図るジニ係数でみた場合、日本のジニ係数は0・3を超えたことはほとんどない。ちなみに、ジニ係数は1に近いほど所得格差が大きいことを意味し、0・4を超えると、社会不安が危険な水域に入るといわれている。では、中国のジニ係数はどれぐらいだろうか。大学の研究チームの試算は別として、政府の統計局の推計によれば、中国のジニ係数は0・47に達しているといわれている。

マルクスが定義した社会主義社会の特徴について、最低でも二つの条件がある。一つは平等であり、もう一つは公有制である。今の中国では、私有財産が法的に守られることが憲法に盛り込まれている。ジニ係数が0・47に達している現実から、平等な社会とはいえない。こうしてみれば、「改革・開放」以降の中国は急速に社会主義社会から離れていき、資本主義社会に近づいていったことがわかる。

中国研究者の間で、ある論争が繰り広げられている。毛沢東時代に格差があったかどうか、そして共産党の腐敗があったかどうかである。毛時代の共産党幹部は企業から賄賂をもらうことが少なかったが、制度内腐敗、すなわち制度的に許される特権を思う存分に味わったことは、今日の共産党幹部に決して見劣りしない。共産党の悪いところは、人民を解放する大義名分のもとで革命を起こしたが、いったん政権を手に入れると、自分たちだけが解放され、彼らによって倒された地主や資本家よりも遥かに贅沢な生活を送るようになることだ。したがって、毛時代に腐敗がなかったわけではなく、その腐敗は人民が見えないところで蔓延していただけだった。

上の話に戻ると、格差は悪、平等は善、という単純な構図の極論は明らかに間違っている。絶対的な平等は結局、不平等を意味するものとなる。同じ会社の同期の従業員で、一生懸命働く者と適当にさぼる者とが同じ給与をもらうとなると、明らかに手抜きのほうが得する。逆に一生懸命働くことがばかばかしく思える。結果的にまじめな者は徐々に働く意欲を失う。この点は社会主義が失敗する致命傷といえる。

毛沢東時代の中国では、国営企業では働いても働かなくても、給与は基本的に勤続年数に応じて一律平等だった。その結果、どんなに一生懸命働いても人より多くの給与をもらえるわけではなく、人々の働く意欲はどんどん低下していった。平等主義のユートピアは社会主義体制に終止符を打ったといえるかもしれない。そもそも中国人の国民性は根底から平等とはほど遠いものである。数千年の歴史のなかで、中国社会において平等を実現したことは一度もないし、またそれを本気で目指したこともなかった。中国共産党は平等主義の理念を掲げているが、本気で目指しているとは思えない。中華人民共和国が樹立されてから平等主義が唱えられたのは、毛沢東思想のユートピアにすぎない。貧しい労働者と農民にとり、資本家と地主に搾取されない平等主義を最高理念とする社会主義のユートピアは、このうえない理想だった。

毛沢東時代のジニ係数は所得統計が集計されていなかったため、正確な値は計算できないが、感覚的に小さい値ではなかったと推察される。当時、共産党幹部はいわば特権階級となり、住む家と食料品の供給はすべて国が無償で負担していた。幹部の等級によって専属の料理人が配属される幹部も少なくなかった。これらの「陰性収入」を参入すれば、上位10％の人口の所得と下位10％の人口の所得の割合は、今日に比較しても決して低い値ではなかったはずだった。

ここで、議論して明らかにしたい点は一つだけである。すなわち、格差そのものの良し悪しを議論するのではなく、格差の合理性が説明できるかどうかである。というのは、富裕層の所得は自分が働いて稼いだものかどうかを説明しなければならない。そして、その所得は税法に基づいて納税したかどうかも問われる。こうしてその所得の合理性を説明できれば、格差が拡大しても非難されるべきではない。

「改革・開放」の号令で国民は金儲けのために一斉にスタートを切った。ただし、スタートラインに立った国民は身分によって初期条件が異なっていた。都市部では、国営企業に勤める労働者は社会的に優遇される「勝ち組」だったが、経済の自由化のなかで零細ビジネスを営む個人は、その努力によって徐々に金持ちになった。そして、農民の一部は郷鎮企業を起業し、国営企業から技術者を非常勤として雇って機械の部品加工など製造業を始めた。こうして経済自由化のプラスの一面が現れ、中国経済の離陸に寄与したのだ。

都市開発と土地改革の落とし穴

１９９０年代以降、都市の再開発が始まり、個人あるいは民営企業による不動産開発は急増した。不動産開発のプロセスを図２に示した。90年代半ば以降、不動産開発はブームとなった。しかし、不動産デベロッパーにインタビューすると、みな「俺はそんなに儲かっていない」と口を揃えていう。なぜ儲かっていないというのだろうか。誰が儲かっているのだろうか。

この質問に答える前に、まず中国では、土地は公有制であり、現在払い下げされているのは土地の所有権ではなく、前章でもふれたとおり、土地の使用権（定期借地権）である。法規によって商業地の場合、使用権は50年と設定されているが、宅地の場合、70年と設定されている。胡錦濤時代（２００３―12年）、温家宝前首相は土地の払い下げの売り上げを地方政府に帰属させ、地方政府の歳入に組み入れられると決めた。この決定の背景には、江沢民政権のとき、朱鎔基元首相は国税と地方税を分離する分税制改革を進め、多くの税収が国税となった。その結果、地方政府の税収がさらに減少した。それを穴埋めするために、不動産開発のための土地の払い下げ売り上げは地方政府の財源になったのである。

図２　中国における不動産開発の概念図

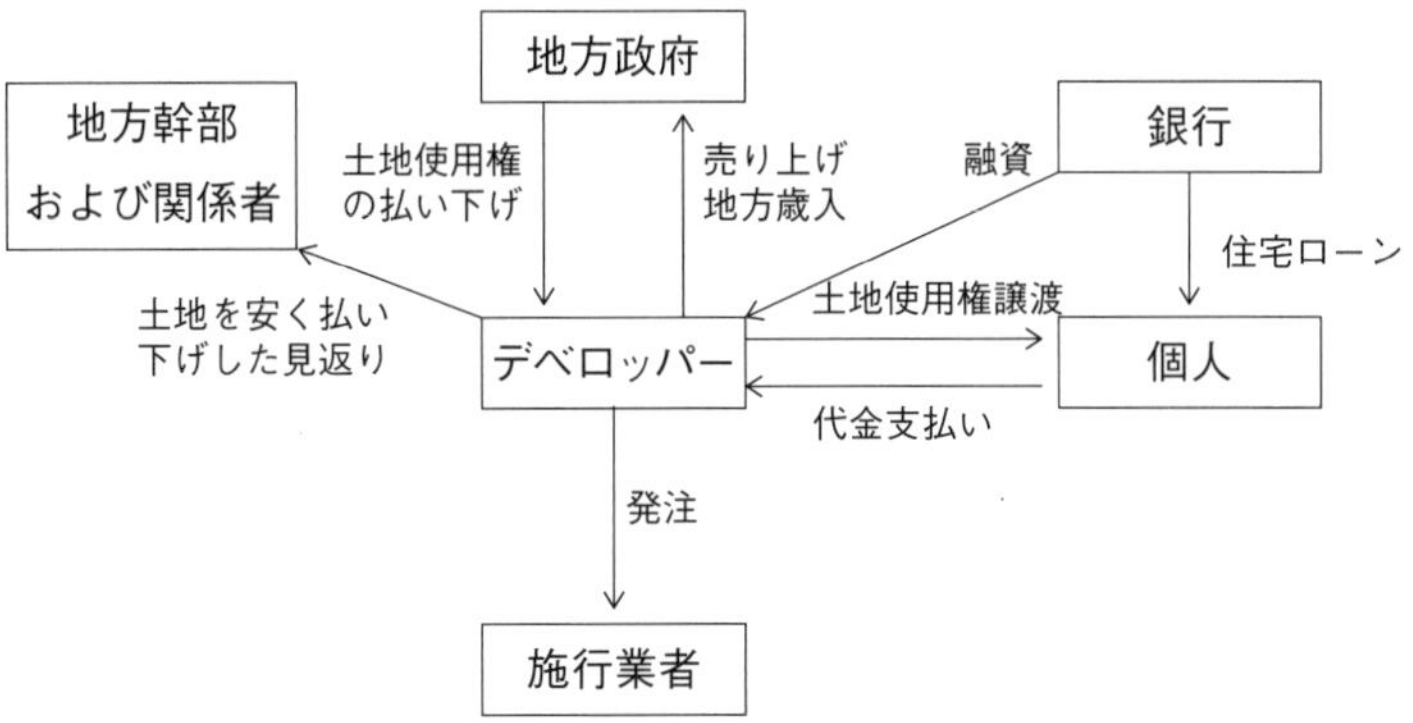

資料：筆者作成

しかし、土地使用権の払い下げのプロセスと価格形成について、必ずしも透明性が担保されていない。談合やインサイダー取引は日常茶飯事のように起きている。地方政府は土地使用権を安く払い下げする代わりに、その親族などの関係者はたくさんの見返りをもらう。近年、こういう犯罪はより巧妙になり、共産党幹部に直接現金を渡す代わりに、開発されるマンションを市場価格よりも遥かに安い価格で譲渡して、のちに市場価格で買い戻す。このような一回転の売買だけで共産党幹部の手に合法的に巨額の金が落ちることになる。しかも、何の形跡も残らない。

ただし、不動産デベロッパーにとって、実際の土地使用権の落札は、単なる落札代金だけでなく、幹部とその関係者に支払う賄賂もコストに算入しなければならない。それゆえ、不動産デベロッパーは「俺はそんなに儲かっていない」というのである。

このような都市再開発モデルにおいて住宅が一般消費者の手に渡ったとき、相当高い値段になっていることが多い。こうした高コスト構造こそ中国社会の不安を助長しているのである。地方幹部の土地錬金術に対して社会の不満が募っている。習近平国家主席は「不動産は投機の対象にすべきではない」と幹部を前に叱咤した。そして、人々が生涯の貯蓄を払って手に入れたものが70年未満の土地使用権である。土地使用権の計算は地方政府がデベロッパーと契約するときからであり、建物が個人に譲渡されるまでの建設期間も土地使用権の使用期間に含まれる。将来的に、土地使用権がいっせいに満期になることから、その契約を更新し、賃借料がいかに計算されるかは、中国社会の深刻な不安要因となり得る。

同床異夢の関係にある共産党政権と資本家

40年にわたる「改革・開放」政策において、中国でも多数の民営企業が成功を収め、世界でも指折りの資本家と富豪が現れた。現在、世界で最も自家用ジェットを購入している国は中国である。高級車ベントレーは新車の三分の一が中国で売れている。中国人の所得はある意味ではミステリーであるが、一説によると、10億ドル以上の金融資産を保有する富豪の人数はニューヨークよりも北京のほうが多いといわれている。

では、中国とは、金持ちにとって、どんな国だろうか。中国の民営企業の経営者によると、中国で法律と法規に則ってビジネスを展開したら、ほとんどのビジネスは儲かるどころか、存続すらできないといわれている。北京や上海などの大都市で信号をみて道路を渡ろうとすると、時間がかか

表３　中国の富豪トップ20（2016年）

	名前	資産総額（億ドル）	企業名	業種
1	王健林	330	万達	不動産
2	馬雲	282	アリババ	電子商取引
3	馬化騰	245	騰訊	IT サービス
4	王衛	185	順豊	宅配
5	丁磊	152	網易	インターネットゲーム
6	王文根	138	正威	鉱業
7	李彦宏	126	百度	インターネット検索エンジン
8	何享健	114	美的集団	家電メーカー
9	許家印	98	恒大集団	不動産、農業、飲料、スポーツ
10	姚振華	95	宝能	資産運用
11	張志東	91	騰訊	IT サービス
12	雷軍	84	小米科技	携帯電話製造と資産運用
13	喩会鮫	75	円通	宅配
14	宗慶後	74	ワハハ	飲料
15	楊恵妍	70	碧桂園	不動産
16	劉強東	68	京東商城	電子商取引
17	周群飛	68	藍思科技	新素材
18	劉永行	67	東方希望	飼料、重化学工業
19	徐伝化	66	伝化集団	化学
20	許世輝	63	達利集団	飲食、飲料

資料：フォーブス

る。ビジネスはほかの人との競争であるため、競争に勝ち残るために、ときどき信号を無視せざるを得ない。この見方は多少極論しているかもしれないが、中国社会の特質そのものといえる。

表3は『フォーブス』誌が推計している中国富豪のトップ20である（2016年）。このトップ20人のうち、IT関連の富豪が4人、不動産は3人、Eコマース（電子商取引）は2人だった。それにEコマースの関連ビジネスの宅配業2人がランクインしている。富豪の人数とその割合は中国の産業構造を表しているといえる。産業構造論からみれば、不動産王は上位を占め、IT関連のビジネスもインターネットの検索エンジンやSNSのサービスがほとんどであり、コンピューターのOS開発は1社もなく、製造業も少なすぎる。

政府共産党は自らの統治の正当性を立証するために、経済発展を持続していかなければならないが、そのためには、企業が安心してビジネスを展開する環境を醸成していかなければならない。ある調査によると、中国の民営企業が設立されてから廃業するまでの平均寿命は4年半であるといわれている。なぜ民営企業の平均寿命はこれほど短いのだろうか。

一つは、民営企業はその所有制（公有制でないこと）ゆえに、政府買付の入札で不利な立場に立たされている。たとえば、地下鉄など大型のインフラプロジェクトについて、民営企業は自ら入札することが難しい。多くの場合は、こうしたプロジェクトを受注した国有企業の下請けとしてビジネスに参加するかたちになる。しかも、民営企業は国有企業の下請けとして地方政府の幹部や国有企業の担当者に賄賂などを送る必要がある。

そして、民営企業に対する所有制差別のもう一つの事例は、中国には民営企業に融資する金融機関は実質的に存在しないことがある。民営企業は銀行から融資を受ける場合、担保を差し出す必要があるが、信用創造を受けることができない。多くの中小民営企業は地下銀行での資金調達を余儀なくされている。地下銀行とは融資の資格を有しない高利貸しである。多くの民営企業は自己資金を頼りにビジネスを展開し、緊急的な資金不足に対応するために、1～2週間地下銀行から高い金利で資金を調達する。その結果、民営企業はキャッシュフローの問題により、規模を拡大させるチャンスをつかむことができない。

さらに、民営企業のほとんどは家族経営であり、詳細は後述するが、家族内の人材不足やガバナンスの未確立などのため、民営企業は長続きしない。

結局のところ、中国の基幹産業のほとんどは国有企業によって独占されている。江沢民時代に「掴大放小」、つまり大型国有企業はそのままキープして、中小国有企業が民間に払い下げられた。結果的に、残った国有企業は政府の許認可システムによって厳重に保護され、国有銀行など金融面のサポートにより、これらの国有企業はますます肥大化している。そして、民間に払い下げされた中小民営企業は地方政府幹部の親族などに渡ってしまったケースが多かった。中国人研究者たちは、国有資産の流失であると指摘している。

この体制の問題はすでに明らかであるが、あらためて整理してみよう。

中国では、勝ち組の国有企業も不利な立場に立たされている民営企業も、落ち着いて安定した企業経営を続けようとしない。このバリューチェーン上の全員が、一攫千金を考える。国有企業の経営者も民営企業の経営者も自らの利益を最大化しようとするが、企業の存続は二の次である。日本では、ちょっとした和菓子屋でも100年または200年の老舗が数多く存在する。中国では、老舗と呼ばれる歴史の古い店はほとんど存在しない。有名な薬局の同仁堂でも、今の同仁堂は100年前の同仁堂とはまるで別の店である。オーナーも変わり、現在は立派な国有企業になっている。

繰り返しになるが、国有企業は政府によって保護されるものの、その経営者がいつクビにされるかはわからない。民営企業は企業のオーナーだが、政府や国有企業からビジネスを受注するには、キックバックなど賄賂を払う必要がある。また利益が出た場合、少しでも税金を「節約」するために、節税あるいは脱税を考える。

中国型市場経済の一番の欠陥は、ビジネスにおける信用の欠如である。政府が経営者に信用されていない。経営者同士も信用がない。金融機関は貸出先の企業を信用していない。こうした状況下でビジネスは順調に成長しない。本来は政府と企業が協力しなければならない関係にあるものだが、今は同床異夢の関係になっている。

4　エンドレスの反腐敗キャンペーン

なぜ共産党幹部は腐敗するのか

中国の一部の政治学者は「民主主義の国の政治家も腐敗する」と指摘する。それは事実だが、その程度の差は大きすぎる。歴史的に、アメリカのニクソン大統領のウォーターゲート事件（1972年）と日本の田中角栄元首相のロッキード事件（1976年）は民主主義政治家の背任と腐敗の典型例といえる。だが、全般的には、民主主義政治と専制政治と比べると、二つのシステムにおける政治家の腐敗の程度と件数には、大きな開きがある。

２０１５年4月、習近平政権において腐敗幹部を調査し取締りを担当する王岐山・共産党中央委員会規律委員会書記（当時）は、中南海の執務室でフランシス・フクヤマ（アメリカの政治学者）、青木昌彦（故人・日本の経済学者）、徳地立人（日本の証券会社幹部）と面会した。このような面会そのものが、きわめて異例なことである。そのとき話題にのぼったのは「共産党統治」と「法制」の関係である。フクヤマ教授は司法の独立性の確立を提起したが、それに対して、王岐山書記は「それは不可能である。（中国では）司法は絶対に党の指導のもとで行われなければならない」と強調した。

政治学者の間で、「法治」（the rule of law）と「法制」（the rule by law）に関する論争がある。本来なら「法制」はあらゆる法制度の総称である。今は「法制」とは政府すなわち権力者は、一連の法律をもって国民を管理するが、自らが法を凌駕する立場にある。だから the rule by law といわれている。一方、「法治」はあらゆる政治権力が法のもとに位置する考えに基づくものである。すなわち the rule of law である。法を凌駕する the rule by law の独裁政治であったなら、権力者だったニクソン大統領も田中角栄元首相もスキャンダルの責任を追及されなかったかもしれない。

ここで出てくる議論は、民主主義は政治と幹部の腐敗を抑止できるが、専制政治では、権力を監督するメカニズムが用意されていないため、腐敗が抑止されないということである。これについて王岐山は、「政府が政府を監督することは不可能ではない。歴史的に旧ソ連では、ある外科医は自分のために手術したことがある。共産党は共産党を監督することができる。すなわち、共産党は共産党を『手術』することが必ずできる」と主張。これは明らかに詭弁と言わざるを得ない。三人の専門家は王岐山の面子を重んじて、これ以上の追及をしなかった。ただし、議論は収束したわけではない。

なぜ専制政治において腐敗が後を絶たないのかについて、一つは民主主義のような監督体制が整備されていないこと、それに、司法の独立性が確立していないこと、という二点に尽きる。これについて中国国内の一部の政治学者と法学者は、民主主義と公正な司法制度の確立に必ずしも関連性があるわけではないと指摘している。具体的に、シンガポールでは、民主主義というよりも専制政治に近い政治システムだが、その司法の公正性は担保されている。そして、香港がイギリスの植民地だった時代、民主主義は確立していなかったが、法治が高いレベルに達していた。

この議論の目的は、民主主義の確立を排除することにある。たしかに民主主義は徐々に確立し成熟していく長いプロセスを辿っていくが、司法の独立性は社会の安定を保つうえで絶対に必要不可欠なものである。シンガポールと香港はきわめてレアなケースといわざるを得ない。

王岐山の述べるように、中国では、共産党指導のもとで司法が行われなければならない。すなわち、共産党は司法を凌駕する必要性が主張されている。普通の民事訴訟や殺人などの刑事事件について、共産党がそれに介入する必要はほとんどない。しかし、住民がある国有企業による環境破壊の責任を追及するために、政府または国有企業を訴えた場合、共産党は間違いなく裁判に介入してくる。とくに、政府共産党にとって不都合な言論活動を行った個人や組織の存続は許されない。

司法の公正性を担保するためには、民主主義の政治体制が整備されなくても、法の権威が尊重されなければならないという命題がある。法の権威とはどういうものだろうか。それは憲法の権威を意味するものかもしれない。今の中国では、公の場において「憲政」を議論することがタブーとなっている。憲法すら尊重されなければ、司法の公正性を議論してもほとんど意味がない。

結局のところ、法を凌駕できる共産党は、反腐敗キャンペーンが繰り広げられることは、多少なりとも自己抑制気味の感があるが、反腐敗の動きが少しでも緩めば、再び腐敗は横行するようになる。

なぜ習近平政権は反腐敗に躍起となるのか

繰り返しになるが、中国では「腐敗を撲滅しなければ、国は滅びる可能性が高い。腐敗を撲滅すれば、共産党は滅びる可能性が高くなる」という皮肉な言い方が流行っている。腐敗を撲滅しなければ、国民の不満はますます高まるため、国は滅びる可能性が高い。逆に腐敗を撲滅すれば、共産党幹部の醜態が明るみにできるため、国民による共産党への嫌悪感が高まり、共産党が滅びる可能性がますます高まる。このアイロニカルな言い方は決して間違っていない。

振り返れば、毛時代、毎年のように反革命分子との闘争と称される権力闘争が繰り広げられていた。鄧小平の時代になってから、政府共産党の活動の中心は党内の権力闘争から経済建設に移行した。ただし、経済の自由化が進むにつれ、知識人を中心に思想の自由と民主化を要求する動きが盛んになり、それを看過すると、共産党の統治が脅かされかねない状況になった。鄧小平および同期の長老らが「資産階級自由化に反対するキャンペーン」を主導した。そのなかで、知識人たちの要求に理解を示した胡耀邦総書記（当時）が辞任に追い込まれ、実質的に失脚した。実は、このときから共産党幹部の腐敗はすでにエスカレートしていたのだ。1989年6月の第二次天安門事件は民主化要求の一面があるが、他方、市民参加者の多くが「幹倒」（幹部の腐敗）撲滅を求めていた。

天安門事件をきっかけに、趙紫陽総書記が失脚し、代わりに江沢民上海市総書記（当時）が抜擢され、江沢民時代が始まった。江沢民時代の統治を総括するならば、彼自身が述べた一言が最もふさわしいと思われる。江沢民は改革よりも金儲けによほど熱心だったようだ。「悶声発大財」（静かにして大儲けしよう）は江沢民の口癖であるといわれている。金儲けは換言すれば、経済成長を促進することである。この考えは、成長こそこのうえなく理屈だという鄧小平の考えと完全に合致する。

江沢民政権の後、胡錦涛時代に入ったが、胡錦涛は小心者でその口癖は「不折騰」（問題を起こさない）だったといわれている。では、なぜ鄧小平時代から胡錦涛時代まで共産党幹部がすでに腐敗していたのに、反腐敗は政府共産党の活動の中心になっていなかったのだろうか。一つの原因は胡錦濤政権が終わるまで、中国経済が成長を続けたからである。経済の高成長は社会と経済の影を見えなくすることができる。2008年の北京五輪と2010年の上海万博は中国経済の高成長の頂点だったといえる。その余韻は2012年まで続いた。実際、習近平は2013年に政権に就いたが、そのとき中国経済はすでに下降局面に入っていた。

江沢民政権と胡錦涛政権において、経済が成長していたため、政府共産党にとってシェアできる富があった。国民も腐敗幹部に対して不満を持っていたが、爆発はしなかった。それに対して、習近平政権になってから、経済成長は急減速しており、「新常態」（ニューノーマル）と定義されたぐらいだった。そのなかでシェアできる富が減少し、国民の不満も爆発しそうな状況である。

そのうえ、江沢民と胡錦涛は鄧小平によって国家主席に指名されたもので、党内においてある程度の権威が確立していた。それに対して、習近平国家主席は党内において挑戦者が多く、権威がいまだ十分に確立していない。だからこそ習近平政権が誕生したあとの最初の仕事は挑戦者だった薄熙来を裁判にかけることだった。一部の政治学者はこのことを、鄧小平が四人組を裁判にかけたことと比較して似ていると指摘するが、四人組裁判は当時、国民から広く支持されたのに対して、薄熙来裁判について国民の多くは無関心である。

しかし、習近平政権にとり、腐敗撲滅は権力を強化する絶好のツールである。２０１７年10月に開かれた第19回党大会での発表によれば、習近平政権の一期目の5年間、１５３万人の腐敗幹部が「処分」（追放）されたといわれている。そのなかに共産党中央委員会常務委員の周永康、党中央書記処書記・令計画、党中央軍事委員会元副主席・徐才厚、党中央軍事委員会第一副主席・郭伯雄など上層部の幹部も多数含まれている。これらの要人はいずれも習近平政権に挑戦する立場にあった重要人物だった。習近平政権は権力基盤を固めるために、彼らを腐敗の名目で摘発した。

もちろん、摘発されていない共産党幹部が腐敗していないわけではない。誰を摘発するかについては、その政治的必要性によって決まる。ただし、反腐敗が国民から広く支持されているのは事実である。毎週のように共産党の高級幹部が腐敗によって摘発されている。このことについて国民は、よくやったと拍手を送る者が多い。

だが、腐敗した幹部を摘発しても、幹部が腐敗できないように制度改革を行わなければ、反腐敗はエンドレスのゲームになる。なぜならば、上で述べたように、監督監視されない権力だからこそ、その幹部たちはいずれ腐敗するからである。

習近平国家主席は明君になれるのか

民主主義は合議制であり、有権者の投票によって一票でも多く獲得する者が当選する。もちろん、民主主義だからといって、常に絶対にふさわしい候補が当選するとは限らない。２０１６年に行われたアメリカの大統領選では、大方の予測に反して、政治家出身ではないドナルド・トランプ氏が大統領に選ばれた。このことから、民主主義にも欠陥があることは明らかである。しかし、だからといって専制政治のほうがよいというわけではない。

民主主義の敵といえば、ポピュリズムである。正しい政治を行おうとする政治家は人気のないことをやると、支持を失う可能性が高い。たとえば、日本では、後世に付けを回さないために、消費税を増税し、財政の健全化を図る必要がある。しかし、消費税率を上げると、政権の支持率は必ず下がる。結局のところ、歴代政権は消費増税をどんどん先送りしている。日本は主要国のなかで国債のＧＤＰ比が一番高いが、消費税率が最も低い国の一つである。しかも、国民健康保険について皆保険を維持しようとしている。こうした制度と現実の矛盾を生み出しているのは、まさに民主主義とポピュリズムの軋轢によるところが大きい。

中国は数千年の歴史において、皇帝を中心とする専制政治の道を歩んできた。人々は民主主義に関する啓蒙教育を十分に受けておらず、民主主義への憧れというよりも、民主主義に関する理解でさえ十分になされていない。歴代王朝において、人民がひたすら期待するのは開明な皇帝、すなわち、明君の誕生である。明君とは、賢明な君主のことである。中国の歴史において唐の太宗は明君と評されている。ちなみに、歴史家によると、秦の始皇帝は明君ではなく、この上なく暴君だったといわれている。

明君が名君であるには、その賢明さをサポートする独自の情報収集ルートが必要である。周囲の取り巻きの媚びるような進言に惑わされないことは明君になる必要条件である。毛沢東は明君とはいえないが、取り巻きの報告を常に疑いながら聞いていた。毛の問題は秦の始皇帝以上の君主になろうとして暴政を実施したことにある。

中国人が適任のリーダーを自ら選ぶ心の準備はまだできていない。その結果、一般の中国人は依然として明君の誕生を祈るばかりである。

習近平国家主席は選挙によって選ばれた指導者ではない。国民の間で支持を集めるために、反腐敗に取り組んでいる。その狙いは権力基盤を固めるためであり、さらに権威を確立する必要もある。問題は習近平国家主席自身がどのような国家像を描いているかにある。この点はまさに本書の中心課題である。

かつて、毛沢東が国民に約束した平等社会の実現は、いまや幻となって姿を消した。鄧小平は国民に一部の人が先に豊かになってもよいと言って、人々のやる気を喚起した。しかし、振り返れば、ごく一部の人が豊かになったが、大多数の人はボトムアップされていない。江沢民は「三つの代表」といって、資本家たちも共産党に入党することができるようにした。しかし、格差は縮小しなかった。胡錦涛は「和諧社会」（調和のとれた社会）の実現を国民に呼びかけたが、社会は和諧しなかった。習近平は国民に「中国の夢」を実現し、中華民族を復興させようと喚起した。あまりにも巨大な目標であるため、国民がついてくるかどうかは明らかではない。

習近平国家主席が明君になれるかどうかについて、それを図る指標はただ一つ、中国社会において貧困を撲滅し、低所得層をボトムアップして格差を小さくすることである。歴代共産党指導者はこのうえない立派な談話を発表してきたが、その多くは額面通りに実現していない。それを反省する間もなく、次の指導者はまた、さらなる立派な公約を発表する。

5　責任ある強国のかたち

世界が震撼する獅子の目覚め

かつてナポレオンは、「中国は眠っている獅子であり、目覚めると、世界は震撼する」と言ったといわれている。ナポレオンが何を根拠にそのような発言をしたかは不明だが、今、世界が中国のグローバル戦略に左右されているのはたしかなことである。中国が世界貿易機関（ＷＴＯ）に加盟したのは２００１年だった。当時、中国のＷＴＯ加盟を認めるかどうかについて世界主要国において意見が分かれていた。日米を中心に中国がＷＴＯに加盟した場合、ＷＴＯルールを順守するかどうかについて懐疑的な態度を崩さなかった。

それに対して、フランス、ドイツ、イギリスなどのヨーロッパ諸国は、中国経済はすでに主要国並みに成長しているため、ＷＴＯへの加盟を認めなければ、逆に、世界の国際貿易にとって悪影響を及ぼすと主張した。すなわち、中国をＷＴＯのような国際機関に取り込んで、グローバル・コミュニティのルールに従わせる engagement 戦略をとるべきだというのである。当時、アメリカ国内の一部のシンクタンクの専門家も同じ意見だった。結局のところ、アメリカは中国のＷＴＯ加盟を認めるようになった。このことは中国のグローバル・コミュニティへのコミットメントの第一歩だった。

中国はＷＴＯ加盟と同時に、まずＡＳＥＡＮ（東南アジア諸国連合）との自由貿易協定（ＦＴＡ）の締結を呼びかけた。そのために、中国はＡＳＥＡＮに対して、食糧と果物の市場を開放すると約束した。ＡＳＥＡＮ諸国にとり、中国に食糧と果物を輸出できれば、国内の雇用を安定させることができ、メリットは想像以上に大きい。歴史的に、とくに毛沢東時代、中国政府は東南アジアのゲリラを支援してきた。今でも、一部の国の山間部に「毛派」と呼ばれる左翼ゲリラが出没する。したがって、東南アジア諸国では、中国に対する国民感情はそれほどよくなかった。中国人に対する憎悪がときには現地にいる華僑に飛び火することもあった。１９９７年アジア通貨危機に見舞われたインドネシアの首都ジャカルタで、現地の人々は募った鬱憤と不満を華僑に向けて放出した。ジャカルタのチャイナタウン（中華街）の大半が放火され焼かれてしまった。

しかし、２００１年のＡＳＥＡＮと中国のＦＴＡ合意以降、東南アジア諸国における対中感情は急速に改善された。ＡＳＥＡＮ諸国は長い間、日本企業の直接投資と日本政府の開発援助から恩恵を享受していた。したがって、ＡＳＥＡＮ諸国の国民の間で日本に対して親近感が強かった。問題は、中国がＡＳＥＡＮに急接近しているとき、日本では、ちょうど小泉政権（２００１―06年）だったが、小泉首相は繰り返し「アメリカとの関係をよくすれば、日米関係にも大きな問題が生じない」と強調していた。

実は、１９９７年のアジア通貨危機においてＡＳＥＡＮ諸国は最も傷が深かった。そのとき、一部のＡＳＥＡＮ諸国は国際通貨基金（ＩＭＦ）の経済支援を要請したが、ＩＭＦは経済支援のconditionality（条件）として財政の健全化を求めてきたのである。通貨危機によってすでに外貨流動性に問題が生じている当該の国々の経済はＩＭＦが突きつけた条件によって、さらに傷が深まった。このワシントン・コンセンサスと呼ばれる条件付与に対する批判は、ＡＳＥＡＮにおいて予想以上に高まってしまったのだ。

そのうえ、２００１年９月11日、アメリカで同時多発テロが発生した。ブッシュ政権は報復のために、イラク攻撃を開始し、対イスラム戦争の構図が強まった。世界でインドネシアはイスラム教徒の一番多い国である。マレーシアもイスラム教徒の多い国である。結果的に、中国がＡＳＥＡＮ諸国に接近すると同じ時期に、親米の日本とＡＳＥＡＮ諸国との距離が開いていったのである。

その後、日本では、民主党政権（２００９―12年）が誕生した。民主党政権の間、基地の問題を巡って日米関係は対立し、予想以上に悪化した。代わりに民主党の鳩山政権は中国にアプローチし、小泉政権下で悪化した日中関係は改善に向かったとみられた。２０１０年、こうした事態を重くみたアメリカ政権は、ヒラリー・クリントン国務長官（当時）が「アジア・ピヴォット」（アジアに軸足を置く）戦略を提起した。それまで、フィリピンの米軍基地から米軍を引き上げるなど、アジアから離れる動きが鮮明になったが、ヒラリー・クリントンが提起した come back Asia 戦略は明らかに中国の拡張戦略を意識したものだった。

ここで、中国がどこまでグローバル社会のルールに従って行動しているかについて、きちんと検証する必要がある。ユーラシアグループの代表イアン・ブレマー氏は、２０１８年のグローバルリスクのトップはチャイナ・リスクであると指摘した。具体的にチャイナ・リスクとは、リーダー不在のＧゼロの時代において中国が台頭し、その中国がグローバル・ルールに従わず、独自の行動パターンで動くため、既存の国際社会の秩序にとって深刻なリスクとなるというのである。

Ｇ２と責任ある強国のあり方

中国は名実ともに大国である。国土が広く人口は世界一、経済規模はアメリカに次いで世界二番目であり、日本のＧＤＰの三倍である（２０１７年現在）。しかし、中国経済の実力を考察すれば、アメリカに遥かに及ばないのも事実である。とくに産業技術と企業のブランドバリューはまだ発展途上のレベルにある。ハイテク技術の特許などはアメリカ、日本、ドイツなど先進国が支配している状況にある。世界のトップブランドに中国企業はほとんど入っていない。

そして、軍事力は、軍事予算で図るものではない。２０１７年８月の「建軍節」式典で習近平国家主席は演説のなかで「世界一の軍隊を建設する」と呼びかけた。中国は軍事力の増強を急いでいるが、どのようにすれば軍事力を増強できるのだろうか。軍事力を増強する前提としては、まず軍幹部の腐敗を撲滅しなければならない。

今の中国はどこかの国と実際に戦争を展開する可能性はほとんどない。戦争する意味はなく、戦争した場合、中国自身にとってもロスが大きすぎる。結局のところ、実戦的に使うことがないが、国力の象徴としての軍事力を強化していくことが重要である。たとえば、アメリカは世界一流のステルス戦闘機を保有しているが、中国も同様のステルス戦闘機を保有したい。マスコミの報道によれば、中国は独自のステルス戦闘機の開発にすでに成功しているといわれている。

しかし、中国にとって、周辺諸国を含めて外国と安易に戦争することができなくなった。なぜならば、経済発展、すなわち一人あたりGDPの拡大とともに、人間の「値段」が高くなり、戦争した場合、犠牲を払えなくなったからだ。かつて、朝鮮戦争（1950—53年）のとき、中国は軍人だけで18万人が犠牲となったといわれている。しかし、当時の中国は犠牲者を出しても、一人あたりの「値段」は安く、軍属への賠償支払いなどほとんど行う必要はなかった。その代わり「国土を守り侵略者と戦った」戦争犠牲者を英雄に祀り上げれば、大きな社会問題にならなかった。

一方、中越戦争（1979年）は、ベトナムによるカンボジア（中国の同盟国）への侵攻に対する制裁として、ベトナムを攻撃したのだと、中国ではいわれている。また、ベトナム侵攻のもう一つの大義名分は、ベトナムがソ連と結託して中国に侵攻するおそれがあったことといわれていた。

この戦争のなかで中国の発表によると、7000人ほどの軍人が犠牲になったようだ。それに対して、ベトナム側発表によると、中国は2万人の犠牲者を出したといわれている。両者の発表に大きな開きがあるが、中国国内では、犠牲者を英雄に祀り上げる工作を徹底した。そのために創作された映画が「高山の下の花輪」だった。中国国内すべての小中学生（当時）は全員、この映画を鑑賞した。

しかし、今の中国は朝鮮戦争やベトナム戦争のような戦争を再び開戦することができなくなった。人間の「値段」が高くなり、犠牲者を英雄に祀り上げるだけでは、軍属は満足しない。しかも、今の人民解放軍の兵士のほとんどは一人っ子であり、仮に戦争を展開してたくさんの犠牲者を出した場合、間違いなく社会問題になる。

今の時代において核兵器は実際に使うためのものではなく、核の抑止力に重要な意味がある。したがって、軍事力も同じであり、戦争のための軍事力ではなく、戦争を抑止するための軍事力がこれから重要になる。

中国にとっての一番の脅威といえば、日本ではなく、ロシアでもない。間違いなく、アメリカである。中国はアメリカと戦争する気はさらさらない。ただし強い軍事力を見せつけて、さまざまな事案をめぐる交渉で少しでも有利になることが軍事力を強化する目的である。

オバマ政権のとき、習近平国家主席はオバマ大統領（当時）に「太平洋は広い。われわれは太平洋をシェアし共存することができるはず」と呼びかけた。それについてアメリカ国内でも、G2の議論が上がった。中国の表現を援用すれば、G2とは「新型大国関係」ということになる。

「新型大国関係」について、その定義は必ずしも明らかにされていない。中国の外交官たちがたびたび口にするさまざまな言い方を総括すれば、「新型大国関係」とはシナジー効果が働くプラスサムゲームのことであると思われる。要するに、中国はアメリカと戦うのではなく、共存共栄を図っていくということのようだ。この姿勢は世界にとって、悪いことではない。

トランプ政権下の北東アジアの平和と繁栄

オバマ政権時代は、アメリカのアジア戦略ははっきりしていたが、トランプ政権になってからのアメリカのアジア戦略には、不確実性が増している。アメリカ・ファーストを繰り返すトランプ大統領はアジアに本腰を据えて何らかの戦略を行使していくことができるのだろうか。上で述べたように、1997年のアジア通貨危機と2001年の9・11同時多発テロ以降、東南アジアで反米感情が高まっている。

南シナ海の領海問題をめぐり、中国とフィリピンは対立していた。日米はフィリピンの戦略的重要性を重視し、フィリピンに対する経済援助と軍事援助の姿勢を示したが、まさかフィリピンのロドリゴ・ドゥテルテ大統領が中国との和解に自信を示し、アメリカと距離を置く姿勢を鮮明にするとは思っていなかった。ドゥテルテ大統領は内政的に乱暴な外科医のような人といわれている。大義名分さえあれば、法を破ってもよいと考えるのがドゥテルテ大統領である。その有名な事案は、麻薬の売人を公正な裁判にかけずに、たくさん処刑したことである。

法治国家のアメリカからみれば、犯罪者にも人権がある。ドゥテルテ大統領は人権を著しく侵害している可能性がある。しかし、ドゥテルテ大統領はアメリカ人の考え方について顧みることはしない。結局のところ、アメリカはドゥテルテ大統領の時代が続く以上、フィリピンとの関係改善をあきらめざるを得ない。ただし、アメリカは中国による南シナ海の島の造成をこれ以上看過できない。中国は南シナ海の問題についてソフトな関与を続ける姿勢のようだ。

一方、北東アジアの最大なトラブルメーカーは、いうまでもなく北朝鮮である。朝鮮半島の問題は北朝鮮のミサイルと核兵器は韓国を直接脅かすシリアスなリスクになっていることである。国際社会が北朝鮮の核兵器保有を認めれば、韓国も核兵器を保有する口実ができる。実際に、韓国のシンクタンクの研究によれば、今、韓国の技術を駆使すれば、1年以内に核兵器を製造することができる。韓国が核兵器を保有すれば、日本も核兵器を保有しようとするだろう。そうすれば、台湾も核兵器を持つようになる。いわば核の連鎖が起きるということだ。このような核の連鎖はアメリカが懸念するよりも、中国が一番見たくない現実のはずである。この核の連鎖が起きれば、中国は北（ロシア）、東（朝鮮半島、日本）と南（台湾）の三方向から、核によって包囲されてしまう心配があるからだ。

かといって、北朝鮮はすでに持っている核兵器を軽々に廃棄することはしないだろう。現実的な考えに基づいて北東アジアの平和を考えた場合、今、北東アジア諸国は過去の歴史の負の遺産をいかに処理するかを議論するよりも、目の前の脅威の北朝鮮核兵器問題にどのように対処するかを優先的に考えなければならない。かつて小泉元総理が口にしていた「アメリカとの関係を良好に保てば、それ以外の国との関係は自ずとよくなる」というロジックはすでに崩れている。アメリカはどこまで本気に北朝鮮の非核化を考えているのだろうか。今こそ日中韓はテーブルについて北朝鮮の非核化に向けて実行可能なステップを考案すべきではなかろうか。

第3章　鄧小平の目指したもの——なぜ彼は毛沢東を否定しないのか

1　「典型的な四川人」鄧小平

世界の国の面積を比べると、最も広大な国土を有しているのはロシアで、2位がカナダ、3位がアメリカである。中国はその次の4位、そして5位がブラジルだ。日本は約38万平方キロメートルで61位。四川省一省（48・5万平方キロメートル）よりも小さいことになる。

面積では中国に比べて日本は小さな国だが、その小さな国の中においてさえ、それぞれの地域でそれぞれの地域性や特徴を持っている。関東と関西では気質が大きく異なるが、わけても「大阪人」としてほかと区別されるほど、大阪は群を抜いて特徴的である。東北の人は寡黙で粘り強いといわれている。ほかにも江戸っ子、近江商人、土佐のいごっそう、薩摩隼人など、お国ごとにそれぞれの特徴を持っており、こうしてみれば、日本はきわめて多様性に富んだ国であることがわかる。筆者も来日して以来もう30年になるが、この間日本各地を訪れ、これが本当に同じ国かと思うような思いを一度ならず持った経験がある。

さて、中国の地域性は日本以上に鮮明に異なる。中国の異なる地域性を代表するのが各地域の方言である。普通ならば方言とはイントネーションが異なる程度と思われるが、中国の方言は互いに通じないぐらい異なるものである。だからこそ秦の始皇帝が中国を統一したとき、文字を統一したのだろう。中国の大学はたいていの場合、全寮制である。学生はみんな寮で暮らすので、ときどき些細なことで喧嘩になる。その喧嘩はたちまち大勢を巻き込む規模になることがあるが、そんなとき学生をグルーピングするのは方言である。互いに知らない学生でも、自分と同じ方言を話す学生はそのアイデンティティにより、一瞬にしてグルーピングされてしまうのだ。

よくいわれる中国の地域性の事例を挙げれば、孔子の故郷・山東省の人は細かい話が嫌いで豪傑が多い。浙江省の人はお金の計算に長けている。上海の人は対外志向が強く積極的である。毛沢東は湖南省の出身であるが、湖南省の人はいかなることにも絶対にめげず、粘り強さは中国一。中国で最も辛い料理を食べているのは四川省ではなく湖南省の人たちである。かつて蔣介石の国民党軍は毛沢東が率いる共産党軍と戦った。計算高い蔣介石だが、毛沢東の相手ではなかった。一方で、湖南人と並んで四川人は我慢強さがまた有名である。この章で述べる鄧小平はまさに四川省の出身である。

四川省の省都は成都という町だが、そこに行けばわかるように、四川省は背の低い人が多い。鄧小平も背の小さい人である。腰が低くて言葉が少ない。しかし、芯は強い。まさに典型的な四川人といえる。

鄧小平はもともと背の低い人なので、敵を作らないのが特徴的といえる。むろん、敵に反撃するときは、容赦なく強く出るのだが。もともと人間は複雑な多面性を有しているが、そのなかで鄧小平はほかの共産党員よりも遥かに複雑な存在である。青年のとき、パリ留学を経験した鄧小平は「事実求是」が座右の銘といわれている。たしかに歴史家は鄧小平のことをリアリストと評する者が多い。

しかし、私たちが忘れてはならないのは、鄧小平は極論すれば「普通の人間である前に、共産党員である」ことだ。彼の頭のなかでは、少なくとも党の利益はイコール国益になっているはずである。場合によっては、党の利益は国益を凌駕する可能性もある。

中華人民共和国が樹立されたあとの鄧小平の運命は、まさに波乱万丈の一言である。再三にわたって毛沢東によって抜擢され、また打倒されることの繰り返しで、幸運と不運の連続だった。鄧小平ほど毛沢東の理不尽な政治を理解できた人はそれほど多くないはずである。しかも、鄧小平自身だけでなく、家族まで迫害を受けたことは前にも述べた。

本来、中国人は復讐心の強い民族である。しかし、鄧小平は毛沢東夫人の江青を投獄し、最後まで恩赦しなかったが、毛沢東を完全否定しはしなかった。このような鄧小平の心情は凡人の筆者には理解しがたいものがある。

2　共産主義者としての鄧小平

神になれなかった鄧小平の人物像

今でも、一部の中国人の心のなかで毛沢東は神のような存在である。旧ソ連では、スターリン死後、フルシチョフはスターリンを完全に否定する談話を秘密裏に行った。したがって、ソ連では、早い段階から脱スターリン路線が確立した。それに対して、毛沢東が死去したあとも、それまでの毛沢東の功罪について功が七、罪が三と、功績が大きいと総括された。毛沢東に対するこのような歴史的な評価は、明らかに事実に反するものである。

法的に一人の命でも奪えば、殺人罪に問われる。毛沢東時代に迫害を受けて殺された人と餓死した人の数は数千万にのぼる。共産党中央委員会が行った文化大革命に関する総括では、その過ちのほとんどを四人組に着せた。百歩譲って、四人組に罪があるとしても、文革以前の粛清と反右派闘争の罪は清算されていない（当時、四人組はまだ結成されていなかった）。どのように探しても、当時の共産党中央委員会のなかでスケープゴートになれる人物は見当たらない。

実は、鄧小平は反右派闘争を実行した責任者の一人である。だからこそ鄧小平は反右派闘争の清算に積極的ではなかったのだ。

鄧小平が毛沢東に対して寛大な態度を取ったのは、もちろん自らのためであろうが、同時に、共産党を存続させるためでもあった。毛沢東思想は共産党にとって、精神的な支柱という存在である。毛沢東を完全に否定してしまった場合、彼に取って代わるほかの精神的な支柱は存在しないのである。エズラ・ヴォーゲルの『現代中国の父、鄧小平』によると、鄧小平はブリッジが好きでゲームのような権力闘争に長けているが、執筆するのが苦手だったそうだ。日記も文章も書かない鄧小平は鄧小平思想のような理論的枠組みを残していない。結局のところ、共産党の核心的価値観を形成するのは、依然として毛沢東思想なのである。

ちなみに、日本のような国では、歴史的に文化面の断裂が生じたことがほとんどないため、宗教や価値観がそのまま継承され、その時どきの世相を反映して少しずつ変化するだけである。それに対して中国では、むかしから改革ではなく革命が幾度も起きたため、そのつど古い文化が完全に否定されてしまうことがたびたび起こった。そして、中華人民共和国が樹立されてから生まれた世代において、中国古典文化のＤＮＡは完全に姿を消してしまった。その代わりに、毛沢東思想が植え付けられた。むろん、今となっては、人々はどこまで毛沢東思想を勉強し信じているかがわからない。しかし、いつの時代においても、信奉のよりどころとなるものは、ないよりはあったほうがよいに決まっている。

鄧小平が毛沢東を完全に否定しようとしなかったもう一つの背景として、鄧小平は自らが神になろうとしなかったことがある。晩年の鄧小平は党の総書記にもなろうとせず、国家主席でもない（ただし、共産党中央軍事委員会の主席にはなった）。だからこそ鄧小平は「最高実力者」と呼ばれていた。

１９８９年の天安門事件のとき、当時共産党中央委員会総書記だった趙紫陽は来訪したゴルバチョフに「わが国では、大ごとについてすべて鄧小平先生と相談しないといけない」ともらしたといわれている（『趙紫陽　極秘回顧録』）。この一言が鄧小平の逆鱗に触れ、趙紫陽失脚が決定的となったという。

鄧小平は最高実力者にはなったが、神にはならなかった。彼は存命中、自らに対して個人崇拝されることをことのほか嫌っていた。鄧小平によって公認された伝記は娘の毛毛（鄧小平の三女鄧榕のペンネーム）が執筆した『わが父・鄧小平』（藤野彰ほか訳、中央公論新社、2002年）だけである。

指導者が神格化されるためには、その生活実態を謎と秘密のヴェールに包んでおく必要がある。毛沢東の存命中、その生活実態を明らかにする文章などは一切発表されなかった。指導者が神秘的な存在になればなるほど、神により近づくことができる。その点において鄧小平は一貫してひとりの人間、しかも背の小さい人間だった。ただし、中国では、背の小さい人ほどアイデアが豊富といわれている。鄧小平についてこの言い方は間違っていないかもしれない。

鄧小平は共産主義者なのか

リアリストの鄧小平はどこまで共産主義のユートピアを信奉していたのだろうか。もし鄧小平が心底から共産主義を信奉していたのなら、おそらく「改革・開放」路線への方針転換はなされなかったのだろう。ヴォーゲルは、『現代中国の父、鄧小平』において「鄧小平は旧体制の建設と管理にあたって、より多くの責任を負わなければならない。（中略）文革の最中（1969―73年）、鄧小平は江西省南昌市に下放され、そこで旧体制のどこに問題が生じたか、誰よりもよく知っている」と指摘している。

しかし、鄧小平は復権したあともこの旧体制を根本から作り直そうと思わず、植木に槻木を行うように、外国から優れた技術を導入する道を選んだ。鄧小平自身の言葉を援用すれば、「渡石を叩きながら、川を渡る」という試行錯誤のやり方で改革を試みた。それが「改革・開放」政策だった。

これは旧ソ連のペレストロイカと根本的に異なる点である。

ペレストロイカは1980年代後半からソ連で行われた政治体制改革である。もともとゴルバチョフは社会主義体制を堅持しながら、制度改革を試みようとしたといわれているが、結局のところ、物不足により人心は共産党から離れてしまい、社会主義体制だけでなくソ連邦そのものも崩壊したのである。その後、新生ロシアで経済改革が進められたが、そのやり方は国営企業を完全に民営化させる、いわゆるショック療法だった。

人間の病気治療と同じように、ショック療法によって短期的には快方に向かうが、体力は消耗して、さらに衰弱してしまう。しかし、その後、きちんと静養すれば、体力は徐々に回復してくる。中国、というよりも鄧小平は旧ソ連のようなショック療法を取り入れせず、漸進主義的な改革(Gradualism)の道を歩んだ。漸進主義的な改革は治療の間、体への負担が軽いため、民衆から反発されることも少ない。体制転換についてその合理性が指摘されている。鄧小平の名言を援用すれば、「白猫だろうが黒猫だろうが、ネズミを取る猫なら、よい猫だ」というのである。すなわち、鄧小平自身は経済が発展しさえすれば、国有企業だろうが民営企業だろうが、その所有制はたいして重要ではないと考えていたようだ。いかにもリアリスティックな考え方である。

鄧小平スタイルの改革は企業と個人に十分にインセンティブを付与して、人々の働く意欲を喚起することによって経済発展を促していくというやり方である。ただし鄧小平の改革には致命的な欠陥が残っている。富を生み出すメカニズムは用意したが、得られた富を公正に分配する制度とメカニズムを考えていなかったのだ。のちに中国で所得格差が拡大したのは、この中途半端な改革に起因するものと思われる。

だが、いかんせん「改革・開放」初期の1980年代初めの極端な物不足から脱出するためには、新たな富をいかに創り出すかという制度設計に全力を尽くすことで精一杯で、富の分配法に関する制度設計にまで、当時の指導においては考えが及ばなかったこともうなずける。

ともあれ鄧小平の改革によって、富の一極集中は急速に進んでしまった。現在の中国社会で深刻な問題の一つに、国民レベルにおいて納税意識がなかなか高まらないことがあるが、これはこのとき以来染み付いた〝癖〟である。

もう一つ鄧小平が残した負の遺産といえば、政治改革を行わなかったことである。旧体制がそのまま残り、今日になってそれが経済発展の邪魔者になっている。政治体制が民主化していないため、政府部門は恣意的に経済活動に介入しがちである。民主化されていない政治体制のもとで共産党幹部は特権を享受し、彼らによる経済活動への介入によって、資源配分と所得分配が歪んでしまっている。習近平政権になってからの5年間、少なくとも50万人以上の幹部が腐敗の罪状で拘束されている。これだけの人数が拘束されるのは、幹部の個人個人のモラルの問題というよりも、制度の欠陥によるところが大きいといわざるを得ない。

権力至上主義の鄧小平思想

振り返れば、鄧小平が経済の自由化を積極的に推進したのは、国民の間で信頼が失墜した共産党を救うためだった。鄧小平が推し進めた「改革・開放」はあくまでも、共産党の指導体制を堅持することを前提としている。1989年の天安門事件のとき、いったい誰が軍に学生と市民に向けて発砲を命じたか、という追及があるが、強硬派だった李鵬首相（当時）は自らが公表した日記のなかで、自分は発砲を命じたことがないと自己弁護している。当時の権力構造を考えれば、最高実力者の鄧小平の指示または黙認がなければ、軍は勝手に学生と市民に発砲することができないことを暗に示唆しているのだ。

当時、民主化と腐敗撲滅を求める学生と市民の運動は、最後には「打倒共産党」と叫ぶようになった。このことはどんなに寛容な鄧小平といえども看過できないはずだった。鄧小平は生涯、共産党の指導体制を堅持しながらその枠組みのなかで改革を試みた。しかし、皮肉なことに、経済の自由化を目的とするあらゆる改革は、最後にそれを阻む障壁として、共産党指導体制という難物にぶつかってしまう。

長い間、海外の中国ウォッチャーの間では、鄧小平が「中国のゴルバチョフ」として政治改革を断行するのではないかと期待されていた。しかし鄧小平の政治信条は、ゴルバチョフのそれとはまるでちがう。

ソ連が崩壊したのは、必然性と偶然性の両面の原因がある。必然性については、軍拡に走りすぎて、国内経済が行き詰まり、人心が共産党指導から離れていったことである。一方、偶然性については、1982年11月から85年3月まで、ブレジネフ、アンドロポフ、チェルネンコと三人もの指導者が相次いで死去したことである。アンドロポフまたはチェルネンコがもう少し長生きすれば、ゴルバチョフ総書記は誕生しなかったのだろう。そうなれば、その後のペレストロイカも起きなかった。これこそ歴史的偶然性の仕業といえる。

鄧小平が最高実力者になれたのは、その実力もあるが、同時に、ほかの長老（たとえば李先念、陳雲、王震など）との妥協の産物といえる。胡耀邦と趙紫陽の解任、天安門事件への対処、江沢民の抜擢などは鄧小平が一人で決めたものではなく、長老たちが集団で決めたといわれている。このことはのちに集団指導体制が生まれたきっかけとなる。

長老たちが後継者を選ぶときの基準は①能力、②共産党への忠誠心、③長老たちに対する謙虚な姿勢に加え、④出身（出自）などが先行条件となっている。鄧小平が生前指名した二人の後継者、江沢民と胡錦涛のいずれもこの四条件に合致している。習近平国家主席は鄧小平によって指名されたものではないが、彼も太子党といわれるぐらい、この四条件に合致している。

ただし、鄧小平をはじめとする長老たちが定めた後継者選びの基準と方法は不透明なもので、権力闘争の激化を助長しかねない。江沢民が抜擢されたとき、その地位に挑戦しようとした北京市長陳希同（当時）は外国人からもらった贈答品を着服したとして追放され失脚した。胡錦涛が総書記に選ばれ就任したとき、上海市長の陳良宇（当時）は挑戦する姿勢を鮮明にしたため、収賄罪が問われ失脚させられた。習近平国家主席が就任する当初、重慶市共産党書記薄熙来（当時）は自分こそ共産党の後継者にふさわしいと演出したが、収賄罪に問われ、失脚した。要するに、後継者選びは公平・公正に行われなければならないが、長老たちの都合で後継者を選定するやり方は不服と不満を募らせるおそれがある。

3　鄧小平時代の中国政治

革命家としての鄧小平

リアリストの鄧小平の最もはっきりとした人生観は、自分が倒せない相手とは戦わないことであろう。自分にとって不利益かつ無意味な挑戦を行わない。希望のあることはめげずに頑張りぬく。これこそ四川人の特性といえる。

毛沢東時代、多くの長老が毛沢東によって迫害され、失脚した。そのなかで殺害された者も少なくなかった。なぜ毛沢東は最後まで鄧小平を殺害しなかったのか。それは鄧小平が毛沢東に挑戦する姿勢を一度も示さなかったことと無関係ではなかった。結局のところ、毛沢東は必要なときに鄧小平を起用し、必要がなくなると追放するという繰り返しだった。鄧小平の心のなかでは、自分を追放した毛沢東を憎む以上に、追放のきっかけを作った毛沢東夫人の江青女史に対する恨みのほうが強かった。だからこそ鄧小平は復権したあと、毛沢東に対する復讐をしなかったが、江青女史に対する復讐は何よりも重いものだった。しかも、江青は投獄されたあと、政治犯が収容される秦城監獄で自殺するまで恩赦されることはなかった。

いつの時代も政治家は非情な一面を持ち合わせる人種である。鄧小平は自ら歩んできた人生のなかで経験したさまざまな事件からその無情・非情な一面を明確に持つようになった。

毛沢東は自分に批判的な意見を持つ幹部や知識人を一網打尽にするために、反右派闘争を発動し

表4　最後まで名誉回復が認められなかった5人の「右派分子」

氏名（生没年）	プロフィール
章伯鈞（1895－1969年）	政治家。中国民主同盟および中国農工民主党創設者、交通大臣、「光明日報」社社長歴任
羅隆基（1896－1965年）	政治学者。中国民主同盟副主席、政治協商会議常務委員、全国人民代表会議常務委員など歴任
彭文応（1904－62年）	政治学者。中国民主同盟中央委員、中国民主同盟上海市委員会副主任委員
儲安平（1909－66年）	学者。上海復旦大学教授、「観察」社社長と編集長、「光明日報」社編集長、九三学社宣伝部副部長など歴任
陳仁炳（1909－90年）	歴史学者。上海市政治協商会議副副秘書長、民主同盟中央委員など歴任

資料：筆者作成

た。具体的には、はじめ毛沢東は知識人に、党に対する批判などがあれば、遠慮なく述べるように呼び掛けた。これは中国語で「百家争鳴、百花斉放」というものである談論風発、大いによし。知識人たちは毛沢東の言葉を素直に信じ、「大鳴大放」すなわち、遠慮なく批判的な意見を述べた。

しかし、実際はその多くが党に対する進言だった。これはすぐさま知識人たちの罪状となり、その多くはアンチ共産党として責任が追及された。公式発表では、55万人が右派分子として追放されたといわれている。

実は、鄧小平は反右派闘争の実行者と責任者だった。中国国内では公表されていないが、アメリカやヨーロッパに移住した中国人知識人たちは、回顧録のなかで当時の鄧小平が行ったことについて詳しく記している。「改革・開放」政策以降、胡耀邦総書記は右派分子として追放された知識人たちを名誉回復したが、鄧小平は一貫して消極的な姿勢を崩さなかった。表4に示したのは、毛沢東時代に「右派分子」として追放された政治家と知識人のなかで、最後まで名誉回復が認められなかった5人である。原因は、鄧小平がそれを断固として認めなかったからである。おそらく追放された右派分子が全員名誉回復すれば、逆に追放した鄧小平自身の責任を追及されかねないからであろう。

革命家としての鄧小平は政治的に一貫して毛沢東に追随していたが、経済建設については是々非々の姿勢で臨んだ。たとえば、劉少奇に賛同して毛沢東が進めた「大躍進」運動に批判的な立場を取ったため、鄧は追放されてしまった。ただし、政治的に毛沢東に忠誠心を誓っているため、殺害されなかった。むろん、鄧小平は政治的にも経済的にも毛沢東に追随していたら、党内で盟友が少なくなり、のちに復権はしなかったのかもしれない。

鄧小平を直接知る共産党幹部などは彼らの回顧録のなかで、鄧小平は言葉数の少ない寡黙な人だったと振り返る。エズラ・ヴォーゲル教授も「鄧小平は言葉の少ない人で、家族とも絶対に政治の話をしない」と記している。この点は鄧小平の生まれつきの性格によるところもあろうが、同時に、繰り返し毛沢東に追放され、江青女史に翻弄された実体験から「禍従口出」（口は災いの元）の戒めを常に肝に銘じていたにちがいない。

旧ソ連と同じように、中国共産党も党幹部によるプライベートなグルーピングを厳しく禁止している。党幹部が私的に会合を開くと、失脚させられる原因になりかねない。これこそ共産党内部の厳しい規律なのである。鄧小平は共産党員としての人生のなかで、こうした規律に違反した記録を残したことがなかった。

建設者としての鄧小平

鄧小平が最も得意なのは地道に経済建設に取り組むことである。毛沢東時代において、国営企業の増産に取り組むなど、共産党内でも評判が高かった。毛沢東の悪い癖は党幹部のなかで自分よりも評判が高い幹部がいると、その人に対する警戒を強め、往々にして自分の政敵とみなし、追放してしまいがちである。鄧小平は毛沢東時代において常に腰を低くしていたが、それでも毛沢東に警戒され、幾度も追放されてしまった。

1978年以降、鄧小平は陳雲や王震などの長老たちを説得し、「改革・開放」を推進した。そのゲートウェイだったのは香港に隣接する深圳という町である。小さな漁村だった深圳は「改革・開放」の恩恵を受けて、今や人口1000万人以上の大都市になっている。深圳に行くと、鄧小平の言葉「発展是硬道理」(発展こそ絶対的な理屈である)が刻まれる記念碑が今も聳え立っている。

「改革・開放」初期、中国で最も欠如していたのは、資本と技術である。一方、経済が停滞していたため、若年層を中心に失業問題は深刻化していた。鄧小平にとって中国経済と中国社会の窮状を脱出するには、ただ一つの方法しかない。それは海外から資本と技術を呼び込み、国内の過剰労働力とハイブリッドさせることだった。しかし、外国企業と投資家にとって、当時の中国への投資にはほとんど魅力がなかった。鄧小平の知恵は海外の華僑の愛国心を刺激し、故郷に錦を飾る華僑の意欲を喚起した。具体的に、深圳や厦門など華僑の人脈が多い東南沿海部の都市を経済特別区に指定し、外国資本による投資を自由化しただけでなく、法人税の減免措置まで講じた。

最初に鄧小平の呼びかけに呼応したのは香港などの華僑系資本だった。そのあと、鄧小平は日米など主要国を歴訪したとき、必ず華僑協会などの団体と面会し、華僑のリーダーたちに祖国への貢献を呼びかけた。

同時に、日本では、松下（現在のパナソニック）など日本企業を視察したとき、中国の「改革・開放」に協力するよう要請した。日本財界の長老たちは日本にこれほど誠意を示す中国共産党幹部を見たことがなかった。そして、かつての侵略戦争のことを間接直接知っていた世代だったため、いくらか懺悔の気持ちを持っていた。そこで中国の「改革・開放」への協力を決断したのである。

鄧小平の性格上の実直さは誠意と映り、中国人のみならず、外国人の心さえ捉えた。この点は、鄧小平が推し進める「改革・開放」政策が成功する重要な背景だった。

このように「改革・開放」の論点整理をすると、中国人の国民性は、平等を目的とする社会主義の理念と抵触することがわかる。中国人の体質にぴったりと合っているのはむしろ資本主義ではないかと思われる。鄧小平が推し進めた「改革・開放」は社会主義の路線こそ否定していないが、それに資本主義のエレメントを少しずつ取り入れ、それによって人々のやる気を喚起したという構図である。

しかし一方で、「先富論」は富を公平に分配する制度を用意していない状態の中で進められたため、中国社会の不安定化を助長してしまったといわざるを得ない一面も持っていた。その結果、格差の拡大と、政治改革が未着手だったがゆえに共産党幹部層の腐敗が横行する弊害を生み出しもした。この点について、鄧小平もその後継者たちも、党内の監督体制を強化することで必ずや共産党を浄化することができると言い訳を続けたが、リベラル知識人たちは「同じ人間は左手で右手をコントロールすることができない」と皮肉る。中国共産党はまさに自分の左手をもって右手をコントロールしようとしているのである。

改革者としての鄧小平

中国共産党の歴史には「毛沢東思想」と「鄧小平理路」という表現で二人の功績を讃えている。しかし、鄧小平は理論家ではなく、実践者である。毛沢東はロマンチストの素質を持っていたが、鄧小平の性格にロマンチストの側面はほとんどなかった。鄧小平が残した言葉のなかで最も彼の性格を如実に表したのは「事実求是」（事実に基づいて正しいことは正しいと認める）である。

多くの中国人にとって、あるいは鄧小平に会ったことのある外国人にとって、この「事実求是」こそが鄧小平の魅力なのだという。

「改革・開放」初期、中国で毛沢東思想と鄧小平理路の対立をめぐる、ある大論争が繰り広げられた。当時、大学入試（全国統一試験）に必ずといってよいほど出題されたのが「真理を検証する標準（基準）について論ぜよ」という問題である。真理はいうまでもないことだが、正しいことである。ある事柄が真理かどうかをどのように検証するかなど、いまさら誰も考えない愚問なのに、当時、このようなトンデモ問題が多くの中国人の運命を左右していた。模範解答と異なる解答を記入すれば、入試に落ちる可能性があるためだ。もちろん、当時の受験生の多くはなぜこのような意味不明な問題が出題されるかの背景を知らない。

真相は以下の通りである。毛沢東は１９７６年に死去した。しかし、前述のように、鄧小平は復権したあと、毛沢東を完全に否定しなかった。そこで、共産党内で鄧が進める経済の自由化に反対する保守派は「毛沢東の言ったことは絶対に正しい」という絶対論を一部において噴出させたのである。こうした絶対論を唱えた保守派幹部は、毛沢東思想を擁護するというよりは、鄧小平の「事実求是」の理論を否定しようとしたのであった。

そこで、当局（鄧小平サイド）によって、大学入試で上記のような意味不明な問題が出題されたのだ。要するに、鄧たち改革派幹部は、「毛沢東の言ったことはすべて真理とは限らない。真理かどうかは実践して検証してみないとわからない」と言いたかったのである。これもまた鄧小平の合理主義的な考えとぴったりと合致する表現である。

共産党のような専制政治において最も警戒されるのは、党内で論争が沸き起こることである。共産党はあらゆる重要な決議を採決する際、どんなに意見の不一致があっても、必ずや全会一致で採決されたと演出する。この点は民主主義と正反対である。

民主主義政治では、法案の採決で、全会一致はほぼあり得ない。しかし、たとえ多くの反対があっても、いったん多数決で採決されれば、みなそれに従わなければならない。ひるがえって、専制政治で全会一致で可決された事案に対して党幹部全員がその決定に従うかといえば、それは別問題で、本音と建前の使い分けが横行する。奇妙な光景である。

改革者としての鄧小平は、経済発展のための交通整理を行い、党内の保守派幹部の反対論を封じ込めたが、是々非々の態度で政治改革に取り組む姿勢を一度も示さなかった。鄧は自らが推薦した後継者の胡耀邦総書記（当時）と趙紫陽総書記（同）を、何の法的手続きも経ることなく、長老たちが集まる密室で彼ら（胡と趙）の失脚を決めた。政治リーダーを弾劾することは民主主義の政治でもときには起きることだが、それを決めるのは議会であったり、裁判所であったりする。しかし、中国のように政治の長老たちが自分たちの意思に反するリーダーを恣意的に追放することは、国家の秩序を乱すことになりかねない。

したがって、革命家としての鄧小平と建設者としての鄧小平のいずれも、それなりの功績を残すことができたが、改革者としての鄧小平はほとんど功績を残すことができなかったといえる。それよりも、負の遺産が残され、共産党幹部の腐敗が横行し、所得格差は資本主義社会以上に拡大している。

4　鄧小平時代の中国外交

対ベトナム戦争

前章でも触れたが、鄧小平は復権した直後、1979年2月から3月にかけて、対ベトナム戦争を発動した。中国政府の公式見解では、この戦争は「対ベトナム自衛反撃戦争」と定義している。この戦争の大義名分は、「ベトナムがソ連（当時）の援助を受けて、中国に対して敵対行動を取ったため、中国はそれに対して自衛的措置を取っただけ」といわれている。中国は人民解放軍を20万人投入したのに対して、ベトナムは10万人の陸軍部隊と15万人の民兵を投入した。その結果、中国兵は2万7000人が、ベトナムは6万人が死傷したといわれている。

一つの確かな事実として、この戦争はベトナムで起きたもので、中国軍がベトナム領内に侵入して戦争したことである。では、なぜ復権した直後の鄧小平は隣国のベトナムと戦争しなければならなかったのだろうか。

もともと中国とベトナムは「同志と兄弟」のような関係と互いに称賛し合っていた。1960年代、アメリカの対ベトナム戦争のとき、中国は北ベトナムに対して多大な経済的・軍事的支援を行った。当時のベトナム戦争は、形式上は「北ベトナムによる南ベトナム攻撃を阻止するために、米軍が参戦した」とされているが、実質的には「冷戦構造下の共産主義陣営の中ソと民主主義陣営のアメリカとの代理戦争」の色彩が濃厚だったはずである。とくに、中国にとって、ベトナムは戦略的に重要性のある位置にある。ベトナムがアメリカに占領された場合、陸続きの中国にとっては、間違いなく深刻な脅威となる。

当時の中国は国内経済が破綻状態にあり、外交面においてもソ連との関係が悪化し、アメリカ軍は韓国と日本に駐留しているため、中国にとってこの「包囲網」は間違いなく脅威であった。したがって、当時の中国の立場から、国益を守るためにも、ベトナムを侵略者（アメリカ）から守る必然性があったのである。中国はソ連との関係が悪化していたが、ベトナムを守りアメリカに対抗することについては、両国の利益は一致した。

しかし、ベトナム戦争が泥沼化するなかで、多くのアメリカ人はこの戦争が無意味な戦争であると自覚するようになった。アメリカ国内で反戦運動が勃発し、戦争をこれ以上続けられない状況に変わった。ニクソン政権（当時）はベトナムからの米軍撤退を開始した。同時に、中国との国交正常化を模索する外交上の戦略転換が図られた。

アメリカ軍がベトナムから撤退したため、中国はこれ以上ベトナムを援助する必要はなくなった。また、アメリカとの関係を改善すれば、ソ連による脅威を減らすことができると毛沢東と周恩来が判断したといわれている。

中国社会主義の歴史のなかでベトナムとの関係ほど不安定な関係はなかったのかもしれない。むかしの王朝時代、ベトナムは中国の属国だった。近代になってから、中国の国力が次第に弱体化し、ベトナムへの影響力も弱まり、ベトナムはフランスの植民地となった。第二次世界大戦後、アメリカはベトナムの「赤化」を防ぐために、南ベトナムの民主化を企てた。一方、北ベトナムは中国とソ連の影響を受けて、共産主義革命が勝利した。その指導者はホーチミンだった。ホーチミンは中国語が堪能で、1957年、周恩来を介して、毛沢東に、当時中国領だった「浮水洲」（ベトナム名：Bach Long Vi島）を借用したいと申し入れた。理由として、島にレーダーを設置し、米軍機の侵入を防ぎたいということだった。それを聞いた毛沢東は、「われわれは兄弟だから、借りるといわず、この島をベトナムの兄弟にあげるよ」と約束したといわれている。その結果、社会主義中国が成立する前、中華民国の地図では、南シナ海を囲んだのは「十一段線」だったが、この島の割譲を堺に「九段線」に変わった。

しかし、アメリカが撤兵したあと、社会主義国家となったベトナムは、その勢力を拡大しようとして、カンボジアとラオスにまで侵入したのである。カンボジアとラオスは中国の影響下にある国々であり、ベトナムに支配されることは当然のことながら、中国はよしとしない。したがって、鄧小平が発動したベトナムとの戦争は、ベトナムの進攻に対するペナルティとしての戦争の性格が強いといえる。

問題は、30年間も戦争を経験したことのない人民解放軍は戦争に慣れているベトナム兵に簡単には勝てなかったことだ。少なくともペナルティを課そうとする鄧小平の本来の目的は達成できなかったはずである。このことは本来ならば、鄧小平の政治家としての評価に汚点として残るはずだったが、人民日報と新華社の公式報道では、正義の戦争といわれ、犠牲者は全員人民の英雄として祀り上げられた。一方、ベトナムはあれだけの強敵のアメリカを撤兵させたので、中国兵の侵入を阻止するには十分な自信があった。中国との戦争のあと、ベトナム人は中国人のことを「北寇」（北の侵略者）と呼ぶようになったといわれている。少なくとも中国にとって、かつての盟友を敵に回したことは外交上の失敗といえる。

鄧小平の平和外交

中国の外交専門家が記した論文や著作によれば、鄧小平外交の神髄は「平和外交」であるといわれている。鄧小平は毛沢東の階級闘争の理論こそ継承しなかったが、周恩来が提唱した「四つの近代化」路線を忠実に継承した。「四つの近代化」とは、農業の近代化、工業の近代化、科学技術の近代化と国防の近代化である。鄧小平自身にとって、ベトナムとの戦争の教訓は、あの小国との戦争で予想外に苦戦したことだったのであろう。中国の外交専門家の口癖の一つは、弱い国には外交など語る資格はないということである。

したがって、鄧小平は、強い外交戦略を講じるためにも、国防の近代化、すなわち、軍事力を強化する必要があった。軍事力を強化するには、経済を発展させる必要がある。経済を発展させるには、平和な社会環境が必要である。このロジックこそ鄧小平の平和外交の出発点だった。

「改革・開放」初期、鄧小平は自らが工業国を歴訪し、中国への直接投資を誘致するトップセールスを展開した。そのとき、中国共産党の活動の中心はイデオロギーの階級闘争から経済建設に転換したと力説した。工業国の私企業が投資を行う場合、その目的は利益の最大化である。投資家が最も嫌うのはリスクである。鄧小平は外国人投資家に安心してもらうために、平和外交を展開していく必要があった。

中国人歴史家と外交専門家によれば、鄧小平をはじめとする長老たちは1980年代、一貫して戦争の危険性を危惧していたといわれている。しかし、当時のソ連は国内経済が混乱し、中国にとって現実的な脅威でなくなった。そして、アメリカは中国との関係を改善しようとしていた。一衣帯水の日本との関係も、かつてないほど改善された。中国にとって現実的に脅威は存在していなかった。80年代後半以降、戦争に備えようという考えは次第に後退し、活動の中心は全面的に経済建設にシフトされた。

ただし、1989年6月、学生の民主化運動を発端とする第二天安門事件が起きた。同じタイミングでソ連は崩壊した。ソ連邦の崩壊は中国共産党にとって間違いなく青天の霹靂だったはずである。そこから「改革・開放」による行き過ぎた民主化への動きを規制すべく、体制維持に向けて、徹底的に方向修正がなされた。具体的には経済の自由化を進めるが、政治改革を行ってはならないということが、共産党のなかでコンセンサスとなった。

天安門事件のなかで失脚した趙紫陽総書記はのちに回顧録のなかで「民主化の政治改革を試みようと思ったが、長老たちに完全に否定された」と振り返った。民主化に向けた政治改革を行えば、共産党政権はソ連で起きた革命と同じようにひっくり返される可能性があると思われていたのだ。

ソ連の崩壊をきっかけに、鄧小平をはじめとする長老たちは西側諸国に対する不信を一気に増幅させた。彼らの持論は、「改革・開放」とは先進工業国から優れた技術と資本を誘致するためだったが、ついでに西側の腐った思想など悪いものも雪崩れ込んできたと指摘された。したがって、晩年の鄧小平は、ある特定の工業国を敵に回すのではなく、西側全体のイデオロギーと価値観が悪いと決めつけたのである。

むろん、学生と市民に発砲を命じたことは歴史のなかで汚点として残るので、鄧小平はもう一度、人心を惹き付けるために、改革と経済の発展を再び加速させようとした。これが1993年はじめに鄧小平が行った「南巡講話」だった。共産党指導部内では一貫して、「行き過ぎた開放が中国社会の資本主義化をもたらすことになる」との警戒論が強かった。鄧小平自身は資本主義化を警戒することはよいことだが、「改革・開放」を逆戻りさせることは容認しなかった。結果的に「改革・開放」路線は大きく逸脱しなかった。

「一国二制度」のわな

中国の新聞、とくに地方紙を読むと、見開きの紙面の折りたたむ細長いスペースに花婿・花嫁募集の広告が掲載されることが多い。花婿募集の広告をみると、必ずといってよいほど女性が男性に対して求める条件のうち、たとえば「身長が170㎝以上」といった要望が載っている。じつは中国人の間で、背の低い人は狡猾な（ずる賢い）者という偏見が一般的に存在する。鄧小平は外見では非常に背丈が低いが、狡猾かどうかは別として、内面では非常にアイデアが豊富な人であることは間違いない。

たとえば、日本との領土領海の領有権争いについては、「改革・開放」当初の中国の国力では争うのは得策ではないと判断し、「これらの問題を今すぐ解決する必要はなく、後の人たちに任せればよい。彼らはわれわれより、もっと知恵が豊富なはずだ」と言い放った。ある意味では、無責任な発言である。でも、日中の対立を見事に解消したという意味では、戦略家といえる。

もう一つの事例は、イギリスのサッチャー首相（当時）と香港返還について交渉したとき、相手を安心させるために「香港の資本主義制度を50年変えないことを保証する」という、いわゆる「一国二制度」の新しいアイデアを提起したことだ。イギリス人も香港人もこれなら大丈夫だろうと、いくらか安心した。鄧小平の政治的知恵はその同僚の誰もが遥かに及ばない。

問題は「一国二制度」が本当に成立するのかどうかであろう。鄧小平は何をもってこの約束を担保するというのだろうか（実際、鄧は1997年に返還をまたずして死去している）。その前に、なぜ香港の資本主義制度を50年間も保証するのか、なぜ40年でも60年でもないのだろうか。香港人は本当に香港の将来を決めることができるのだろうか。

一つの事実として、鄧小平が約束した「一国二制度」は、香港返還を求める過渡的な考えであることだ。イギリス人は香港で民主主義を植え付けなかったが、法治、すなわち、ほぼ完ぺきな the rule of law、法制度を整備したのである。

１９９７年、香港は、鄧小平が約束した「一国二制度」の枠組みで返還されたが、そのわずか20年しか経っていない昨今、「一国二制度」に含まれる種々の問題が相次いで噴出してきた。香港人は植民地時代でさえ経験したことのない民主主義、すなわち、真の民主主義の選挙を求めている。しかし、これを認めれば、中国大陸の住民も大陸で民主主義のルールによる選挙の実施を求めかねない。

もう一つ、20年前に比べ、香港と大陸の経済関係が、まるで逆転してしまったことである。20年前の香港は中国の「改革・開放」のゲートウェイのような存在だった。外国企業がいきなり大陸に入り込むと、心配が多くリスクが高いので、まず香港で会社を設立し、そこでさまざまな情報を収集する。大陸は外国直接投資を誘致するために、香港の存在が必要不可欠だった。しかし、今となって、香港を除いた中国の経済規模はすでに世界二位に拡大した。香港経済は逆に大陸の経済に依存するようになってしまった。外国企業も中国に直接進出するようになり、香港の重要性が次第に低下してきている。

結果的に、鄧小平が提起した「一国二制度」はあくまでも過渡的な枠組みであり、今、香港で起きていることは、「一国二制度」が「一国一制度」に向けてすでに動き出したと思われる。

5　鄧小平の負の遺産と鄧小平時代の終焉

後継者選びの過程の謎

いかなる政治体制でも、権力の継承はその社会の盛衰を決める最重要な変数である。王のいる社会において権力の継承はその血筋が最も重要視されるが、継承者が必ずしも適任の資質を備えているとは限らない。とくに、王が突然死去し、後継者がまだ幼い場合、往々にしてクーデターが起きる可能性がある。シェイクスピアの「ハムレット」はその典型例の一つだ。中国数千年の歴史において、クーデターは日常茶飯事といって過言ではない。

近代になってから、権力の継承は血筋ではなく、民主主義に則って最適な人物を選ぶ選挙制度が考案された（むろん、民主主義の選挙制度で必ずしも最適な人物が選ばれるとは限らないが）。だが、それでも、民主主義の優位性はこうした間違いを自己修正する機能が用意される。すなわち、いかなる権力の持ち主、大統領でも終身制ではない。アメリカの場合、最長でも二期8年間が、大統領職を続けることができる任期だ。その間、罪が犯された場合、議会が大統領を弾劾することができ、裁判所は最後に大統領の弾劾を決断することができる。

それに対して、王の独裁政治では、最高指導者が終身制の場合が多い。いかなる失政があっても、クーデターでも起きない限り、失脚することはまずあり得ない。

中国は数千年の皇帝の時代を経て、今日に至るが、後継者選びの制度づくりがいまだになされていない。社会主義中国の初代の国家主席毛沢東は権力を自分の息子に継承したかったはずだが、長男毛岸英が朝鮮戦争で戦死し、二男は障碍者だったため、直系の後継者がいなかった。それでも毛沢東は晩年、民主主義の選挙制度を導入せず、自らが党内で後継者を指名した。

最初に後継者として指名された劉少奇は、毛の進めた大躍進の失政を批判したため、毛の逆鱗に触れ、迫害され犠牲になった。次に林彪が後継者として指名されたが、政治と経済が行き詰まり、劉少奇の轍を踏むのを恐れ、自ら国外に逃亡を企てた。しかし、乗った飛行機がモンゴルで墜落し、乗員を含めて全員死亡した。

毛沢東は最晩年、王洪文という上海の若者を抜擢し、後継者として育成しようとした。残念なことに、王は勉強が嫌いだったので、適任ではなかった。毛沢東はしかたなく王の育成を断念して、最後に華国鋒という同郷の後輩を後継者として指名した。ただし、毛沢東は、華国鋒に「何かあったら江青同志に相談してくれ」と言いつけた。毛は夫人の江青が後継者になれないことを知っていたが、指導部における江青の影響力を温存しようとした。

残念ながら、江青女史は指導部であまりにも人望がなさすぎる存在だった。毛沢東は１９７６年９月９日に死去したが、その夫人である江青を含む四人組が同年10月６日に拘束された。この拘束は法的手続きを経ていないことから、クーデターといえるかもしれない。

鄧小平が復権したのは、長老の間での人望が厚かったからだろう。経済が破綻状態にある当時の状況をみて、自らが手を挙げて指導者になる者は鄧小平以外いなかった。すでに述べたが、鄧小平は経済改革に着手し、経済発展を促進した。

一方、最高実力者としての鄧小平は自らの権力を息子に継承しなかった。その理由の一つは、鄧小平の権威が毛沢東ほどではなく、長老たちがそれを認めないとみられていたからである。

もう一つは、鄧小平の長男鄧撲方は、前にも述べたように、文革のとき迫害を受けて大学の寮から飛び降りて、半身不随の障碍者となっており、次男の鄧質方はビジネス界に転身したため、政治権力を継承できなかった。結局のところ、鄧小平は毛沢東に倣って、自らの後継者を選ぶことにしたのである。

最初は胡耀邦を選んだが、行き過ぎた自由化を支持した胡の政治姿勢を危ぶんで、胡を交替させる道を選んだ。次の後継者も鄧小平が選んだ趙紫陽だった。だが、趙は根っこから民主化を推進しようとして、天安門事件のとき、軍による発砲に反対し、学生の要求に理解を示した。その結果、趙も失脚させられ、死ぬまで軟禁状態に置かれた。

鄧小平が生前、最後に指名した後継者は、江沢民と胡錦濤の二人だった。江沢民については、天安門事件の直後、鄧が指名した胡耀邦と趙紫陽が不適任人事であったと長老たちに糾弾され、やむなく李先念をはじめとする保守派長老たちに推薦された江沢民を選んだのだった。

鄧小平は江の長期政権を警戒して、ポスト江沢民として人柄が真面目な胡錦濤を指名してこの世を去った。しかし、いくら最高実力者や長老とはいえ、ほかの党員と国民の意思を無視して、自分たちの好みだけで後継者を選ぶやり方は、なんらの合理性も示されない。とくに、このような人事の決め方の過程はまったく不透明なもので、社会と党の安定を妨げるおそれさえある。

権威なき権力の不安定性

権力者にとって、力だけではその地位の基盤が固まらない。権力基盤を固めるには、国民レベルで権威を確立する必要がある。権威とは、権力者が絶対的な存在になることである。権力者は往々にして武力を重んずる傾向が強いが、実は、武力だけでは権力が強固なものにはならない。政権を樹立した毛沢東は死ぬまでただ一つのことを繰り返して行っていた。それは国民のなかで自分の権威を確立させることである。指導部で自分の権威に挑戦する人物が現れると、必ずやそれを排除する。これこそ毛沢東が熟知するパワーゲームの業である。

鄧小平はすべての政敵を排除する力がないので、硬軟両面で指導部における権威を確立した。鄧小平は江青女史以外、ほとんど一人も迫害しなかった。一方、2節で取り上げたように、江沢民による北京市長の陳希同（当時）の追放、胡錦濤による上海市長の陳良宇の追放は、権力移譲にともなう政権安定化の典型といえる。

上海市共産党書記だった江沢民が中央政府の国家主席に抜擢され、どうして北京市長の陳希同が逮捕されなければならなかったのだろうか。同じように、なぜ上海市長の陳良宇が胡錦濤総書記によって逮捕されたのか。すなわち、長老に指名された後継者は党内で十分な権威が認められないから、その権力に挑戦する人物が必ず現れる。そこで、少なくとも見せしめを目的に、現役の指導者は不服しそうな政敵を追放する傾向がある。

繰り返しになるが、権威のない権力は不安定化する。民主主義の政治体制では、候補者が当選するため、選挙民の支持が不可欠である。逆に、大多数の選挙民の支持票を得た当選者はおのずと権威が確立する。むろん、スキャンダルに見舞われる政治家は支持率を低下させ、権威を一瞬にして失う可能性がある。それに対して、専制政治では、権威の確立は熾烈な権力闘争によってなされる場合が多い。専制政治においては往々にして指導者を一つの非もない完璧なヒーローに作り上げ、それに対する個人崇拝を煽ることで権威を確立させることが多い。

日本では、政治的なヒーローなどを必要としてはいない。アメリカでも、歴史上の人物はその功績が評価され、ヒーローになることがあるが、ケネディ以降、最近の現役大統領はヒーローになることはなくなった。それよりも、現役の大統領の政治は日々チェックされ、支持率が大きく下落することは珍しいことではない。それに対して、中国では、歴史的人物がヒーローになるよりも、現役の指導者が完璧な人物と祀り上げられることが多く、国民の間でその権威が確立していく。

中国経済はすでに近代化しているといえるが、中国人の頭は近代化しているとはかぎらない。かなり高い割合の中国人は独立した司法制度を期待するよりも、明君の誕生を望むことが多い。明君とは、私利私欲を求めることなく、国民のために一生懸命働き、腐敗幹部を一掃する賢明な指導者のことである。同時に、中国人はプロセスよりも、結果を重視する傾向が強いように思われる。毛沢東死去後、江青女史をはじめとする四人組が追放されたが、そのプロセスは何の法的手続きも踏まなかった。しかし、全国民はそのことを支持し喜んだ。1976年10月6日に四人組が拘束されたときは、ちょうど上海蟹を食べる季節だった。多くの家族は、そのニュースが流れた夜、四杯の上海蟹を買って食べたといわれる。四杯の蟹のうち、雌が一杯、雄が三杯。すなわち、四人組のことである。

繰り返しになるが、あらゆることについて結果は重要だが、プロセスも重要である。プロセスを間違えば、正しい結果が得られる保証はなくなる。したがって、指導者にとり権力は重要だが、その権力の安定を担保する権威は権力以上に重要である。その権威は個人崇拝をいくら煽っても、長続きしない。国民に支持される権力こそ権威のある権力となる。

鄧小平時代の終焉の意味

いうまでもないことだが、毛沢東に比べ、鄧小平はかなり開明的な指導者だったといえる。毛沢東は皇帝の名のない実質的な皇帝だった。それに対して、鄧小平は権力者だったが、皇帝にはならなかった。毛沢東時代、中国人はプライベートの場でさえも、毛沢東の悪口を少しでも漏らせば必ず密告され、投獄されていた。毛沢東は国民の頭のなかで、もはや人間ではなく、神同様の存在だった。だからこそ、リベラルな経済学者・茅于軾は「毛沢東を神から人間に戻すべき」だと呼びかけた。残念ながら、今日、中国で茅氏のＳＮＳのすべてのアカウントが閉鎖され、公の場での発言はすべて禁止されている。要するに、かなり多くの中国人は毛沢東によるマインドコントロールから、まだ解かれていないということである。

鄧小平は権力者だが、普通の人間と同じ存在である。要するに、国民に対して絶対的な存在ではない。いかなる場合でも、鄧小平を批判して投獄されることはまずない。鄧は国民をマインドコントロールしなかったということである。

問題は、国民の間で明君の誕生を期待する土壌が依然として根強く存在し、個人崇拝を防ぐ制度がほとんど取り除かれていないことである。鄧小平は解明的な指導者としても、彼によって指名された後継者は明君とは限らない。なによりも、ポスト鄧小平時代の指導者の選出がどのようなメカニズムによって行われるかについて、はっきりとした制度面のバックアップがないのは問題である。

中国の社会学者・呉思は「官家主義」という語をつくって、中国の後継者選びのレースがローマ法王選びのやり方（コンクラーヴェ）といくらか似ていると説明している。ローマ法王が死去したあと、新しい法王が枢機卿たちによって選出されるが、そのプロセスはまったく透明性のない秘密なものである。枢機卿たちは小屋に入り、ドアに施錠され、新しい法王が選出されたら、煙突から白い煙が出てくる。

鄧小平は独裁を嫌い、集団指導体制をつくり上げようとした。そのために、共産党中央常務委員会常務委員（２０１７年時点では７人）が重大な政策決定をめぐり話し合って決める。本来は指導者の選出も常務委員によって行われるはずである。この常務委員こそローマ法王を選出する枢機卿に相当する存在のはずである。

ただし、新しいローマ法王が選ばれるときは、前の法王がすでに死去してからである。中国の場合、前法王に相当する旧指導者はまだ生きており、しかも、依然としてかなり強い権限を有する。たとえば、現役の常務委員は一人一票であるとすれば、元総書記らの長老たちは一人一票なのか、二票なのか、制度的にははっきりと定められていない。したがって、ローマ法王の選出を例に中国共産党指導者の人事の決定メカニズムを説明するには、いくらか無理があろう。

それよりも、共産党指導者の選出は日本の大企業の社長人事決定のメカニズムと酷似しているといえる。日本企業では、社長を選ぶ一つのルールは年功序列といわれているが、その人事を推薦するのは会長に昇格する社長だとされる。しかし、これにおいても、最終的に影響力のある相談役または顧問・名誉顧問たちと相談して決めることになることが多いという。事前の根回しで決めた社長人事は最後、取締役会にかけるが、そこまでいけば、ほとんど形式的でしかない。このプロセスは中国共産党トップの人事決定とまったくといってよいほど似ている。

おそらく鄧小平は、権力を分散させておけば、独裁政治にはならないと期待していたのだろう。しかし、制度改革がなされていないため、権力は次第に集中するようになっていく。鄧小平の時代はすでに終わった。今の中国を考察すれば、民主主義に向かう兆しはなく、逆に毛沢東時代に逆戻りする可能性が少しずつ鮮明になってきた。ただ、一度自由を味わった中国人は完全に毛時代への回帰を受け入れられないはずである。おそらく不安定な情勢が続くものと思われる。

第4章　文革世代の統治と毛沢東思想への回帰

アヘン戦争以来の中国史を振り返れば、中国人は一刻も、再び強国になろうとすることを忘れたことなどない。唐の時代はもとより、最後の清王朝でもその経済規模は世界最大級だったといわれている。中国人からみると、目が青く肌の色が白い西洋人は「蛮夷」といって野蛮人とされていた。当時の中国人にとって外族はせいぜい匈奴などの北方の騎馬民族だった。海のほうから攻めてきたのは倭寇だった。匈奴と倭寇を退治する方法はいくらか習得されたが、まったく異なった人種の「蛮夷」に侵略され、大きなショックを受けた。

無理もないことだが、弓や農機具を手にする軍隊は鉄砲には敵わなかった。近代文明を目のあたりにした中国人は、いかにして近代化することができるか、ずっと悩んでいた。知識人たちがたどりついたのは、清王朝の腐敗が問題だったと指摘し、改革を求めたが、改革に失敗したあと、清王朝の打倒に民衆が立ち上がった。問題は清王朝が倒れたあと、群雄割拠に陥り、強国になるどころか、かつての戦国時代に戻ったようだった。

農耕民族の中国人は自給自足に満足しがちだったが、列強に侵略され、門戸開放を余儀なくされた。その際、キリスト教といっしょにマルクスの共産主義も流れ込んだ。農耕社会でマルクスの共産主義は強い生命力を誇示した。人々は平等な社会に憧れ、共産主義革命に参加した。いうまでもないことだが、その主役は地主ではなく、農民たちだった。

中華人民共和国は農民国家だった。共産党幹部の多くは農民だった。彼らは戦争には強いが、経済建設は得意でなかった。政権を手に入れたあとも、共産党幹部の多くは依然として農民だった時代と同じように大きなどんぶりを持って家の前でしゃがんでうどんを食べていた。箸を持つ片手に生のニンニクを一口かじってうどんをすすっていた。鄧小平も外国の賓客と接見するとき、ソファーの横に痰壺を置いていた。会談の途中、突然、痰を吐いたことがあったといわれている。もっとも鄧小平はたいへんヘビースモーカーだからだった。

伝統的な中国文化の仕来りのほとんどは建国後、完全に壊れてしまった。地質学的な分析法で中国社会を考察すれば、この百数十年の中国史は災難続きだったといえる。

1　中国の近代化への道筋

たとえば地質学者は地層や岩石を調べて、かつて地球で何が起きたかを明らかにする。植物学者は木の年輪を調べ、樹木の成長と気候変化などの関連性を解明する。これらと同じく、中国を研究する者は中国のそれぞれの時代の世相と種々の社会変革の関連性を調べることが重要だ。

中国人にとって「中国の近代」とは、清王朝を打倒することから始まるものとされている。とくに漢民族にとって、清王朝は外族によって支配された屈辱の歴史だったからだ。

だが、もともと中国は多民族国家であるため、外族が樹立した政権だから打倒すべし、というのは論理的には整合性を持たない。孫文も毛沢東も清王朝を倒す理由として、清王朝の腐敗により国力が弱まり、列強に侵略された。だからその王朝に代わって、列強を退ける強い国家を樹立しなければならないのだ、という主張を展開した。

その一つの例として中国の教科書では、西太后が軍事予算を流用して自らのために頤和園という巨大な庭と池付きの別邸を造った結果、軍が弱体化し、列強の侵略を阻止することができなかったのだ、という例を取り上げている。

清王朝は末期になってたしかに腐敗してしまった。それに代わって孫文が発動した辛亥革命（1911年）は、230年あまり続いた清王朝に終止符を打ったが、この革命は結局、統一した国家を樹立できなかった。逆に、地方の軍閥が群雄割拠して中国は分裂状態に陥った。むしろこのことこそ、中国の国力を弱めたといえるのではないか。経済学者シュンペーターの言葉を援用すれば、中国近代の革命家たちは体制を破壊する力はあったが、新体制を創造する力はほとんどなかったということだ。

孫文は1925年に死去した。その後継者として擁立されたのは蔣介石だった。蔣介石が中国を統治していた時代、その政府も予想以上に腐敗していた。蔣介石は群雄割拠する地方の軍閥を平定して接収しなければならないと同時に、共産党勢力を討伐しなければならなかった。それに加えて、列強の侵略を阻止する必要があった。このような八方塞がりに近い状態で、蔣介石は国家をうまく統治することができず、近代化への制度構築も遅れた。このことはのちに蔣介石が天下を失う原因の一つとなった。
20世紀に入ってから、共産主義革命はソ連（当時）から始まり、中国にもその勢力が及んだ。当時の中国人は共産主義とは何かについて、ほとんど理解していなかった。毛沢東自身もマルクス＝レーニン主義を十分に理解したわけではなかった。しかし一方で、湖南省の農村から出てきた毛沢東は農民の生活を十分に理解しており、地方政府役人の腐敗に対する国民レベルの怒りは深刻なレベルに達していることを熟知していた。このことは毛沢東が発動する社会主義革命の手助けとなった。

農民が最も手に入れたいのは農地である。それに応えるように、毛沢東は共産主義革命が勝利すれば、土地改革を実施し、地主らによって支配されている土地を農民に平等に分配すると約束した。この土地改革の約束によって、彼は農民の支持を広く集めたのだった。

一方、都市部において毛沢東が約束したのは、蒋介石の独裁政権を打倒し、あらゆる政治勢力によって結成される連合政府を構築することだった。知識人も都市労働者も、蒋の独裁政治よりも民主的な統治を期待していた。

ところが１９４９年、実際に毛沢東が政権を樹立し中華人民共和国が成立してから、毛が皆に約束した理想は次第に泡となって消えていった。共産党も蒋介石政権と同じように独裁体制を取り始めたのだ。

このように、中国の近代史を切断し、その断面を通じて中国社会の変化を考察していくと、政治指導者たちは前の政権を倒すために、国民にさまざまな約束をするが、ひとたび政権を樹立するや、そうした約束はほとんど守られないということがわかるはずだ。政治指導者の約束を担保する制度づくりが一度もなされてこなかったことで、同じ歴史が同じように繰り返されたのだった。

2　教育と文化の断層

知識人に対する弾圧と教育破壊

中国人にとって教育とは、人生の階段そのものだといえる。皇帝時代の科挙試験は、今でいう公務員試験のようなものだった。その試験に合格すれば、実力次第でどんどん出世して、官僚にさえなることができた。

中国の科挙試験は「封建社会の残渣」として批判されることがあるが、試験そのものは公平で問題があるわけではなく、悪いのはおそらくその出題の内容ではないかと思われる。すなわち、国家の統治に関わる内容が出題されず、四書五経などの古典をもとに出題されるから、ほんとうに有能な人材が採用されないことが多かったといわれている。

毛沢東時代、毛への個人崇拝を一番邪魔したのは知識人だったと思われていた。そこで彼は反右派闘争（１９５７年）を発動し、学術の権威を含めた多くの知識人を追放した。中国政府の発表によれば、共産党幹部を含め、少なくとも55万人が反体制の右派として打倒されたという。

さらに文化大革命の時代には、ほとんどの大学が閉鎖された。小中学校も授業をやめた。この時代に育った中国人は「文革世代」と呼ばれている。当時、中学校と高校の在学生は教室で造反し、先生を恣意的に迫害した。その大義名分は毛沢東主席を守るためといわれていた。彼らは「紅衛兵」（毛沢東が組織した、赤い天下を守るための衛兵）となった。全国の紅衛兵のエリートは北京の天安門で毛沢東を謁見した。そのときの心情は、政治指導者を謁見する以上に、神に拝謁した気分だったようだ。

北京の天安門は巨大な城壁のようなものだが、その上に立つと、下にいる人の大きさは実際の7分の1にみえるといわれている。したがって、天安門の上に立つ者は、自分が天下を治めているような錯覚を起こすように設計・建造されている。当時、毛沢東も同じように錯覚を起こしたにちがいない。

問題は、紅衛兵の熱狂が収まらなかったことだ。天安門で毛沢東との謁見のなかで、宋彬彬という北京の女子学生は毛沢東の腕に紅衛兵の腕章をつけた。女好きの毛は満面の笑みで「君の名は」と聞いた。すると、女子学生は、「我叫宋彬彬」（私は宋彬彬です）と言った。中国語で彬彬というのは、「彬彬有礼」（礼儀正しい）という意味である。それを聞いて、毛沢東は、彬彬はよくない。「要武」にしなさいと諭した。そこでこの女子学生は「宋要武」と改名した。そのあと、恐ろしいことに彼女は学校（北京師範大学付属中学校）に戻って、女性の校長（卞仲耕）を革のベルトで殴り殺したのだ。

のちにわかったことだが、宋要武は人民解放軍の将軍・共産党組織部長の宋任窮の娘だった。彼女は「改革・開放」のあと、米国に留学し、ボストン大学で化学の博士号を取得した。２０１４年、65歳の宋要武は母校の同窓会で、自分たちがかつて殴り殺した校長に対して謝罪した。この事件の意味は、文化大革命のときに中国の教育が完全に破壊されたということにある。
今の中国の指導部はほぼ全員が文革の世代であり、紅衛兵の出身者である。この現実を忘れては、今の中国を語ることができない。

文明の破壊

昨今、世界主要国の大学で中国との合弁で「孔子学院」という中国語センターが多数設立されている。その活動の中身についてここで言及するつもりはないが、「孔子学院」という名前は滑稽のように感じる。なぜならば、文化大革命のとき、孔子の故郷・山東省曲阜の紅衛兵は、孔一族の墓を掘り返したのだ。その代表は譚厚蘭という紅衛兵だった。１９８２年、わずか42歳で譚はこの世を去った。彼女の行いと無関係ではなかったはずだ。

なぜ毛沢東は孔子を徹底的に批判しなければいけなかったのだろうか。

孔子は儒教の代表者の一人であり、数千年の中国史において絶大な影響力がある。言うまでもないことだが、知識人にとって孔子は神のような存在だった。文革が始まった当初から、中国では「打倒孔家店」の活動が進められた。そのなかで譚が紅衛兵のグループを率いて孔一族の墓と歴代皇帝が記した石碑を徹底して破壊したのだ。これらの活動はすべて毛沢東の呼びかけに呼応したものだった。したがって、孔子を打倒する紅衛兵がすべての罪を負うのではなく、その責任は紅衛兵のリーダーとしての毛沢東にあると思われる。政治のリーダーとして自国の文明を破壊させる責任は、いつの時代でも免れない。

3章でも述べた通り、1971年9月、林彪は毛沢東の迫害を恐れ、専用機で海外に逃亡を試みたが、その飛行機はモンゴルで墜落し、乗員を含めて全員死亡した。毛の後継者と指名されていた林彪が、あろうことか海外に逃亡したというニュースが流れ、国内では大きなショックとなった。毛沢東はその「悪影響」の広がりを防ぐために、「批林批孔」運動を発動したのである。

毛側からすれば、林彪は裏切り者だから、彼を批判するのは一理あるが、ついでに孔子まで批判するのはなぜだろうか。

歴史学者と政治学者の解釈によれば、孔子は儒教の代表人物であり、毛沢東は一貫して古代の「法家」の教えに共鳴を覚えていた。それに対して、林彪は儒教の復活を企てたから、林彪と孔子を一つのグループにして同時に批判したのだといわれている。実に意味不明な解釈だ。

林彪は毛沢東と教義の論争で負けたから海外に逃亡したわけではない。毛沢東にとって儒教の良し悪しはさほど重要なことではなく、自分に反対する知識人と政治勢力を排除していくことが目的だ。中国国内の一部の歴史家によると、林彪を批判すると同時に孔子も批判されたのは、実は、孔子が悪いというよりも、孔子が周恩来の代名詞として使われただけだったからだといわれている。林彪が海外に逃亡したことで、すでに老衰した毛沢東は身辺の同志を誰も信用できなくなっており、毛に最も忠実だった周恩来も例外ではなかったのだ。専制政治の恐ろしいところは、指導者同士が互いに心から信頼し合えないことである。

「改革・開放」以降、鄧小平は経済の再建を優先し、文化と文明の復興にはさほど力を入れて取り組まなかった。文化と文明が復興する条件として、それらは政府によって育成されるのではなく、自由な環境が必要なのだが、鄧小平は知識人に創作活動の自由を与えなかった。そして今となって、遅ればせながら中国の大学で「孔子学院」をはじめとするイデオロギーの教育が復活したのである。

独立思考を妨げる行き過ぎた受験勉強

ご多分に漏れず、中国人も教育に熱心な民族という点では人後に落ちない。中国の伝統的な家庭では、「望子成龍」といって、わが子が龍が天に昇るようにぐんぐんと出世することを望む。「改革・開放」以降、鄧小平が経済再建とともに着手した改革は、教育改革だった。具体的には、毛沢東によって廃止された「大学統一入学試験」を復活させた。毛沢東時代、大学入試は廃止され、若者の出身地などによって党組織が大学進学適格者を選び、推薦するシステムに変わった。むろん、当時の大学は知識を教える教育活動はほとんど行われず、もっぱら政治教育だったのだが。

この鄧小平による大学入試の復活によって、地主や資本家の出身者も、成績さえよければ大学に進学できるようになった。逆に、農民や労働者の出身者は、誰の推薦があっても、成績が悪ければ、大学に進学できなくなった。毛沢東時代に比べれば、鄧小平時代の教育は大幅に改善された。一方で、教育官僚も受験生およびその家族も、この入試システムの弊害を長い間認識できなかった。すなわち、「改革・開放」以降の入試システムは再び科挙制度の延長のようなものとなったのである。

中国の名門大学のひとつである清華大学に、国学者・王国維を記念する石碑が建てられている。碑文には「独立之精神、自由之思想」という文言が入っている。しかし、皮肉なことに、今の中国教育に最も欠如しているのは、まさにこの「独立の精神、自由の思想」なのである。

40年前に、中国の大学進学率（合格者数／受験者数）は5％程度だったといわれている。そのなかには複数校に受かった受験生がいるから、実際の進学率は3％未満だったと推計されている（中国では、大学入試は統一試験であり、複数校を志望することができる）。それに対して2016年の進学率は74％と大きく伸びた。複数校を受験して受かった受験生を考慮しても、実際の進学率は50％を上回っているはずである。問題は、今の大学教育は進学率こそ向上したが、全体の教育レベルはそれほど上がっていないことだ。いわゆる教育の粗製乱造の時代になっているのである。

昨今、日本の教育改革も迷走しているといわれる。一時期、小学校でゆとり教育が実施されていたが、悪名高いやり方だったため、今、それが取りやめとなった。日本の大学教育の一番の問題は入口が厳しく、出口は緩くなっていることである。また、国立大学の場合、センター試験が実施されているが、私立大学の場合は、各々の大学が入試を実施している。しかも試験日と結果発表日がずれているため、多くの受験生は複数校を受験する。私立大学の場合、受験料が高く、人気下位の大学は、いわゆる「保険」として巨額の受験料を稼ぎ、教育サービスの提供前にすでに巨額の利益を上げている。しかも進学する学生は必ず卒業できる。結果的に、日本の教育レベルの向上が妨げられているという悪循環構造ができあがっているのである。

この日本の大学教育とよく似てきたのが中国の大学教育だ。中国国内では実質的な失業率が高く、失業問題を少し緩和するため、中国政府は大学と大学院の進学率を引き上げた。しかし、進学率が上がったからといって教育レベルも同様に上がるとは限らない。在学生の人数が増えれば、その分、教授ら、教える側の人数も増えなければならない。在学生の人数を増やすことは比較的容易だが、教える教員の人数はたやすく増やせない。したがって、進学率の引き上げと在学生の人数の増加は短期的に教育レベルを押し下げることになると考えられる。

そのうえ、中国の大学で行われる教育の内容を考察すれば、２０１６年6月に退任した袁貴仁教育部長（文科大臣）は、在任中「西側の価値観を伝える教材はわれわれの教室に入ってはならない」と強調し、具体的に「共産党を誹謗中傷するいかなる発言も、憲法およびその他の法律に違反するいかなる発言も、教室で不満を漏らし怨恨を助長するいかなる発言も、学生に伝導することは認められない」と共産党の会議で提起した。この発言は、中国の教育の毛沢東時代への逆戻りと指摘されている。

今日の大学では教授らは教室でこれらの発言を行った場合、学生に密告されるおそれがある。学生は規律に違反する発言を行った教授らを密告すれば、大学で褒賞されることがある。密告は専制政治の専売特許といえる。

3　文革世代のリーダーの世界観

毛沢東に洗脳された人々

中国では、六十歳代以上の世代の間で「紅歌」（赤い歌：文革の時代に広く歌われた歌曲）がいま、大流行している。文革のとき、恋愛や大自然の美しさを歌う歌曲は資本主義的なものとしてすべてが禁止された。その代わり、毛沢東の偉大さを謳歌する歌曲が数多く創作された。その代表作には、たとえば「東方紅」（東方は赤くなる）、「大海航行靠舵手」（大海を航行するとき、舵手に頼る）などがある。当時、十代の若者たちは毎日これら毛沢東を賛美する革命的な歌曲を歌った。逆にいうと、彼らはバッハもジャズもロックンロールもフォークソングも知らない。

現在、五十代の人は、十代のとき、「改革・開放」が進められたため、香港から鄧麗君《テレサ・テン》などの流行歌が闇のルートを通じて入ってきた。１９８０年代当時、中国では、テレサ・テンの歌は、資本主義的なものとしてラジオなどでの放送が禁止されていた。もちろん、学校でもそれを歌うのは厳しく禁止されていた。家で隠れてテレサ・テンの歌をラジカセで聞く若者は不真面目なものとみなされていた。しかし、毛沢東を謳歌する革命的な歌を聞き飽きた若者は、どうしても流行歌に惹かれていってしまった。

もう一つの事例を述べておこう。日本人にとって、中国人といえば、人民服が象徴的だった。中国では、人民服は「中山服」とよばれている。中山とは孫文のことである。したがって、人民服は共産党の専売特許ではない。しかし、数十年の間、中国人は人民服に飽きてしまい、「改革・開放」以降、ジーンズのラッパズボン（ベルボトム）が流行った。「改革・開放」初期、中学生や高校生たちはラッパズボンをはいて登校すると、先生に「家に帰って、普通のズボンに履き替えてきなさい」と命ぜられていたぐらいだった。

ここで「代溝」（ジェネレーション・ギャップ）が生じてしまった。六十代以上の世代（文革の世代）は若いころ、毎日、行進曲の革命的な歌を聞いて歌った。それに対して、五十代以下の世代は抒情的な歌を聞いて育った。結局のところ、六十代以上の中国人は毛沢東によって洗脳され、その一部はいまだに解かれていない。逆に、五十代以下の中国人は考えが多様化し、洗脳されている者が少ない。

振り返れば、毛沢東時代の政治は、ある種の宗教と同じだった。毛沢東は政治指導者というよりも、教主そのものと言っても決して誇張ではない。文化大革命のときに創作された絵画は、毛沢東は絵の真ん中に位置し、しかも周りの人物より遥かに大きく描かれる。

文革世代は、今日、六十代以上の人々が中心である。彼らは毛沢東思想教育を受けて育った。今、中国の指導部の多くはまさにこの世代である。だからこそインターネットで毛沢東を批判する書き込みを行うと、必ず削除される。繰り返して書き込んだ場合、警告され、それでもやめない場合、国家転覆罪に問われることがある。

その典型例の一つが、２０１６年12月、山東建築大学の鄧相超教授がウェブサイトで毛沢東を批判し風刺する言論を書き込んだため、勤めていた山東省政府の参事役が懲戒解雇された事件である。しかも毛沢東を擁護する人々は鄧教授の職場を包囲し、大学に同教授の解雇を求めるデモを行った。こうした事例は中国各地で起きている。

要するに、毛沢東は40年前に死んだが、依然中国社会で強い影響を残しているのだ。旧ソ連では、スターリンはフルシチョフによって批判され、その罪が明らかになった。しかし中国では、毛沢東が公式に批判されたことはなく、その罪のほとんどは四人組に着せられている。仮に文化大革命のときに、共産党幹部と知識人が迫害されたのは四人組の罪であるとしても、その前の粛清と反右派闘争の推進は誰の仕業だったのだろうか。共産党中央の公式文書では、四人組が犯したのは「罪」

であるのに対して、毛沢東は「過ち」を犯しはしたが、それは「罪」ではない。だから毛沢東は責任を問われない、とのことだ。

しかし、この国においていまだに毛沢東の影響力が温存される意味はどこにあるのだろうか。共産党中央部は一党独裁の求心力を高めるために、毛沢東をこのまま生かす必要があるのだ。要するに、毛沢東に代わる精神的な支柱はほかに存在しないのである。

2012年に失脚した重慶市共産党書記の薄熙来も毛沢東を熱烈に擁護する一人だった。当時、重慶市で毎日のように大規模な「紅歌」を歌う大会が開催されていた。共産党幹部は毛沢東を礼賛する「紅歌」を歌うことで自らが革命的な存在であることをアピールする狙いが込められる。ここで毛沢東を心のなかで崇拝する人と毛沢東崇拝を出世のツールとして使う人を分けてみる必要がある。中国社会において、草の根のレベルで六十代以上の人々のなかに毛沢東によって洗脳されている人は多いが、共産党幹部は毛沢東崇拝を自分が出世するためのツールと捉える者が少なくない。

中国社会を変えたある日本映画

毛沢東死去から2年後の1978年、復権した鄧小平は「改革・開放」を呼びかけた。しかし、鄧小平が国民に呼びかけたのは、前章でも触れた「四つの近代化」というスローガンだけで、具体的にその近代化を図る指標が提示されているわけではなかった。国民目線からみると、これらの近代化は自分たちの生活とどのような関係があるかがはっきりしなかった。しかも、毛沢東思想が完全に否定されていないうえ、社会主義体制も見直されていない。したがって中国人のほとんどは再スタートを切ることができなかった。

ちょうどそのときに、ある一本の日本の映画が中国で上映された。毛沢東時代、外国（とくに西側諸国）の映画が中国で上映されることはほとんどなく、当時中国人が観た外国の映画といえば、北朝鮮やアルバニアなど友好国の映画ばかりだった。

１９７０年代末の中国の外貨事情を考えれば、中国が日本の映画を輸入して上映したとは考えにくい。おそらく日本の団体が日中友好のために、中国に寄贈したにちがいない。中国人が初めて目にする「西側」の映画は、高倉健と中野良子が主演した「君よ、憤怒《ふんぬ》の河を渡れ」という刑事物語の映画だった。

実は、中国社会の流れを大きく変えたのが、この映画だった。

おそらく日本人の多くはこの映画を見たことはないと思われる。この映画のあらすじは下記の通りである。

検事の杜丘（高倉健）は、政財界癒着で人の神経に支障をもたらす薬が開発されていることを捜査するなかで、冤罪を着せられ、警察に拘束されたが、逃亡した。北海道の山中に逃げた杜丘は熊に襲われる牧場主の真由美（中野良子）を救い、命の恩人となる。紆余曲折を経て、杜丘は真由美の父のセスナ機を操縦し、警察の包囲網を突破して東京に戻る。そして最後に、危険薬開発の黒幕（財界の大物）を射殺して、ハッピーエンディングとなる。

大物俳優が主演する映画とはいえ、どこにでもあるような刑事物語なので、日本では、この映画はそれほど有名ではないが、なぜ中国でヒットしたのだろうか。

まず、中国人が持つ日本人の印象とこの映画の中の日本人とのギャップがあまりにも大きすぎた。それまでに中国人が持っていた日本人に対する印象は、文化大革命時代に製作された自作自演の抗日戦争関連の映画のなかに出てくる「侵略者」だった。それに対して、この映画のなかの日本人はそれとは正反対の礼儀正しい人ばかりだったので、中国人は想像以上のカルチャーショックを受けたのである。

当時、鄧小平は国民に「四つの近代化」を呼びかけたが、その具体的な指標が提示されていなかった。しかし、この映画は近代化の最先端を行く日本という国の実際の姿を中国人に見せてくれた。たとえば新宿の地下街のシーンがあった。第二次世界大戦で敗戦した日本が、なぜ優越性のある社会主義中国よりも遥かに近代化し、豊かになっているのだろうか。この映画をみた中国人は全員大きな衝撃を受けた。

おそらく、もしこの映画が英米の作品であれば、中国人はそれほど驚かなかっただろう。これは中国人というよりも、アジア人の白人に対するある種のコンプレックスによるものである。しかし、同じアジア人である日本人が奇跡的な発展を実現できたのなら、中国人もできるだろうと、誰もが考えるようになった。

その後、日本企業による中国への直接投資と経済援助が急成長した。そのモデル事業の一つが、新日鉄が、中国が建造する上海宝山製鉄所に対して技術援助を行ったことである。当時の日本人経営者は、１９７２年、田中角栄首相が日中国交回復交渉に際して、さきの戦争の際、「中国に多大な迷惑をおかけした」と述べたのと同様に、贖罪の意識を強く持っていた。結果的にその後、日中関係は蜜月を迎え、日中友好はどんどん熱を帯びるようになった。

当時の中国はたしかに経済発展が遅れ、日本からの経済援助を必要としていた。こうしたことを背景に、当時の中国人は日本など海外から学ぶことについて謙虚な気持ちを持っていた。今日の日中関係がどうであれ、「改革・開放」が始まった当初、日中関係の改善は中国の「改革・開放」を方向付けするうえで想像以上に重要だったということだ。

文革世代の再登場

中国では、文革世代が最初に登場したのは、当たり前のことだが、文革のときだった。彼らは毛沢東の呼びかけに呼応して学校の先生たちを吊し上げるなど、思うままに知識人を迫害した。当時の政治の論理では、学校の先生は毛沢東に反対する資産階級か修正階級と分類され、若者たちは毛沢東主席を守るために、自分たちに知識を教えてくれる先生たちを迫害したのだった。

問題は、紅衛兵と呼ばれる若者たちは学校で勉強をせず、毎日のように毛沢東を守る革命的な活動ばかり行っていたことにある。当時の国営企業は生産活動が停滞していた。結果的に、これらの若者は就職することはできなかった。当時、失業問題は深刻な社会問題へと発展した。若者の失業問題を解決するために、毛沢東は「若者は農村という広い天地に出かけ、農民にいろいろと学ぶべき」と呼びかけた。いわゆる「下放」である。

若者たちは複雑な思いで毛沢東の呼びかけに応じて農村へ赴いた。正直にいえば、喜んで農村へ行く者は多くないが、行かざるを得ないから仕方ない、と考える者がほとんどだった。

当時、身体に障碍のある者ならば農村へ行かなくてもよいという決まりがあった。すると、どうしても農村に行きたくない者は自分の足を骨折させて、農村への「下放」を免れるものが一部いたといわれている。

文革時代の10年のうち、かなりの数の若者は学業を身につける機会を逸し、一方で農民に学ぶといっても、何も学ぶことができなかった。というのは最後まで安心して農民になろうとする若者はほとんどいなかったからである。毛沢東の死去と「改革・開放」の始まりとともに、これらの若者は相次いで都市部に戻った。毛沢東が推し進めた社会実験は失敗に終わったが、きちんと学校教育を受けなかった若者は都市部に戻っても、技術労働者になれなかった。

1998年、朱鎔基総理（当時）は国有企業を改革するため、国有企業の余剰労働力の「下岡」（削減）に踏み切った。そのやり方は日本企業で実施される早期退職と多少似ているが、当時、レイオフされた労働者のほとんどが文革のときに農村に下放され、のちに都市部に戻った人たちだった。この世代の人々についてもうひとつ不幸だったのは、鄧小平が推し進めた一人っ子政策に見事に引っかかり、子どもを一人しか持てなかったことである。

彼らは毛沢東を信用して、自分の先生たちを迫害した。農村にも赴いた。にもかかわらず、気がつけば、自分たちは社会に見捨てられている。いわゆる受難の世代だったといえる。

もちろん、いつの時代も一握りのめげない人たちが必ずいる。農村に下放された若者のうち、一部の知識人の子弟は農村で農作業の合間に密かに読書をしていた。1977年、大学入試が再開されたあと、彼らは見事に大学に進学した。一方、共産党高級幹部の子弟たちは、親の人脈をつてに都市部に戻り、幹部となった。現在の党中央指導部はほとんど下放された経験を持つ文革世代である。文革の世代はこのように、現代に再登場したのである。

文革の世代を取り巻く時代的背景をみると、彼らは毛沢東によって農村へ下放されたが、それでも毛沢東を恨むどころか、崇拝者が多い。多様な知識と価値観を併せ持っていない世代であるため、毛沢東思想によるマインドコントロールからなかなか解放されない。大胆に展望すれば、文革世代が完全に政治の表舞台から退場しなければ、中国の政治と社会は民主化しないだろう。

文革世代の世界観と価値観には、どのような特徴があるのだろうか。

一つは、毛沢東思想からの影響で、彼らの世界観にはいわゆる二分法的な社会認識法が強く根付いている。毛沢東が若者に説教したのは、革命か反革命かという二分法的な考えだった。当時の映画や小説のなかの人物でも、いい人、すなわち革命的な人物と、悪い人、すなわち反革命分子とに二分されていた。しかも、映画のなかの役をみると、革命的な人物はいずれもイケメンばかりだった。逆に反革命的な人物はほとんど人相の悪い人となっていた。専制政治で国民を統治する有効な方法は、複雑な社会を単純に分類して、打倒すべき人々を敵と決めつけることである。

もう一つは、文革世代の人々はプロパガンダを追い求める傾向が強い。毛沢東時代の特徴は、毛自身が毎日のように（当時の）若者に夢を語り、思想的な宣伝戦略を植え付けた。合理性のない使命感は若者たちを興奮させ、毎日のように昂揚した精神状態を維持していた。若者はそうした高ぶった精神状態をもって、反革命分子とされる学校の先生と知識人を迫害したのだった。だからこそ現在、文革世代が再登場したが、彼らは毛沢東時代と同じように、国民に中国の夢の実現を唱えるのである。習近平国家主席の唱える中国の夢は、まさに彼が文革の時代に植え付けられた幻想的なプロパガンダの新しいバージョンといえる。だが、その思想の根底に新味はなかった。

4　リベラル勢力の抵抗

リベラル勢力の主役

リベラルな中国人歴史家たちは、「毛沢東時代の中国は数千年の中国史のなかで最も暗黒な時代だった」と総括している。毛沢東と毛沢東時代を擁護する保守的な研究者もいるが、毛沢東を称賛する研究者も、いま再び毛沢東時代に戻るべきだ、とはいわない。

むろん、中国社会はいつまでも毛沢東時代の負の遺産を引きずっていては前へ進むことができない。しかし同時に、それを清算しない限り、身軽に再スタートを切ることもできない。少なくとも、中国人研究者たちは時代の渦のなかで彷徨っている状況にある。

中国社会は経済の自由化に背中を押され、資本主義化している。だが、社会主義国家を標榜し、共産党という唯一の政策主体が社会を仕切っている今日、そのなかで敵対視しているはずの「資本主義」化の流れを矛盾なく正当化する思想的枠組みは、まだ確立されていない。それどころか、経済自由化のメリットを享受する保守派たちは幻想的なイデオロギーを持って改革の深化に反対し、抵抗する。その結果、中国における「主義」の矛盾はますます深まる一方である。

しかし、リベラルな論客だろうが、保守派の論客だろうが、彼らは一つの共通認識を持ち合わせている。すなわち、このままでは中国社会に含まれている矛盾は解決されないということである。見方を変えれば、彼らはとりあえず中国社会のゴールをめぐって対立する以前に、目下の社会矛盾を解決する方法論をめぐって対立しているということである。

北京大学は歴史的に新しい価値観を創り出す教育界のターボ付きエンジンの役割を果たしてきた。現在、北京大学で、ある論争が繰り広げられている。それは、さらなる経済発展を成し遂げるには、産業政策が必要かどうかという論争である。

産業政策が経済発展を維持するうえで有効であると主張するのは、元世界銀行チーフエコノミストの林毅夫教授である。林教授はもともと台湾の出身で１９８０年代、兵役中、大陸に近い金門島に配置され、ある夜、金門島から泳いで大陸に亡命した人物である。当然のことながら、投降してきた台湾の兵士は大陸で厚遇される。林教授はその後、北京大学に進学し、卒業後、シカゴ大学で博士号（経済学）を取得。帰国後、北京大学の教授となったが、ブッシュ政権で親中国のゼーリック氏が世界銀行の総裁となり、同氏の計らいで林教授はノーベル経済学賞受賞者ジョセフ・スティグリッツ氏の後任として世銀チーフエコノミストとなった。任期満了後、帰国し、再び北京大学の教授として職場復帰した。

一方、政府主導の産業政策に反対意見を示しているのは同大学の張維迎教授である。張教授は陝西省農家の出身であり、苦学して北京大学に進学し、のちにオックスフォード大学で博士号（経済学）を取得した。政府系シンクタンクで改革の立案を担当した後、北京大学の教授となった。張教授は、産業政策は百害あって一利なしだと主張する。

しかし、問題は産業政策そのものにあるわけではなく、重要なのは、産業政策を実施するための透明な市場経済制度が中国ではまだ整備されていないことにある。政府は財政資金を投じてある産業の発展に助成金を支出するとしても、関連の制度の透明性がなければ、必ずや腐敗が横行する。したがって、二人の教授が繰り広げる論争は、残念ながら大きくポイントが外れてしまっているといえる。

一方、法制度のあり方をめぐり、中国の法曹界で大論争が広がっている。北京大学の賀衛方教授（法学）は司法の独立性を唱える。それに対して最高裁判院（所）の周強院長（最高裁首席裁判官）は、法は党の指導を受けなければならないと主張し、司法の独立性の必要性を否定している。賀教授の主張は間違っていないが、共産党一党独裁の政治体制下では、司法の独立性など担保されない。したがって、周強院長の主張は法理に反しているが、現状では、党の指導を受けざるを得ない。繰り返しになるが、抜本的な司法改革の前提は民主主義の政治改革である。

リベラルな知識人は自由、人権と民主主義の社会体制の実現を渇望して改革の加速を求めるが、政治指導者は政権の継続を最優先させるため、改革を先送りしようとする。そのときの一つの言い方は、現状では、中国の国情および中国人の民主化意識の欠如により、先進国と同じ民主主義制度の導入・移行はなお時期尚早だというのである。それに対して、リベラルな知識人たちは、同じ中国人なのに、なぜ台湾では民主化を実現できて、中国大陸では民主化が実現できないのか、と反論している。

普遍的価値観vs核心的価値観

中国の保守派の法学者は「世界には絶対的な自由など存在しない」と指摘し、暗に共産党指導体制は必要不可欠であると主張する。共産党中央の公式文書では「西側のいわゆる普遍的価値観を認めない」とはっきりと主張されている。

そもそも西側の普遍的価値観とは何なのだろうか。簡単にいえば、民主、自由、人権といった基本的に尊重されなければならない価値観のことであろう。先進国の人々のみならず、新興国や途上国の人々の多くも、こうした基本的人権や民主と自由が尊重されなければならないという価値観が、今日ではほぼ共通認識となっているはずである。皮肉なことに、民主主義から最も程遠い北朝鮮でさえ、その正式な国名は朝鮮民主主義人民共和国である。かつて冷戦構造のなかで東側陣営に属する東ドイツの国名もドイツ民主共和国だった。こうしてみれば、堂々と民主主義に反する者は、世の中にそれほど多くないはずである。もちろん、国名はどうであれ、中身は反民主主義の国も少なくないが。

中国共産党は人類共通の価値観である「自由、人権、民主」を一度も受け入れたことはない。「改革・開放」初期、北京を公式訪問したカーター米大統領は、最高実力者の鄧小平に「中国政府は中国人の海外移民を認めるべきである。これは各々の個人の人権問題である」と問題として提起したことがある。それを聞いた鄧小平は「それでは、アメリカにどれぐらいの中国人を移民させたほうがよいでしょうか。2000万人で足りますか」と応じたといわれている。鄧小平のこのような応酬はカーター大統領を完全に黙らせた。

１９８９年６月、天安門事件が起きた。そのときの李鵬総理は外国の記者団に対して「最も基本的な人権は人々の生存権である。中国は人口の多い国である。中国政府は食糧の供給を担保して、中国人の生存権を守ることに力を入れている。中国では、人権が侵されることはない」という論理を展開した。

２０１６年、カナダを訪問した王毅外相は記者会見でカナダの女性記者から人権問題について質問された。王毅外相は「中国の人権状況は、中国人が一番よく知っている。あなたは中国に行ったことがありますか。行ったことがなければ、あなたは中国の人権問題について論ずる資格はない。したがって、こういう無責任な質問をしないでいただきたい」と応じたが、このとき王毅外相は明らかに狼狽していた。共産党幹部が最も嫌うのは、こうした普遍的価値観、とりわけ人権問題について質問されることである。

一方、中国の官製メディアはエンゲルスによる資本主義の自由と人権から成る普遍的価値観を批判する言論を援用して、そもそも世の中に普遍的価値観といったものは存在しないと主張している。それによると、あらゆる価値観はその時代の産物であると同時に、それぞれの階級が生み出したものであるといわれている。１７７６年に発表されたアメリカの「独立宣言」のなかで「すべての人間は平等に造られている」と記されている。それについて中国の「環球時報」は、アメリカの「独立宣言」が言うところの「すべての人間」とは「当時の白人男性」のことを指し、女性と黒人はそのなかに含まれていないのだと指摘している。

こうした指摘はきわめて幼稚なもので反論するのに値しない。１７７６年、アメリカが独立した当時およびエンゲルスが生きていた19世紀前半、資本主義社会は自由、人権、民主、平等といった理念を掲げたが、それを実現する制度づくりは遅れていた。当時の資本主義社会の制度にはさまざまな欠陥が存在していた。しかし、その後の２００年あまりの間、資本主義社会は幾度もの危機や戦争を経験し、そのつど制度の改善が行われた。「環球時報」の指摘したような白人至上主義は、アメリカを中心に広く存在していた。しかし、奴隷制度の廃止など種々の努力が行われた結果、現在、白人至上主義が完全に取り除かれたわけではないが、アメリカ社会における人種差別は目に見えるかたちで改善されている。

百歩譲って、アメリカ社会にたくさんの欠陥があることは、中国が自由、民主と人権から成る普遍的価値観を拒否する理由にはならない。自由、民主と人権は万能な薬ではない。しかし、それを否定すれば、民主主義社会の礎すらできない。

実は、中国共産党が唱える核心的価値観をみると「富強、民主、文明、和諧、自由、平等、公正、法治、愛国、敬業、誠信、友善」という24文字から成るスローガンである。その額面通りの意味から、西側の普遍的な価値観となんら抵触しないことがわかる。

このなかで唯一抜けているのは「人権」である。しかし、憲法第35条に「中華人民共和国の公民は言論、出版、集会、結社、デモ、抗議の自由を有する」と定められている。これは単なるブラックジョークではない。中国社会は憲法で定められている公民の自由をきちんと守れば、あるいは、中国共産党が唱える核心的価値観を徹底すれば、中国社会は真の大国になっているはずである。

日本の政治と中国の政治

日本では、政治には二つの要素が含まれている。一つは「政」であり、もう一つは「官」である。政治家は国民によって選ばれる人で、官僚は公務員試験をパスした者である。日本の公務員試験は中国古代の科挙試験と同じである。むろん、試験の内容は大きくちがう。政治家は、行政の技術面については必ずしも専門家ではない一方、官僚は各々の分野の専門家である。政治家は人事権と予算編成権を用いて国を管理し、行政に対する監督の役割を果たす。

それに対して中国では、政治といえば、共産党である。共産党幹部は政治家であり、官僚でもある。いや、そのいずれでもなく、単なる政治屋である。中華人民共和国の建国以来の70年近い間、共産党員たちは幾度もの政治的洗礼を経験し、自己保身の術を身につけている。それは一言でいえば、「口は災いの元」という先人の教えを肝に銘じて、党に対して絶対に本音を語らないということである。

2節で、教育部元部長の袁貴仁は、大学教育のなかでマルクス主義と毛沢東思想教育を徹底し、西側の価値観や社会に対する不満の発言を絶対に認めない公式談話を発表したと述べたが、本当のところ、どこまで本音なのかは不明である。なぜならば、かつて同氏は「西側の有用な知識をわれわれはすべて取り入れ学ばなければならない」と発言したことがあるからだ。要するに、共産党幹部になり、権力闘争のなかで排除されないために、風見鶏の特技を身につけることが重要なのだ。

中国人の国民性から、共産党幹部に腰を低くしろと求めても無理な注文だが、中国の政治において腰を低くすることは、自己保身の一番重要な担保である。その模範といえば、日本人もよく知る周恩来元首相である。周恩来は、生涯毛沢東の執事のような存在だった。毛沢東に対して一度もノーと言ったことがなく、すべてに関して服従していた。毛沢東からみれば、周恩来は名実ともに忠臣であるが、人民の目線からみると、必ずしも正義の代表ではない。ただし、周恩来は、国家に対する多大な貢献実績から、その忠臣ぶりを否定する論評は、現在の中国でも許されていない。

なぜ周恩来はここまで毛沢東に対して忠誠を誓ったのだろうか。

１９３２年、蒋介石は国民党に混入していた共産党員を排除するため、「粛清運動」を展開した。そのなかで、共産党中央を混乱させるため、「伍豪（周恩来のペーンネーム）共産党脱党」の新聞広告を掲載させた。今から振り返れば、これは蒋介石国民党のいわば陰謀だった。このことは周恩来にとって死ぬまで禍となった。毛沢東はこの「伍豪事件」の始末を十分に承知しているが、周恩来の自分に対する不忠の徴候が少しでもみられると、毛沢東は必ず「伍豪事件」の始末を再調査しなければならないといって周恩来を苦しめた。共産党の政治において不忠は斬首に値する罪である。周恩来の秘書の回顧録によると、死ぬ間際の周恩来は突然病床から体を起こし、「私は裏切り者ではない」と叫んだといわれている。

共産党政治のもう一つの特質は、恐怖政治である。あれだけ毛沢東に忠誠を誓った周恩来は、実は一度も後継者として指名されたことがない。しかし、後継者に指名された劉少奇が毛沢東を守る大義名分のもと、紅衛兵に殴り殺されたのを見た周恩来にとって、まさに前車の覆るは後車の戒めというべきだろう。たびたび登場するが、同じ境遇に置かれた林彪は周恩来ほど辛抱強くなかった。途中から、このまま行くと毛沢東に殺されるのではないかと、事態の深刻さを察知したため、妻子を伴ってソ連（当時）へ逃亡を企てたのだ。

あらためて日本の政治をみると、「政」と「官」はまったく異なる二つの系統となっており、政治家同士の権力闘争は「官」に深刻な影響を及ぼすことがない。だからこそ、歴代政権において内閣が頻繁に改造されても、日本政府と社会はほとんど大きな混乱に陥ることがなかったのだろう。

それに対して中国は「政」「官」が分離されていないため、日本とは正反対に、国民を巻き込む権力闘争が繰り広げられることがしばしば起きた。中国社会は日本社会に比べ、混乱に陥りやすい。だからといってよいかもしれないが、「憲法」第35条で定められている「公民」としての権利が保障されないし、共産党中央が唱える核心的価値観も、共産党管理下に置かれる限定的なものである。

5　管理される国家への道

文革世代が描く国家像

中国人はイギリスやフランスなどヨーロッパ諸国へ旅行に行くと、日本人と同じように歴史を感じる。アメリカに降り立つ中国人は自由な空気を感じる。日本に来る中国人は一様に「なぜこの国はこんなに清潔か」と不思議がる。しばらく日本に滞在すると、日本人の親切さと礼儀正しさにまたびっくりする。海外から中国に戻ると、中国人はまずため息する。昔ほどゴミは少なくなったが、空気は昔と比べ、遥かに汚染が酷い。

こうしたなかで政権を継承した文革世代はどのような国家像を持って国民を率いていくのだろう

か。世界のいかなる国の政治家も自らが下野の道を選択する者はなかろう。しかし、政権を維持するならば、国民から支持されなければならない。そして、司馬遼太郎が言うように、国家像は、国の姿ということである。アメリカ人はときどき自分に対してWho is American？と問いただすそうである。日本はアメリカのような多民族国家ではないため、普段から日本人はアイデンティティを意識せずに自国で生きている。一方、世界中に散らばっている華僑たちは、昔から「自分は中国人だ」という強い自意識を持って生活している。だからこそ世界中の多くの国でチャイナタウンができ、それは華僑たちのアイデンティティの象徴になっているのだ。

しかし、今、中華人民共和国が建国して以来の深刻なアイデンティティの危機に直面している。そもそもアイデンティティとは、自分の民族と文化への帰属意識である。中国人は自らの数千年の文明史について誇りを持っている。中国の学校教育では、中国経済が立ち遅れたのは、無能な封建王朝のせいであり、同時に、列強による侵略によって中国人民がいっそう苦しめられたからだ、としている。中国流のマルクス経済学では「人民を代表する共産党こそ、最も先進的な生産力を代表し、中国を近代国家にすることができる」としている。これこそ中国共産党の夢である。

振り返れば、「改革・開放」の40年間で、中国人が最も希望を持って共産党を支持していたのは1980年代のはじめごろだった。当時、胡耀邦総書記は、反右派闘争や文革のときに打倒された知識人と共産党幹部の多くを相次いで名誉回復した。そして、鄧小平は経済の自由化を進め、中国はいずれ近代化すると人民の心に希望が満ちた。それから三十余年を経て、今日、中国経済はすでに世界第2位にまで拡大した。一人あたりGDPでいえば、すでに1万ドルに迫る規模になっている。しかし、人心はどんどん中国を離れている。正確な調査がなされていないが、全国人民代表大会の代表（国家議員に相当）でさえ、密かに外国籍に帰化した二重国籍者が含まれているといわれている。

最近行った調査では、中国では3回目の留学ブームが起きているが、今までの留学ブームとちがって、今回の留学ブームは単なる学の修得だけではなく、最初から（将来の）移民を目的とする留学が多いといわれている。

習近平政権になってから、反腐敗に力を注いでいるが、そのなかで「裸官」狩りが盛んに行われている。「裸官」とは、妻子をいずれも海外に移住させ、国内に一人残って収賄などで蓄財に余念がない腐敗幹部のことである。

反腐敗は共産党政権にとり最後の防波堤のようなものだ。その前に、なぜ幹部たちは腐敗するのか、共産党政権に最も恵まれている共産党幹部およびその家族はなぜ国外「逃亡」するのか、といった基本的な設問に答えなければならない。

幹部の離反が相次ぐなかで、文革世代の政治指導者たちは中国の進路についてどのような国家像を描いているのだろうか。毛沢東時代の中国はいわゆる管理された社会だった。それを是とする文革世代の指導者たちは、このまま行けば中国は混乱する可能性があり、だからこそ管理を強化しなければならないと考えているようだ。中国の軍備増強が注目を集めているが、それ以上に、たとえば監視カメラの設置など、社会の治安維持により多くの予算が注ぎ込まれているといわれている。そして、またぞろ密告が奨励されるようになった。共産党幹部にとって最も大きな心配ごとは、目に見えない誰かによって密告されることではないだろうか。

文革世代が管理された国家を目指しているとすれば、中国人の人心はますます離れていくと思われる。出口のない袋小路に入っている文革世代が描いている中華民族の復興の夢は、本当に実現するのだろうか。

経済への統制強化

これまでの40年間、経済の活力を生み出したのは、経済の自由化だった。40年前、国営企業体制のもとで生産が停滞し、中国社会は極端な物不足に陥っていた。「改革・開放」以降、国営企業は徐々に改革された。最初に進められたのは、国営企業体制はそのままにして、共産党と行政が国営企業の経営に介入できないようにする、いわゆる「政・企分離」だった。

だが、それでも国営企業の経営は改善されなかった。1990年代に入ってから、国営企業の所有を明確にし、その資金調達の道を切り開くために、国営企業が株式会社に転換した。この改革は、国営企業の民営化の道と期待されていたが、実際に株式が公開されたのは全体の3割程度であったし、国営企業が国有企業に転換したものの、民営化はされなかった。

ただし、江沢民政権になってから、中小国有企業をこのまま維持することができないことがわかったため、1998年、中小国有企業を民営企業に払い下げた。これは、当時「掴大放小」と呼ばれる改革だった。すなわち、中小国有企業を民間に払い下げる一方で、大型国有企業はそのまま維持していくという方法である。ちなみに、国有企業の株式会社化は、近代的企業制度の構築という称号が与えられた。要するに、企業の所有権を明らかにして「企業統治」（コーポレート・ガバナンス）を強化していくということである。

株式が完全に公開されていない国有企業の経営に対して、誰がその経営を監督するというのだろうか。共産党が用意した改革のメニューは、国有資産監督管理委員会を設置して、それによる国有企業の管理・監督を強化することだった。つまり、国有企業であるため、政府によってそれに対する管理・監督を強化するという考えのようだが、実際には国有企業の経営に対する査察はそれほど簡単なことではない。なぜならば、国有企業はその業態によって縦割りの管理体制と帰属関係がすでに存在しているため、横からその資本と収益性を査察しようとしても、情報の開示が十分になされないことで、その経営の実態は明らかにならないのだ。

このまま行けば、国有企業は「改革・開放」初期の、規模が大きいが、競争力のない存在になってしまう。共産党指導者が描く国有企業の理想像はフォーチュン500社に入る中国の国力を代表する存在にしていくことである。それを実現するために考案されたのは、同じ業種の国有企業を統合して、その規模をさらに拡大することだった（第6章で詳しく述べる）。すでに海運、鉄道車両、化学、原子力の統合が進められている。

もともと大型国有企業による市場独占が問題視されていたが、国有企業の統合と再編が進み、中国市場の独占はさらに強化されていくものと思われる。経済学では、一部の企業による市場独占は価格形成を歪め、見えざる手の価格メカニズムが機能しなくなるといわれている。しかし、中国共産党は市場の見えざる手よりも、政府共産党の見える手を信奉しているようだ。巨大な国有企業の誕生は中国の国威発揚に寄与すると思われているからだ。

しかし、絶対にうまくいかないとすでに検証済みの国有企業体制を、なぜ堅持しようとするのだろうか。その一番の目的はやはり、さきに述べた、管理された国家の重要なパーツとして共産党が国有企業を管理しなければならないと思われているからである。政府共産党にとって、国有銀行を含む国有企業は第二の国家財政のような存在である。これを自由化するということは、共産党統治の弱体化を意味するものと誤解されている。国有企業体制を強化すればするほど、中国経済の体力を徐々に弱めることになる。ただし、国有企業の規模が巨大化することで、それが見えにくくなるだけである。

国家の役割と市場の役割

経済学の重要な命題の一つは、国家の役割と市場の役割をそれぞれ明らかにすることである。自由な市場経済でも、国家の役割を完全に否定するものではない。古典主義市場経済学では、市場の見えざる手がより重要な役割を果たすと主張する。ケインジアン（ケインズ経済学者）は、市場の失敗を理由に、政府が補完的な役割を果たすと主張する。しかし、この二つの学派はいずれも市場メカニズムによって需要と供給を均衡させる役割を否定するものではなく、政府の役割の取り扱いをめぐって見解の相違があるのみであり、共通の基本思想は「市場メカニズムは需給を均衡させる」ことである。

中国のこれまでの40年間の歩みを振り返れば、政府による管理、すなわち国家の役割は「主」であり、市場メカニズムは国家を「補完」する存在だという思想を貫いていることである。「改革・開放」政策においては、経済の自由化が進められた。しかし、根本原理は「政府によって管理された経済」であり、その管理はときと場合によって多少緩くなる程度だった。政府がどれほどの厳しさで経済を管理するかは、明確な定義と制度の縛りがあるわけではなく、恣意的に行われがちである。この点は、政財界の癒着を助長し、共産党腐敗が深刻化する背景の一つであろう。

1990年代の半ばにおいて、共産党の公式文書でも、中国の社会主義市場経済の特色の一つは、国営企業の単一の公有制に代わって国有企業と民営企業から成る混合所有制を確立することだと言っている。江沢民時代の改革の一つに「三つの代表」といわれるものがある。三つの代表とは、共産党は、最もすぐれた生産力の代表であり、最もすぐれた文化の代表であるのに加えて、最も広範な人民の利益の代表でもあるということである。

このなかで一番重要なのは、最後の「最も広範な人民の利益の代表」という文言である。すなわち、従来、共産党は労働者を代表する政党であるとされている。この定義に従えば、資本家などは党員にはなれない決まりになっている。しかし、江沢民時代になってから、民営経済が急成長し、雇用創出への貢献度は国有企業を上回るようになった。共産党は民営企業家を取り込まないと、中国社会は分裂状態になる可能性があると考えた。要するに、三つの代表論は、共産党が民営企業の経営者に対して門戸を開放した言い訳だった。

しかし、政府共産党にとって、民営企業を野放しにすると、大きな「リスク」を孕んでしまう。というのは、民営企業は所有権がはっきりしており、経営者も従業員も働く意欲が国有企業に比べ遥かに強いものがあるため、このまま行けば、国有企業が民営企業によって買収される事態が起きかねない。共産党にとって国有企業は政権の基盤であるが、それが民営企業に買収されれば、中国は社会主義でなくなる心配がある。

たしかに国有企業に比べれば、民営企業は活性化している。しかし、国有企業は制度面の比較優位を有している。たとえば、国有銀行の融資は国有企業を優先にして行われている。政府の財政支出と公的買付も国有企業を優先して行われている。民営企業は市場競争のなかで極端に不利な立場に立たされている。

習近平政権になってから、政府共産党による非国有企業の統制について新たな動きがあった。具体的に、外資系企業を含む非国有企業のなかで共産党支部の設置が求められているということである。この措置によって党による企業統治が強化されると予想される。中国の経済自由化は明らかに逆戻りしているということである。

第5章 「改革」と「開放」の矛盾

今日でこそ中国では、「改革」は何の抵抗もなく広く使われる言葉であるが、40年前の中国では、最も使われた言葉は「改革」ではなく「革命」だった。そのとき、最も重い罪の一つは、反革命分子とされることであった。しかし、革命が改革とちがうのは、既存の諸制度の合理性を完全に否定し、まったく新しいものを作る行為であるところである。フランス革命はその代表といえる。毛沢東は生前、改革をほとんど口にしたことがなく、いつも革命を呼びかけた。政権が自分の手にあるのに、なぜ革命を呼びかけるのだろうか。いったい何を革命しようとするのだろうか。

毛沢東の真意は、自分に従わない党幹部や知識人をすべて革命したいというところにある。むろん、いくら毛沢東でも、このことを露骨に広言することはできない。結局のところ、共産党内に資本主義を信奉する反革命分子がいるといって革命を呼びかけた。

鄧小平時代になってから、革命という言葉は使われなくなった。ポスト毛の中国において共産党内と国民の間で融和を呼びかける必要があった。というのは政府の活動の重点は革命という権力闘争でなくなり、経済建設にシフトされたからである。

しかも、毛時代のスローガン「独立自主、自力更生」はいわれなくなった。このスローガンの真意は鎖国し、外国との通商と交流をいっさい断絶することである。自給自足の経済こそ中国人を幸せにすることができると信じられていた。また、中国文化、すなわち中華文明こそ、この世でこのうえなくすばらしい文明である。先進国を含め、外国に学ぶものなどまったくないとされていた。

しかし、先進国を歴訪した鄧小平およびその他の幹部には中国と先進国の格差が一目瞭然だった。第4章で述べた「君よ憤怒の河を渡れ」という日本の映画を見た中国人はほとんど信じられなかった。世界で最もすばらしい社会主義の中国は、英米に追いつくどころか、日本にも置いて行かれたことを知ったからだ。

そこから改革と開放が推進され、国民のほとんどはアレルギーを起こさないで、この方針転換を受け入れ支持したのだった。

1 「改革・開放」の真の推進者

2018年は、中国の「改革・開放」の40周年記念にあたる。鄧小平によって推し進められた「改革・開放」政策は、中国を一気に近代化へと導いたといわれている。

ところが最近、一部の中国の歴史家は共産党の公式文書を検証し、鄧小平は「改革・開放」の設計者（アーキテクト）ではないと指摘している。専制政治の特徴の一つは個人崇拝を行うために、歴史上、あらゆるポジティブな出来事の功績をすべてトップ指導者の指導によるものにしていくことである。逆に、指導者の過ちはできるだけその政敵に着せていくのが常道だ。中国について最も典型的な事例は、毛沢東死去のあとの四人組の逮捕だ。毛沢東が犯した過ちと罪の多くは四人組に着せられた。

同様に、鄧小平は「改革・開放」政策の総設計師と粉飾されているのだという。当初「改革・開放」を全力で推し進めたのは鄧小平ではなく、胡耀邦と趙紫陽であるといわれている。また、共産党指導部において鄧小平への権力集中を警戒していたのは全国人民代表大会元委員長の葉剣英だといわれている。葉は１９８６年に病死した。歴史家は、葉剣英の言論と政治スタンスから、もし葉剣英がもう数年生き延びていたら、１９８９年６月の天安門事件で軍が学生と市民に向かって発砲することはなかっただろうと推察している。

「改革・開放」のスタート時点において、共産党は毛沢東思想を完全に否定しないにしても、少なくともその路線を「修正」しなければならなかった。だが、毛沢東の死去後、鄧小平は共産党指導部で行った自己反省のなかで、毛沢東による批判を全面的に受け入れると繰り返して強調した。そして毛沢東路線は絶対に動揺させてはならない共産党の基本方針であると主張した。鄧小平が本心から毛沢東を崇拝していたかどうかは不明だが、リアリスト（現実主義者）の鄧小平は、すでに死去した毛沢東が禍とならないと察知し、いわば毛沢東を利用して、党内での存在を誇示しようとした可能性が高い。鄧小平は長老を取り込み、自らが共産党の「核心」となるよう画策したのである。

いうまでもないことだが、毛沢東に比べ、鄧小平は門戸開放について、かなり開明な指導者である。１９７８年、権力の足場を固める前に、副総理として復帰した鄧小平は外遊に出た。訪問の先ざきで華僑の団体と面会し、華僑たちに対して祖国の「改革・開放」への協力を要請した。帰国した鄧小平は長老たちと外資誘致について相談した結果、広東省と福建省など沿海部の都市を外資に開放することを決めた。当時、広東省の首長だったのは、現在の習近平国家主席の父親の習仲勲だった。

問題は、鄧小平は「改革」、とりわけ政治改革について一貫して反対の姿勢を崩さなかったことだ。リアリストとして有名な鄧小平は、経済改革として「黒猫だろうが、白猫だろうが、ネズミを捉える猫はよい猫である」というプラグマティズム論を提示したぐらいである。実際の改革法については「渡り石を叩いて川を渡るもの」と力説していたそうだ。

しかし、先進国ですでに実証されていた市場経済のやり方を、彼はなぜそのまま取り入れなかったのだろうか。その理由としていつも挙げられているのが、中国の持つ独自の特色である。実際に、鄧小平として譲ってはならない一線は、1979年に同氏によって提示された四つの基本原則である。具体的に、①社会主義の道を堅持する、②人民民主主義支配体制を堅持する、③共産党指導体制を堅持する、④マルクス・レーニン主義と毛沢東思想を堅持する、の四つのポイントだった。このなかで最も重要とされているのは③の共産党指導体制を堅持することである。この点は鄧小平とソ連のゴルバチョフとの最大のちがいといえる。しかし、現実問題として、政治体制を改革せず、経済システムのみ改革することには限界があるということでもある。

2　鄧小平時代の到来と終焉

「改革・開放」への出発点

共産党の公式文書では、毛沢東時代から鄧小平時代に入る重要な歴史転換点は1978年に開かれた共産党中央委員会の三中全会であるとされている。

この三中全会は共産党にとって、なぜ重要なのだろうか。それはこの会議で①それまでの階級闘争の路線を放棄する、②毛沢東に対する個人崇拝をやめる、③文革およびその前の反右派闘争のなかで迫害された共産党幹部と知識人の多くを名誉回復させる、④1976年5月に起きた周恩来元総理を追悼する「天安門事件」（こちらはいわゆる「第一天安門事件」。89年6月の事件と区別して、のちにこう呼ばれることになった）を反革命的な行動とするそれまでの共産党中央の決議を撤回する、という一連の決議がなされたからである。

一部の中国の歴史家は、三中全会の重要性は否定しないが、その成果のほとんどは鄧小平の主導によるものではないことから、三中全会を鄧小平時代の起点とする見方の正当性については否定している。しかし、それ以降の中国経済の発展をみると、鄧小平のプラグマティズムが大きな影響を与えたのは間違いないことであろう。毛沢東は共産党中央委員会によって完全に否定されていないが、国民レベルでは、毛沢東は徐々に神ではなくなっていったのである。現在でも、共産党は毛沢東の偶像を必死に守ろうとしているが、若者たちにとって、もはや「毛沢東って誰だ？」という感じになってきている。

鄧小平時代を総括するならば、そのプラグマティズムの考え方を切り離しては論じることができない。「改革・開放」初期の中国の社会の雰囲気は人々が脱水症状に陥り、脱力感に襲われていた状況だった。改革を主張する指導者にとって、いかに人民のやる気を喚起するかという難題に直面していた。鄧小平の取る新路線は、それまでの路線と決別する必要があるが、同時に、鄧小平を含む当時の指導者たちは自分たちの地位を「毛沢東路線の後継者」として演出していかなければ、その権威を確立できないという自家撞着に陥っていた。当時の指導者たちは国民によって選ばれたものではなく、自分こそ毛沢東の後継者であると示す必要があったのだ。

問題は、この「毛沢東の後継者が毛沢東路線と決別することはできない」という矛盾にあった。このディレンマを見事に切り抜けたのは鄧小平だった。

鄧は表面上、毛路線を継承するふりをしながら、政治レベルにおける階級闘争をやめさせ、平等主義を至上命題とする国営企業と人民公社体制にメスを入れた。また、鄧は人民に「一部の人が先に豊かになるのを認める」いわゆる「先富論」を唱えた。いつの時代も中国人は頑張る気力がないのではなく、自由を剥奪されると頑張れない。したがって、鄧小平が進めた改革は、人民に働く自由を与えるということだった。毛沢東時代において、人民のほとんどありとあらゆる自由がすべて奪われてしまっていた。この点について鄧小平は毛沢東とは対照的だったといえる。

そして、鄧小平時代のもう一つの特徴は、いわゆる漸進主義（gradualism）という改革法である。旧ソ連が崩壊したあと、ゴルバチョフおよびその後のエリツィン政権が進めた改革は、国営企業をすべて民営化するというショック療法だった。ショック療法の改革の長所は改革が逆戻りできない点であるが、短所は国民生活に支障をきたすことである。それに対して鄧小平が進めた漸進主義の改革は、それこそ渡り石を叩きながら、一歩ずつ前進するため、スピードが遅いうえ、ときにはその前の統制経済に逆戻りする心配があった。

鄧小平は一度も国民にはっきりとした、自らが描く国家像を示したことがない。彼が国民に示したのは、改革が進めばこれからより豊かな生活を送ることができるという考えだった。当時の中国人は、困窮状態に陥った毛沢東時代の生活について記憶に新しいため、少しでも豊かな生活を送れるように期待していた。「改革・開放」初期、都市部の一人あたりの居住面積はわずか3平方メートルだった。一人っ子政策がすでに実施されていたなか、三世代５人家族（祖父母、父母と子ども一人）が９平方メートル一間に住んでいたケースは少なくなかった。結婚したい若者は住む家がなく困る人が多かった。

同時に、食糧や日用品などの購入はすべて地方政府が配布するクーポンを使わなければならなかった。食糧チケットは年齢や職種に応じて配給される量が加減されている。原則としてホワイトカラーよりも、ブルーカラー（労働者）のほうが配給される量は多い。当時の中国人が摂取するカロリーは全般的に足りなかった。したがって、鄧小平が唱える「改革・開放」に対して、国民目線からみて、豊かな生活になれればと期待するのはきわめて自然なかたちといえる。

むろん、鄧小平のプラグマティズムは西側諸国で継承された形而上学的な理論に基づくものではなく、どちらかといえば鄧小平の性格と経験に由来する、後付けされた経験的リアリズムから来るものだった。だからこそ、１９８０年代初期、大学入試のなかで必ずといってよいほど「『実践は真理を検証する唯一の基準である』点について論ぜよ」という問題が出題されていた。

プラグマティズムはヨーロッパに起源を持つ思想だが、最初にプラグマティズムという言葉を使ったのは、チャールズ・サンダース・パース（１８３９－１９１４年）というアメリカの論理学者だといわれている。当時、哲学者と科学者たちは、真理を科学的に探究するための理論を模索していたが、そこから常識に基づく経験主義に代わって、科学的に真理を追究する行動主義や科学的経験主義が見出された。

むろん、政治家としての鄧小平はこのような理論武装を携えるべくもない。論争が嫌いな鄧はまさに行動主義者だった。共産党内で、毛沢東思想を擁護する左派と自由の拡大を求める右派は熾烈な論争を展開していた。最初は、鄧小平は、右傾主義を防止するよりも、左傾主義の防止に重点を置くべきとの談話を発表した。しかし、右派の幹部と知識人は自由に加え、人権と民主主義の実現を言い出したため、鄧小平は「資産階級自由化に反対せよ」とのイデオロギーキャンペーンを発動した。このイデオロギーキャンペーンのやり玉として挙げられたのは白樺という詩人だった。

白樺は『苦い恋』という小説を執筆し、映画にもなった。今からみれば、どうということもない小説に思えるが、当時、この小説は深刻な政治の路線闘争にまで発展した。

あらすじは以下の通りである。中華人民共和国が成立する前の中国で、知識青年凌辰光は国民党の兵役を逃れるために、妻とともに南米のある国に逃亡し、そこで画家となった。中華人民共和国の成立を聞き、妊娠中の妻といっしょに船に乗り、帰国する。船は中国の領海に入り、夫婦は中国の国旗を目にして、感激した。ちょうどそのときに娘が生まれた。帰国後、一家はしばし幸福な生活を送ったが、その後、とくに文化大革命のなかで一家は打倒された。大人になった娘はボーイフレンドと海外へ逃げる決心をした。それに対して、画家の父親は反対した。娘は「あなたはこの国を愛しているが、この国はあなたを愛するのか」と反論。娘の問いに答えることができない父親は、そこから逃亡生活を始めるが、雪原のなかで力が尽き、雪の上で大きなクエスチョンマークを書き残して息絶えた。

いうまでもないことだが、1980年代初期においては、文革を真っ向から批判したこの小説と映画は、きわめてセンセーショナルな作品だったといわざるを得ない。鄧小平は自ら詩人白樺を名指して批判した。だが、時は経った。白樺は存命である。今後、中国文学者がノーベル賞を受賞するとすれば、次はこの白樺こそ受賞する資格がある第一人者ではないかと思われる。

改革者と保守派の両面を併せ持つ鄧小平

中国では、鄧小平は改革の総設計師《アーキテクト》と讃えられていることは前にも述べた。改革を推進する鄧小平の一面は鄧小平の時代を物語る証左といえる。鄧小平の改革理念は、働く人が報われるような制度的枠組みを作り、みんなのやる気を引き起こすということだった。

鄧小平の政治人生を振り返れば、おそらく最大の汚点は、89年の（第二）天安門事件で、学生と市民に向けて人民解放軍に発砲させたことだったのだろう。共産党中央委員会の公式文書では、天安門事件は騒乱と定義され、それを鎮圧したのは民族の救済において正しい決断だったとされている。しかし、不思議なことに、当時、いったい誰が人民解放に発砲を命じたのかについて、誰もそれを認めようとしない。当時の北京市長の陳希同は、自分は一地方の首長であり、人民解放軍に命令を下すことができないと弁明している。当時、首相だった李鵬は学生に終始強硬な姿勢を崩さなかったが、共産党中央委員会の反対にもかかわらず『李鵬日記』を著し、香港で出版しようとしたが、共産党宣伝部の介入によって正式に出版はできなかった。のちに香港でこの本の海賊版が出回り、そのなかで李鵬は自分が軍に発砲を命じたことはないと弁明すると同時に、鄧小平こそ最終的に決断した張本人であると告白した。それに対して、鄧小平の子弟たちは、鄧は軍に発砲を命令したはずがないと李鵬の告白を否定した。

事実は、どのようなものだったのだろうか。

趙紫陽の回顧録と李鵬の回顧録を含む複数の回顧録によれば、天安門事件において鄧小平は国が混乱し、党が政権を失うのを恐れ、長老たちを自宅に招集し、学生に同情する趙紫陽を解任するとともに、軍に対して、手段はどうであれ、6月3日の夜12時までに天安門広場の中央に位置する人民英雄記念碑を占領し、学生を広場から追い払わなければならないとの命令を口頭で下したといわれている。手段を問わないというのは、発砲を容認したと理解され、この命令こそ軍による学生と市民への発砲に直接につながったということになる。

鄧小平は改革者であり、同時に最も保守的な指導者でもあるという、極端に対立する側面を同時に持ち合わせている。このような精神的に極端に矛盾する年の老いた指導者は、後継者たちを実に悩ませた。天安門事件後、長老の一人だった元国家主席・李先念に推薦され、鄧小平によって抜擢された上海市書記だった江沢民は、北京入りしたあと、極端に保守的な路線を歩んだ。江沢民からすれば、天安門事件直後の指導部の雰囲気にあわせて、江沢民は当たり前の振る舞いをしただけだった。しかし、鄧小平は、慎重な姿勢はやむを得ないが、改革を逆戻りさせるのは大反対だった。のちに共産党中央委員会の幹部たちの話で明らかになったことだが、鄧小平は、李先念や陳雲などの長老たちに「江沢民君がこれ以上保守的な道を歩むなら、メンバーチェーンジを考えざるを得ない」と漏らしたといわれている。

その場に、たまたま習仲勲、すなわち習近平国家主席の父親も居合わせた。江沢民の政治生命が危ういと察知した習仲勲はその晩、急いで息子の習近平に「急いで北京に行きなさい。そして江沢民に、路線変更しないと明日はない、と伝えなさい」と促した。

急いで北京へ飛んだ若き習近平は江沢民に会い、父親からの伝言を告げた。その翌日、江沢民は上海「解放日報」の主筆らに「改革を加速せよ」の社説を書かせた。翌日、「解放日報」は皇甫平の署名でその社説が掲載された。皇甫平は主筆らのペーンネームだった。これは「改革・開放」の逆戻りを阻止した鄧小平の南方講話の一幕となり、中国の歴史に残ると思われる。

このエピソードからわかるように、鄧小平は後継者を選挙で選ぶのではなく、自らを含む長老たちのある種の「合議」で決めていた。生前、鄧小平が示した後継者は江沢民のあと、胡錦濤が後継となった。江沢民は自らの後継者を選ぶことができなかったのだ。胡錦濤のあとを継いだ習近平国家主席は、鄧小平によって指名されたものでもなければ、江沢民と胡錦濤によって指名されたものでもない。習近平が国家主席に就任したプロセスはいまだに謎である。

独裁と集団指導体制

鄧小平は毛沢東時代を振り返ったときの反省として「あのような悲劇（大躍進や文化大革命）をもたらしたのは毛沢東がすべて一人で決めたからであり、しかもそれが拡大したのだ」と語ったといわれている。そして、毛沢東のような独裁に代わって、指導部の集団で重要な政策を決めれば、路線を間違ったりしないだろうと考えていたようだ。そのため、集団指導体制が導入されたのである。

しかし、鄧小平が考えた集団指導体制の最大の欠陥は、それをバックアップする制度が明文化されていないことである。鄧小平が考えたのは、共産党の最高意思決定機関として中央委員会の常務委員会を最終かつ最高の政策決定機関とすることだ。胡錦濤政権（２００３―12年）のもとで常務委員会は９人の常務委員から成る組織だったが、習近平政権になってから７人になった。人数の増減よりも、常務委員の政策決定がブラックボックスのなかで行われることが問題なのだ。そのうえ、長老たちは恣意的にそれに介入してくる。

共産党のカルチャーとして、政策の意思決定過程においては、密室内では異議を申し述べてもよいことになっている。ある政策について公に異議を唱える者がいれば、党を分裂させるおそれがあるとして、罪に問われることがある。

鄧小平が考えた集団指導体制は、ある意味では単なる幻想だったかもしれない。引退した長老は恣意的に政治に介入してくる。現役の常務委員はそれぞれの利益集団を代弁してパワーゲームに参加する。結局のところ、民主主義の政治改革を行わないなかで、表面的に集団指導体制を構築するといっても、指導部は呉越同舟の協力体制ではなく、同床異夢のような烏合の衆になる可能性が高い。独裁は中国の風土と国民性に一番似合っているかもしれない。

研究者の間で、なぜ台湾は民主主義体制を構築でき、中国大陸ではそれができないのかと指摘されている。これはほとんど無意味な設問である。というのは、台湾が置かれている立場とそれを取り巻くグローバル環境は大陸とまるで異なるからである。しかも、人口の規模も異なり、教育水準もちがう。中国大陸は長い間、鎖国状態にあり、この40年間の「開放」政策も外資を受け入れるためのもので、民主主義の価値観などをいまだに受け入れていない。指導部から労働者と農民まで民主主義の価値観を受け入れようとする意識が芽生えていないなかで、共産党の指導部だけいきなり民主的な集団指導体制に転換することは不可能なことなのだ。

3　「四不像」のような中国市場経済の実態

なぜ計画経済は失敗したのか

経済学者は、なぜ計画経済が失敗したかについて、経済計画を定める政府の役人は市場の情報を完全に把握できないため、その計画は市場の需給を均衡させることができないからだと考えている。この論調は間違っていないが、もっと根源的な問題があると思われる。

計画経済の失敗はそれ自体の問題だけでなく、あわせて共産党一党独裁の政治体制も問題であるため、この二つのシステムは相互にマイナスに作用し合い、その結果、失敗がもたらされる。その失敗は中国のみならず、旧ソ連や東欧諸国などでも実証されている。要するに、独裁政治も計画経済も、うまく機能しさえすれば成功するはずの制度ということだ。

旧ソ連の計画経済が失敗した原因の一つは、節度のない軍拡にあるといわれている。冷戦構造下において、米ソは軍拡競争に走り、そのなかでソ連は富を軍需産業に注ぎ込みすぎた結果、国民の生活は日増しに困窮するようになった。では、同じ軍拡競争に参加したアメリカの経済はなぜ破綻しなかったのだろうか。

それはアメリカ経済そのものの問題というよりも、政府予算をチェックする議会の役割が大きいと思われる。社会主義の国の政治体制に一番の欠陥といえば、ガバナビリティの機能が付与されていないことにある。独裁者はいかなる無謀な決断をしても、それをチェックする機能がないため、その政治が暴走しやすい。これこそ計画経済の破綻をもたらす重要な背景ではないか。

毛沢東時代の中国経済を考察すれば、１９４９年、社会主義中国が成立してから76年に毛沢東が死去するまで、一瞬たりとも真面目に経済建設に取り組んだことはなかった。毎日のような権力闘争にかかわる政治キャンペーンのなかで経済は疲弊していったのである。というのは、当時、国有企業も人民公社も誰一人として真面目に生産活動に従事することなく、社会主義に反対する反革命分子を糾弾することに余念がない毎日だった。それでも、毛沢東時代が27年間も続いたのは奇跡といえるかもしれない。

当時の中国人はとにかく毛沢東思想というプロパガンダに鼓舞され、いずれ生活がよくなると信じていた。むろん、目の前の生活は日々苦しくなったため、不満がなかったわけではない。そうした不満を和らげようとして、当時の映画や劇といった文学作品のほとんどは、社会主義中国が成立する前の「旧中国」の生活はどれほど苦しかったかを国民に吹き込んでいた。換言すれば、目の前の生活はたしかに苦しいが、昔はもっと大変だっただろう、という論理だった。しかも、前にも述べたが、当時中国で上映されていた映画はルーマニアや北朝鮮など社会主義国の映画ばかりだった。日本やアメリカなど工業化された国の映画はいっさい上映されず、先進国の生活はどこまで豊かになっているかについて、国民は知る由もなかった。

専制政治と計画経済には一つの共通点がある。それは政治的にも経済的にも統制が欠かせないということである。専制政治と民主主義の政治のちがいについて問われれば、民主主義の政治は基本的にボトムアップ型の政治であるのに対して、専制政治はトップダウンの政治であるということだ。同様に、市場経済の基本は市場の「見えざる手」によって調整されるのに対して、計画経済は政府の見える手によって調整される。市場経済においては市場の失敗があり得るため、それを補完するのは政府の役割といわれている。しかし、計画経済において政府の失敗を補う役割は存在しない。だからこそ計画経済の失敗はさらなる失敗を誘発してしまうのである。

共産党指導者たちは前代未聞の社会実験を試みたが、いったん権力を握ってしまうと、それを手放そうとしない。そして彼らは、かつて蒋介石の国民党軍に勝利したやり方で経済建設に取り組んだ。しかし、経済建設は戦争とはまったく別の問題である。共産党の赤軍が蒋介石の国民党軍に勝ったのはゲリラ戦だったからである。毛沢東の言葉を援用すれば「農村を以て都市部を包囲する」という考え方である。しかし、経済建設は、経済の特質にきちんと対処しなければならない。ゲリラ戦のようなやり方では、経済建設は成功しない。

鄧小平の好きな言葉に、事実に基づいて真理を追求する「事実求是」というのがある。残念ながら、共産党歴代指導者は政権維持を最優先にして、事実に直面することはなかった。毛沢東自身は自らの過ちを認めなかったうえ、その後継者たちも毛沢東路線との決別を宣言しなかった。

万能でない市場メカニズムと市場経済のあり方

経済システムは不変なものではない。マルクスによって批判された資本主義経済は、今日マルクスが生きていれば、びっくりするほど変化していない。あらゆる制度は目的ではなく、手段である。しかし、中国では、マルクス＝レーニン主義は教条主義的に語り継がれている。そのなかで毛沢東はいわゆる毛沢東思想のなかで経済建設や経済制度の構築についてほとんど語ったことがない。歴史家曰く、そもそも毛沢東は経済についてまったくの門外漢であるといわれている。

共産党指導のなかで経済について多少なりとも通じているのは劉少奇と鄧小平の二人だった。劉少奇は毛沢東によって政治的ライバルと目されたため、迫害を受け殺された。鄧小平はその柔軟な政治姿勢によって、たびたび毛沢東に迫害を受けたにもかかわらず、殺されるまでには至らなかった。

鄧小平は経済建設について、経済の本来の「原理」に則ってそれを運営しないといけないと信じていた。しかし、共産党指導においては、かねてから経済運営は成長を目的にするのではなく、資本主義的なものか、社会主義的なものか、いわゆるイデオロギーの議論が盛んだった。言い換えれば、たとえ国民を豊かにする正しいやり方でも、資本主義的なやり方と断定されれば、完全否定される可能性がある。経済成長を妨げるやり方でも、社会主義的なものと称賛されれば、それを続けることがある。

実は、共産党指導部では信じられないほど理不尽な論争が繰り広げられていたことがわかる。鄧小平自身は、資本主義だろうが社会主義だろうが、経済成長を持続できればそれでよいという考えのようだった。論争が激しくなると、経済に通じない指導者は最後に、論争をすべて封じ込めてしまう。

１９８０年代、市場経済という言葉自体はタブーだった。当時、市場経済に代わって、商品経済という言葉が使われていた。当時の指導部では、市場経済は資本主義を想起させてしまうため、公の場ではタブーとされた。90年代に入ってからようやく市場経済は一般的に使われるようになったが、必ずや「社会主義市場経済」と使わなければならなかった。

90年代後半になってから、中小国有企業を払い下げたが、その際、privatizationという英語は必ず「民営化」と訳されていた。実は、「私有化」と訳すこともできるのだが、私有化は中国ではタブーだった。むろん、中国では、国有財産はまったく私有化されていないわけではない。国有企業の資本関係が複雑化するなかで、共産党幹部およびその親族は株式会社に転換した国有企業の大株主になったりすることが増えた。

実は、中国で経済の自由化が進んでいるが、政府共産党がプロジェクトの許認可権を自由化したわけではない。許認可権を握る政府機関と共産党幹部が企業との癒着を強め、その結果、多数が腐敗してしまった。すなわち、きわめて不透明なかたちで経済の自由化が進められたため、公平・公正な市場経済はいまだにできていないということである。

中国では、企業、とりわけ国有企業が何か不正行為を行っているかどうか調査・監視するのは、日本の会計検査院にあたる「国家審計署」である。しかし国家審計署の調査能力は限界があり、すべての案件を調査できるわけではない。とくに国家審計署は行政機関であるため、共産党指導者がかかわる事案について調査することは実質的に不可能である。

そして、市場経済が健全に発展する一つの前提は国民の納税意識を高め、公正に徴税することだが、中国人はことさら「納税」することを嫌う。共産党幹部でさえ納税を逃れようとたくらんでいる。なぜ中国人の納税意識は低いのだろうか。そもそも税金を納める行為は政府行政機関がきちんと行政サービスを提供することをバックアップするためのものである。しかし、中国人は行政機関のサービスを享受する意識が稀薄であるため、なぜ税金を納めないといけないのか、と思う人が多いのが現状である。

中国の市場経済が秘めている深刻な欠陥の一つはまさに中国人の納税意識の低さにある。中国人の納税意識が低いのは納税者として政府行政をモニタリングできないことと関係している。もともと社会主義計画経済において政府はすべての富を集め、それを国民の間で平等に分配するやり方だった。したがって、社会主義において本来、税金は存在しないものである。中国は計画経済から市場経済に移行したが、政府と国民の意識転換が遅れている。これでは、市場経済は健全に育たない。

「四不像」のような中国的社会主義市場経済

今日の中国の市場経済は、実は第1章で述べた四不像と同じような存在になっている。社会主義の基本は公有制と平等の原則だが、今の中国では、公有制は「三つの代表」の原則が提起されたことで打破されてしまった。鄧小平が提起した「先富論」によって一部の共産党幹部が先に金持ちになった結果、所得格差は年を追うごとに拡大している。したがって、今の中国社会はもはや社会主義でなくなったも同然である。一方、市場経済の基本は、市場メカニズムによる調整機能と私有財産が法によって保護される点であろう。しかし、今の中国では、政府は恣意的に市場に介入してくる。個人の私有財産が法によって保護されるといわれているが、私有財産が侵される事件は後を絶たない。

経済学者は、今の中国経済体制を定義できないため、あえて「移行経済」と命名している。すなわち、計画経済から市場経済への移行段階にある経済のことのようだ。しかし、移行経済は誤解を招きやすい。というのは、あたかも移行経済が最終到達点として市場経済を目指しているように感じられているからだ。

だが、実際に移行経済がどこへ向かうかは、必ずしもはっきりしない。後述するが、少なくとも、今の中国経済をみると、統制経済に逆戻りしようとしている。エマージングエコノミーの多くは反市場経済の国が少なくない。とくに、中国のようなマルクスのイデオロギーの教条を捨てていない国では、真の市場経済は構築されない。市場経済の一部のエレメントだけ利用され、経済発展が図られているのみである。

客観的にみれば、今まで経済成長を実現できたのは、経済の自由化と市場経済の構築によるものである。しかし、共産党指導部において経済を完全に自由化すれば、共産党による統制ができなくなる可能性があると心配されている。結局のところ、自由を前提にする市場経済は専制政治という壁にぶつかったのである。共産党は経済の統制を諦めようとしないため、景気の減速を受け入れるしかない。中国共産党は究極の選択を迫られている。

4 成長の大義と構造上の歪みの増大

中国経済の発展と比較優位戦略

一般的に経済のファンダメンタルズといえば、内需（民間消費）、外需（国際貿易）と投資といったファクターに代表されるものである。一人あたりＧＤＰが低い段階において内需を刺激しても、民間消費はそれほど拡大しない。日本でも実験され成功した比較優位モデルがあるが、それは経済をキャッチアップする段階で国内の安い人件費を活かして輸出製造業を発展させ、国際貿易で稼いだ外貨で外国から優れた技術と設備を買って、さらなる経済成長を促していくということである。比較優位戦略がきちんと機能する環境として、通貨の為替レートを比較的安い水準に抑止しておくことが有効と思われる。当然、貿易不均衡の拡大に伴い、貿易相手国からの圧力がかかり、通貨の切り上げが求められることもしばしばある。

日本経済を例に挙げれば、１９８５年のプラザ合意までは、比較優位戦略に則って経済は成長していた。しかしプラザ合意以降、急激に円高が進み、日本の輸出製造業は比較優位を徐々に失っていった。とくに80年代末、日本経済は未曾有のバブル景気に見舞われ、それが崩壊すると90年代には景気の減速だけでなく、デフレが進行し、企業投資が委縮してしまった。その後、日本は、いわゆる「失われた20年」を経験したのである。

むろん、その間、日本企業はコスト削減など比較優位を保つために、あの手この手で努力を重ねた。結局のところ、日本経済が歩む新しい道は工場を東南アジアと中国に移転しながら、技術力をさらに強化したことだった。結論的にいえば、比較優位戦略がきちんと機能する段階においては貿易立国は有効な戦略だが、比較優位が徐々に失われるにつれ、技術立国に転換していくことが必要である。このような日本の経験は、すべてのエマージングエコノミーにとって参考になると思われる。

では、中国経済はどのように成長してきたのだろうか。

中国では、共産党幹部や政府系シンクタンクのエコノミストはいつも、「先進国が２００年ないし３００年かかって実現した経済成長を、中国はわずか30年ぐらいで実現した」と自慢する。かつて、毛沢東は経済の大躍進を発動して、短期間に英米の経済力に追いつき追い越そうとした。だが、経済について門外漢の毛沢東の野望は見事に失敗した。英米に追いつくどころか、中国国内で労働者も農民も本来の仕事をやめて、製鉄に取り組んだ結果、食糧不足に陥り、最も少なく見積もっても２０００万人以上の人が餓死し犠牲となった。

それに対して、プラグマティズムを信奉する鄧小平は経済の自由化を段階的に進め、経済の躍進を図った。毛沢東に比べれば、かなりの経済通の鄧小平の社会実験は大成功を収めた。少なくとも、公式統計では2010年に中国の名目GDPはドル換算で日本を追い抜いて世界二番目になった。

誤解を避けるために追記しておきたいが、中国のマクロ経済統計はかねてから信憑性が乏しいのではないかと指摘されている（本章補論参照）。中国のGDPが実際に日本のGDPを上回っているかどうかは別として、今までの成長トレンドは統計的に確認できる。GDPの統計が改善される可能性があるが、成長のトレンドを変えるのは難しい。たとえ、中国のGDPは世界二番目にまで成長していないとしても、時系列で比較した場合、中国経済はたしかに成長してきた。それは比較優位戦略に則った「改革・開放」の功績といえる。

ファンダメンタルズの変化と構造転換の必要性

経済は生き物である。その発展段階によって、異なる発展戦略と発展モデルを導入し、実行する必要がある。「改革・開放」の初期段階において中国で最も不足していたのは、資本と技術と近代的な企業経営ノウハウである。毛沢東時代、中国政府は鎖国政策を実行し、独立自主と自力更生の道を選択した。当時、「外国人にできることは、われわれも同じようにできる」というのが共産党の教条だった。古代中国では、中国人は印刷術、紙、火薬と羅針盤を発明したといわれている。四大発明を中華文明の象徴として掲げたのには、まさに「崇洋媚外」（外国の事物を崇拝すること）を戒め、自信を持って独立自主・自力更生の道を歩むように国民を励ますことが目的だったのである。

自力更生と称する鎖国政策が失敗したのか、それとも計画経済が失敗したのかについて、どれが原因かはもっと詳細な考察が必要だろうが、当時の経済運営について企業も従業員も自由が完全に奪われたため、積極性が現れなかった。

結局のところ、海外から資本と技術を取り入れるため、最高実力者だった鄧小平は「改革・開放」を決めた。外国企業は条件付きで中国に進出できるようになった。海外の資本と技術は中国の廉価な労働力を活用して廉価な製品と商品を大量生産し、それをまた海外に輸出するという比較優位戦略をとった。

1980年ごろの中国の一人あたりGDPは当時の為替レートで換算すれば、300ドル程度だった。安くて大量に存在する労働力こそ中国産業の国際競争力だった。ただし、一人あたりGDPが低い水準にあるということは、中国国内市場も未成熟で小規模だったことを意味する。1980年代から90年代にかけて中国に直接投資を行った外国企業は中国での生産物の販売先を中国国内市場に求めることができず、製品のほとんどは輸出用にせざるを得なかった。

普通の経済であれば、経済発展とともに労働者の賃金も次第に上昇するようになるが、中国の場合、状況は異なっていた。外国企業で働く労働者の多くは「農民工」と呼ばれる出稼ぎ労働者である。中国の「農民工」はもともと農民だったが、現金収入を得るために農村を離れ、都市部に出稼ぎに来た人たちだ。しかし、彼らは都市部の戸籍を有しないため、社会保障制度に加入することができない。工場も「農民工」の賃金を思うがままに低く抑えていた。

中国の人件費が大きく上昇に転じるきっかけは2007年に公布・施行された「労働契約法」だ

った。極論すれば「改革・開放」は「農民工」に対する搾取によって経済成長が実現したといえる。最盛期、農村から2億人の農民工が沿海都市部に出稼ぎに来ていた。彼らはいっさい社会保険に加入できないのみならず、どんなに頑張っても、昇進することはない。２０００年以降、一部の農民工は自らの権益を守るために、ストライキなど抗議活動を展開した。とくに、一部の外国企業は農民工への給与を遅配したため、それに対する抗議活動は全国的に広がる様相を呈した。そのなかで、いかなる工場も農民工を含む従業員を勝手に解雇できない「労働契約法」が公布・施行されたのである。

「労働契約法」の公布・施行をきっかけに、農民工に適用される最低賃金は毎年のように改定されるようになった。それを促したもう一つの背景は、40年間続いた一人っ子政策によって労働力が減少するようになったことである。労働力を確保するため、工場は賃金を徐々に引き上げざるを得ない。それに先立って、２００５年7月、中国政府は欧米諸国からの圧力に屈したかたちで人民元の切り上げに踏み切った。急激な元高は輸出製造業に大きなダメージを与える。総括すれば、人件費の上昇と為替の増価は中国の輸出製造業を取り込むファンダメンタルズを大きく変化させてしまった。

そこで、新たな問題として提起されたのは、経済成長を持続させるための構造転換の重要性である。広東省は「改革・開放」政策のゲートウェーだった。広東省共産党書記だった汪洋は「騰籠換鳥」のコンセプトを提起した。汪は広東省に進出する内外の企業を鳥かごの中の鳥と喩え、「改革・開放」以降、広東省に投資した企業の多くは低付加価値の製造業だった。「騰籠換鳥」は低付加価値の製造業に代わって、高付加価値の製造業を誘致するという考え方のようだ。こうした構造転換は、広東省だけでなく、中国全体が直面する課題である。

ハイテク化しない中国製造業の体質

習近平政権の誕生とともに、汪洋は広東省書記から経済担当の副総理に抜擢された。しかし、広東省の製造業をみると、「騰籠換鳥」の夢は実現していない。「騰籠換鳥」の命題は、低付加価値の製造業が人件費の高騰を嫌って、東南アジアなどへ転出し、その代わりに高付加価値の製造業が進出してくるという発想である。しかし、シューズなどの生産ラインで働く労働者は突然ＩＴ部品の生産ラインで働くことなど不可能である。産業間の労働転換にはきちんとした職業訓練が必要なのだ。熟練技術労働者はそれに見合う知識とノウハウが必要であるが、中国では、地方政府も企業も職業訓練のコストを負担しようとしない。結局のところ、人件費の高騰と為替の増価によって、一部の地域において産業空洞化が顕著になったのである。

中国では、生産年齢人口が減少しているが、雇用は依然として難しい状況にある。なぜならば、労働集約型の低付加価値輸出製造業がどんどん東南アジアへ移転している一方で、それに代わる高付加価値の製造業がそれほど入ってきていないからである。

中国のほとんどの都市で経済開発区が設置されているが、ハイテク開発区を視察すればわかる通り、これらの開発区に群れているのは外国企業から部品製造を受注する下請け生産の企業ばかりである。しかし、外国企業は必ずしも最先端の工場を中国に移転してこない。中国では、特許などの知財権が十分に保護されないため、外国企業は自前の技術がコピーされるのを恐れるからだ。同時に、地場企業は、技術を開発しても、誰かにコピーされる可能性があるので、基礎研究に取り組むインセンティブが働かない。技術力のない国の産業構造は高度化しない。

習近平政権になってから、李克強首相が主導して「中国製造2025」のマスタープランが策定された。一部の評論家は、中国はドイツで始まった第4次産業革命を受けて、製造業のレベルアップを図り、製造業大国を目指す構想と評されている。このマスタープランによれば、2025年に中国は製造業大国の仲間入りを目指し、2035年に世界の製造業強国の中レベルに達し、2049年（中華人民共和国建国100周年）に、世界の製造業強国、すなわち、真の世界リーダーになるという壮大な目標である。

問題は、このような壮大なプランを実現するには政府主導だけでは実現する見込みはなく、企業と民間主導でないといけないことである。政府トップダウンの計画は長期ビジョンのブループリントとして魅力的だが、企業、とりわけ民営企業は切磋琢磨で取り組める環境が必要であり、それを担保するには、きちんとした法整備が不可欠である。このマスタープランを作成した「専門家たち」は国家の力を過信する傾向があるようだ。したがって「中国製造2025」が語った夢が実現するかどうかは不明である。

5　中所得国のわなと長期低迷への道の可能性

中所得国のわな

経済が発展するには原動力が必要である。社会主義の国では、指導者が精神論を過信する傾向が強い。かつて毛沢東時代、「工業学大慶」（工業は大慶油田の精神を学べ）と「農業学大塞」（農業は大塞精神を学べ）と号令して工業と農業の増産を図ったことがある。むろん、こうした精神論は経済を活性化することができなかった。「改革・開放」政策以降、鄧小平は中国の安い人件費を活かして経済発展を図った。この考えはかつて日本や韓国ですでに実験済みの有効なやり方である。

結果的に中国経済は離陸した。

一方、経済学的に、中所得国の定義は必ずしも客観的になされているわけではない。ドル建ての一人あたりＧＤＰまたは一人あたりＧＮＩ（国民総所得）で図った場合、為替変動要因を取り除かないと、その評価の結果は必ずしも客観的なものとはいえない。

とくに、中国のような大国には大きな所得格差が存在するという特殊要因がある。北京、上海、広州などの大都市圏の経済はすでに先進国並みにまで成長している。武漢、鄭州、西安、成都などの内陸部の都市の経済はまさに中進国のレベルにあり、内陸農村部の経済は途上国ないし貧困国のレベルにある。このような大国を一言で中進国・中所得国と括るのはそもそも不可能である。ある意味では、平均値を示す経済統計は平均値のわなといえるかもしれない。

そのうえで中国経済を考察すれば、先進地域の経済はハイテクの技術によって支えられているのではなく、さきに述べたように、出稼ぎ労働者の安い人件費によって支えられているから成長を続けられてきたのだ。中進的な地域の経済は現在の中国経済の実力を示すものといえる。中国経済は後進的な地域をボトムアップできなければ、持続的な成長を実現することはできない。したがって、中所得国のわなについて議論する前に、まず高所得層から低所得層へ所得再配分を行う必要がある。社会主義と自称する中国はこれ以上所得格差の拡大を認めてはならない。

あらためて中国が中所得国のわなに陥る可能性について考えてみよう。

中国にとって企業が技術力を向上させる優位性は中国人家族が持つ高い教育熱により、中等と高等の人材が多数輩出されることにある。中国の家庭教育において「望子成龍」の思想、すなわち自分の子が龍（天子）になるのを夢見るのは中国人親の常であることは前にも述べた。中国では、学校教育よりも家庭教育のほうが若者により大きな影響を及ぼす。むろん、家庭教育が行き過ぎ、悲劇になることもしばしば起きている。親が勉強したくない子どもを無理矢理勉強させ、子どもがうつ病になり、自殺することも起きている。とはいえ、マクロ的にみて、中国では、学校教育と家庭教育の影響により、教育水準はかなり高い。日本の大学でも、中国人留学生の勉強に関する積極性は日本人学生よりも高い。おそらく日本人の若者にとって、勉強とは、学校の教科書を読むだけでなく、幅広く社会経験を重ねていくことが人生を形成するうえでより重要と考えているからかもしれない。「社会勉強」ということばが日本にあることは、興味深い。

ただし、教育の観点からみると、問題もある。中国人若者は高度人材になろうと、大学に進学し、学位を得ようとする。しかし、熟練の技術労働者になろうとする若者は意外に少ないのだ。製造業を支えるのは高度人材だけでなく、熟練の技術労働者も必要不可欠である。

総じていえば、中国企業はイノベーションに取り組むインセンティブが強く働かない。特許が法的に守られないため、企業は既存の技術を取得し、それを改良する。具体的にいえば、中央政府はこのまま行けば中国自前の基礎技術が生まれなくなることを危惧している。そのため、知的財産権を保護しようとするが、それを妨げているのが地方政府である。

非大都市の地方では、外国企業の技術や製品をコピーする違法な企業でも地元政府に納税しているため、地方経済にとっては重要な柱になっているから、地方で行う小さな悪事なら黙認する傾向があるのだ。これらの企業は雇用の創出にも貢献しているから、これらを取り締まった場合、一時的に地方経済にダメージを与える可能性がある。ある意味では、知財権を侵害する企業を取り締まるかどうかはある種ディレンマになっている。したがって、中国がイノベーションに取り組まなければ、中所得国のわなに陥るおそれがある。

信用なき市場経済の行方

市場経済の基本は信用の確立である。しかし、中国では、信用秩序が確立していない。日本では、１００年前、２００年前から続く老舗は至るところにある。フランスのパリで４００年前創業されたカフェでお茶を飲んだことがある。今の中国では、１００年どころか20年ないし30年前に創業された店をほとんどみない。たとえば古くからの薬局の名店「同仁堂」は、看板こそ残っているが、とっくに国有企業になっており、そのサービスも昔の「同仁堂」と異なるものである。

北京ダックで有名な「全聚徳《ぜんしゅうとく》」も看板は昔のままだが、中身が異なる国有企業である。冬の季節に北京に行くと、「東来順」という老舗で羊肉のしゃぶしゃぶを食べるのが風物詩だった。しかし、今の「東来順」は国有の食堂のようなものになっている。これらの国有化された老舗は看板と名前が残っているが、それ以外の老舗のほとんどは姿を消した。

ひとつは、毛沢東時代、とくに文化大革命のとき、これらの老舗のオーナーファミリーが例外なく迫害を受け、相次いで廃業に追い込まれた。もうひとつは、「改革・開放」政策以降に創業された店は一時期成功を収めるが、たいていの店は一過性のブームで、すぐに下火になる。投資環境がよくないという問題もあろうが、経営者も細く長く経営を続けるよりも、手っ取り早く一攫千金を狙おうとする性向がある。せっかくブームとなってサービスと商品に人気が集まっても、すぐに類似のいわゆる〝コピービジネス〟店がいくつもできたり、偽物や品質を低下させたものを提供するなど、ごまかす行為に走る店が多い。そのなかで、地方政府の幹部とよい関係を継続できない企業は、脱税など言いがかりをつけられ、潰されてしまうケースも多い。

政府（地方政府）のスタンスにも問題がある。中国では、地方政府は自らの管轄内の企業について管理しようとする傾向が強い。そのなかで地方政府は接待などでこれらの店を利用する。そのとき、額面通りにお金を払わない。店としては、政府に無理に請求すると、決まってイジメに会うため、泣き寝入りする店がほとんどである。

店として一つの自衛手段は、経営者ができるだけ有名になろうとする。有名になれば、全国人民代表大会の代表（日本の国会議員に相当）になれる。全人代の代表は地方政府の幹部と同等に話をすることができる。しかし、みんなが全人代の代表になれるわけではない。したがって、中国では、ビジネスを展開するうえで、半分以上の力を共産党幹部との付き合いに費やすことになる。これでは、真っ当な経営はできない。

中国と中国市場の背景を探ると、複雑な要因が複雑に絡み合っている。地方政府と政府幹部個人の意思が強く働くが、その真意を読み取るのは決して簡単ではない。これは中国で「潜規則」（invisible rule）と呼ばれている。目に見えないある種の暗黙知に基づいて、中国人は行動を取る。たとえば、政府買付の入札に応募しようとすると、いくらか担当者に便宜を図らないといけない。「なにがいいか」と聞くわけにはいかない。共産党幹部は表向きはほぼ全員、聖人君子のように振る舞う。でも、彼らがほんとうに聖人君子と思いこむと、ビジネスに大きな失敗を喫することになる。聖人君子に見えるが、聖人君子でないというダブル・スタンダード状況のギャップを上手に埋めることが、中国でビジネスに成功を収める秘訣である。

それに常勝する経営者はそれほどいない。なぜならば、共産党幹部の欲望は一定ではないため、それに見合う便宜を図っていく場合、実際のビジネスでその便宜を上回る利益をあげなければならないからだ。結果的に、地場企業の多くは一攫千金を得ようとするのである。

共産党幹部をごまかすと、会社が潰される。消費者をごまかしても、会社は潰れる。結果は同じだが、メカニズムが異なる。これが中国市場の現実である。この悲しい現実をもたらしたのは、信用なき市場の存在である。

中国経済長期停滞の可能性

文革のときに毛沢東思想教育を受けた現在の指導者たちは、自由な市場経済を構築しようとする発想はない。習近平をはじめとする指導者たちは、「改革・開放」政策の受益者だが、彼らの脳裏には、文革時代に習ったユートピアが焼き付いている。だからこそ、今、中国国内において国有企業を管理する前提で、国有企業の規模を大きくしていこうとする。今の中国を概観して、計画経済に逆戻りする可能性は低いが、統制経済に回帰する可能性が高いといわざるを得ない。

権力者にとって、自由な市場経済はコントロール不可能なだけでなく、企業家は政府の指令に従わないきらいがある。これら独裁政治のピラミッドにとっては、ある種脅威となる。

たとえば日本では、経団連や経済同友会は政治に大きな影響を持つ組織である。同時に連合も政治にとって無視できない存在である。しかし、独裁政治においては、こうした経済団体や労働組合の存在を認めるわけにはいかない。

中国の実情を考察すれば、中国には企業連合会や「工会」（労働組合）などの組織はたしかに存在する。しかし、これらの団体や組織は純粋に民間のものではなく、共産党組織の一部分になっている。少なくともその人事権は共産党が握っている。

したがって、共産党にとり、経済発展は至上命題というよりも、権力を持続していくことこそ至上命題である。ある意味では、経済を発展させていくことは単なる手段なのである。

あらためて中国経済を展望すれば、統制された経済は持続的に発展していくとは思えない。習近平政権になってから、国有企業も民営企業も共産党に忠誠を誓うのを求められている。最近の調査によると、外国企業でも、共産党支部の設立が求められているといわれている。習近平政権は共産党政権の存続について危機感を強めているようである。現在の十代の中国人に毛沢東の写真をみせて、「この人が誰か、知っているか」と聞くと、８割以上の人は「このデブは誰？」と逆に質問されるという。ちなみに、文革のときに、毛沢東の写真をみて「このデブは誰？」といったら、死刑に処されなくても、間違いなく無期懲役に処されるにちがいない。

時代は大きく変化している。若者たちは共産党の統治に静かに抵抗している。それを危惧する文革世代の指導者たちは手に握る権力を失いたくないため、国民生活の命脈の経済を統制しようとしている。しかし、政府が経済統制を強めれば強めるほど、経済の活力は失われていく。これも一つのディレンマである。ここで、断言できるのは、経済統制をこのまま強めていけば、中国経済は徐々に停滞していく可能性が高いということである。

補論――中国の経済統計は信用できるのか

今でこそ中国の経済統計の信用が問題視されているが、その発端は、アメリカのピッツバーグ大学のトーマス・ロースキー教授が執筆した論文“What is happening to China's GDP statistics?”（２００１年）だった。同教授は、１９９８年から２００１年までの中国の実質ＧＤＰ、エネルギーの消費、都市部雇用者数伸び率と消費者物価指数を検証した結果、関連の統計の整合性が取れなかったのだ。

表5　ロースキー教授による中国マクロ経済統計の検証

年	1998	1999	2000	2001	1998－2001
公式統計の実質GDP	7.8	7.1	8.0	7.9	34.5
実際の可能性	－2.0－2.0	－2.5－2.0	2.0－3.0	3.0－4.0	0.4－11.4
エネルギー消費	－6.4	－7.8	1.1	1.1	－5.5
都市部雇用の増加	2.3	1.6	1.2	1.2	0.8
消費者物価指数	－0.8	－1.4	0.4	－0.5	－2.3

資料:T. G. Rawski (2001) What is happening to China's GDP statistics? *China Economic Review*, Vol.12, No.4.

一般的に、エネルギーの消費は経済成長とともに増え、雇用者数も同じ動きを示し、消費者物価もそれに連動して上昇する。しかし、同じ期間において中国の関連の公式統計は真逆の動きとなっている。この検証の結果は中国の公式統計が人為的に改竄されているのではないかと示唆している。

この仮説を傍証する一例は、李克強首相が首相に就任する前に、中国のマクロ経済統計が信用できないことを明言し、自ら「李克強指数」を編成したことである。ただし、李首相は首相に就任してから一度もマクロ経済統計の信憑性について言及したことがない。おそらく立場上、それを言及できないだからだろう。

最近、国家統計局長は記者会見において記者に経済統計の信憑性について質問されたとき、「現在の経済統計は十分に信用するに値する」と強調した。しかし、投資家の多くは現在の経済統計を鵜呑みにしていないようだ。２０１５年、中国政府が掲げる経済成長目標は７％だったが、第１四半期の経済成長率は７％であり、第2四半期も7％だった。経済成長率がこんなにぴたりと一致する偶然など、果たしてあり得るのだろうか。統計の分野では、こんな偶然はめったにない。世界の中国ウォッチャーから中国のマクロ経済統計が信用できないと指摘されるなか、中国国家統計局のスポークスマンは中国の経済統計が十分に信用できると豪語する。

問題は、中国のマクロ経済統計が信用できないと指摘する研究者および評論家たちが、その証拠を示すことができないことだ。なぜならば、誰も中国のオリジナルデータを検証できないからである。多くの専門家は中国のマクロ経済統計が信用できない証拠として李克強指数を挙げている。上述のように、既存のGDP統計が信用できないとして、自ら鉄道貨物輸送量、電力消費量と銀行貸出から成る指数を作成し、それをもって中国経済のトレンドを捉えようとした、あの指標である。

しかし、李克強指数は実質GDPとの比較ができない。なぜならば、実質GDPはGDPデフレータで実質化されているが、李克強指数は名目値だからである。さらに、李克強指数の構成の合理性が説明されていない。たとえば、鉄道貨物輸送の大半は石炭であり、消費財の輸送が含まれていない。また、銀行貸出は政府の影響を強く受けるため、客観的なデータとはいえない。李克強指数は中国経済のトレンドを捉えるための参考にはなるが、GDPに取って代わるものではない。以下では、中国の経済統計が整備されてきた歴史的変遷を振り返りながら、それに含まれるさまざまな問題を明らかにする。そのうえ、中国の実際の経済力の規模を模索してみる。

経済統計の取り方

一部の評論家は、中国は一党独裁の政治体制だからそのマクロ経済統計が信用できないと指摘している。この指摘には論理整合性がまったくないが、マスコミ的に受けるのは事実である。ここでは、歴史的に中国の経済統計システムの変遷と現在の経済統計の問題点を明らかにしていく。

もともと計画経済の時代、中国の経済統計は旧ソ連のシステムを学んで作ったものである。「国民所得勘定」と呼ばれるこの統計システム（ＭＰＳ）では、国内総生産（ＧＤＰ）の考えはなく、すべての経済活動によって作り上げられた付加価値の合計は国民所得として定義されている。その統計の集計は各経済ユニットが統計申告書に記入し、それを統計局が集計してマクロ経済統計が作成される。

国民所得勘定の経済統計の集計は、中央集権型の計画経済に適するもので、国有企業や人民公社はその経済活動を定期的に報告する。同時に、問題もある。すべての経済ユニットが正しく経済活動を申告するとは限らないことだ。人間の心理として、朗報は喜んで報告するが、経済運営がうまくいかない場合、それを正直に報告したがらない。

毛沢東時代、大躍進の運動が展開された。第6章のＢＯＸで詳しく述べるが、それは短期間にイギリスやアメリカに追いつけ追い越せ、の運動だった。毛沢東の号令に迎合するために、国有企業と人民公社は鉄鋼と食糧の生産量は実際の生産高よりも数十倍も多く報告した。その報告を受けた毛沢東は、心より喜んだ。農業では、全国民が食べきれないほどの食糧を生産していると思われたからである。そして、鉄鋼生産量もたちまちイギリスとアメリカに追いつくとみられていた。真実は真逆だった。大躍進運動の失敗により農業が不作に見舞われ、1959—62年の3年間、推定3000万人が餓死したといわれている。

旧ソ連の統計は1985年まで使われた。それ以降、経済の自由化の進展に伴い、中国では非国有経済が現れた。国有企業ならば、政府から統計申告書の記入を求められれば、それに応える義務がある。しかし民営企業や外資系企業の場合、政府に協力して会社情報を忠実に開示する義務はない。多くの企業にとって経営実績は企業秘密であり、政府にその正確な実態を報告したくないのだ。

1985年以降、中国政府は経済統計の取り方の改革と統計システムの再構築に乗り出した。国民所得の計算こそ継続されたが、統計の集め方は中央から地方まで設立された統計局によって集計が行われるようになった。ただし、中国経済の開放が進むにつれ、国際機関と先進国との経済交流が盛んになるが、中国の経済統計と先進国および国際機関の経済統計との比較はまだ不可能だった。中国は世界銀行およびIMFのメンバーである以上、経済統計の近代化が必要不可欠である。

1993年、冷戦が終結した直後、中国はとうとう重い腰を上げて、経済統計の抜本的な改革に乗り出した。具体的に、世界銀行の資金援助を受け入れ、改革を行った。まず、旧ソ連の統計システムが全面的に廃止された。その代わりに、国民経済勘定体系（SNA）の統計が取り入れられた。そして、各経済ユニットによる統計申告書の記入に代わり、サンプリング調査が取り入れられた。このときから中国では、国内総生産（GDP）の概念が広く使われるようになった。

GDPを算出するために、各々の産業部門を分類し、産業連関表を編成しなければならない。1990年代の中国の産業は8種類に分類され、きわめて粗いものだった。地方政府レベルで設立された統計局がこれらの産業の統計を集計するが、その客観性、すなわちサンプルの企業と個人から集めた統計の信憑性が担保されていないのだ。

ただし、これらの生の統計数字がいったんコンピューターに入力されれば、中央レベルの国家統計局がそれを改竄することはきわめて難しい。それぞれの統計が強い関連性をもって定義されているため、一つの統計をいじれば、コンピューター上、不整合やエラーが出てくる。

ここではオリジナルデータを検証することができないため、これ以上、議論を進めても意味はない。重要なのは、ＧＤＰを算出する段階でどのような技術的な操作がなされ得るかである。

マクロ経済統計の操作

では、もしマクロ経済統計が操作されているとすれば、どのように行われているのだろうか。要するに、現行の経済統計のどこが問題なのかを明らかにしなければならない。

通常、各々の産業部門から集計された統計をもとに名目ＧＤＰが計算される。名目ＧＤＰとは物価の変動が考慮されていないＧＤＰの規模と伸び率である。それを他の年度のＧＤＰと比較するためには、ＧＤＰデフレータまたは消費者物価指数で割り引いて実質化する操作が必要である。たとえば、名目ＧＤＰが９％伸びたとし、消費者物価指数は２％上昇したとすれば、名目ＧＤＰの伸び率の２ポイントは物価上昇分であり、それを取り除かなければならない。したがって、この場合の実質ＧＤＰは９％－２％＝７％になる。

統計局にとって最も操作しやすい統計は、消費者物価指数である。すなわち、消費者物価指数を実際の数字より低く抑制すれば、実質ＧＤＰが高くなる。たとえば、実際の消費者物価指数は３％だが、それを2％にするだけで、ＧＤＰは1ポイント高くなる。では、具体的にどのように操作が行われているのだろうか。

中国の消費者物価指数は消費者の実感よりも低いと昔からいわれている。消費者物価を計算する方法として食品、通信費、交通費と住居費などいくつかの消費財とサービスに分類し、その価格の上昇率が計算される。消費者物価指数を算出する段階で、各々の消費財とサービスのウエートを決めなければならないが、そのウエート付けこそ恣意的になりがちである。図３に示したのは、２０１１年に国家統計局が行った消費者物価指数の構成ウエートの調整である。調整前に比べれば、調整後の食品支出のウエートが明らかに抑えられている。

中国の場合、食品価格と住居費は最も上昇率が高いが、それが低く抑えられているため、消費者物価指数が低くなる傾向が強い。たとえば、食品のウエートは31・８％と決められているが、その根拠は明らかにされていない。中国のエンゲル係数（家計の所得に占める食品支出の割合）は38％とされている。実は、エンゲル係数は実態からかなり乖離しており、都市と農村の平均的な家計のエンゲル係数は40％を上回っているとみられている。

また、近年、不動産バブルが大きく膨張している。住居費の支出も拡大している。しかし、消費者物価指数に占める住居費支出は17・２％と低く見積もられている。したがって、消費者物価指数は統計局が公表しているものよりも高いはずである。

結論的に整理すれば、各々の産業から集められている生データについて客観性が担保されていな

図3　中国国家統計局によるＣＰＩ構成ウエートの調整（2011年）

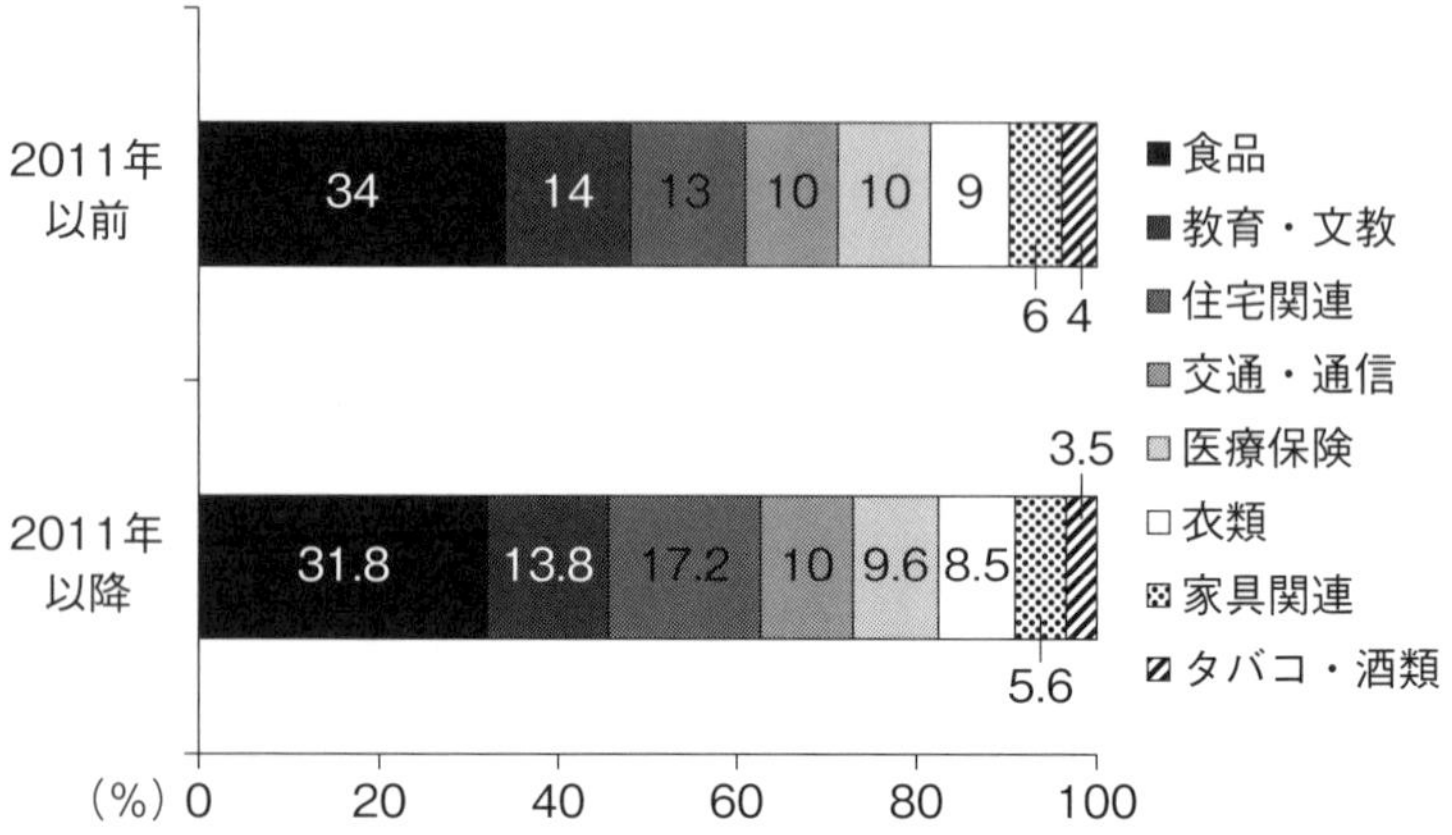

資料：中国国家統計局

い問題があると同時に、名目ＧＤＰを実質化する段階で消費者物価指数が低く抑えられているため、実質ＧＤＰ伸び率が高くなっている。図４に示したのは中国の実質ＧＤＰ伸び率、名目ＧＤＰ伸び率とＣＰＩの推移である。２０００年以降、ＣＰＩが低く抑えられていることが、この図から確認できる。

ＧＤＰが過小評価される可能性

上の議論と矛盾するようだが、中国のマクロ経済統計が実態を水増しするおそれがある一方、現在のＧＤＰ統計が示している経済規模は実際の経済力を過小評価している可能性が高い。なぜならば、現行の経済統計に反映されていない経済活動がたくさんあるからである。

ＯＥＣＤの研究では、正規の経済統計で捕捉されていない経済活動は「未観測経済」（Non-observed economy）と定義されている。それに

図４　中国の名目ＧＤＰ伸び率、実質ＧＤＰ伸び率と消費者物価指数の推移

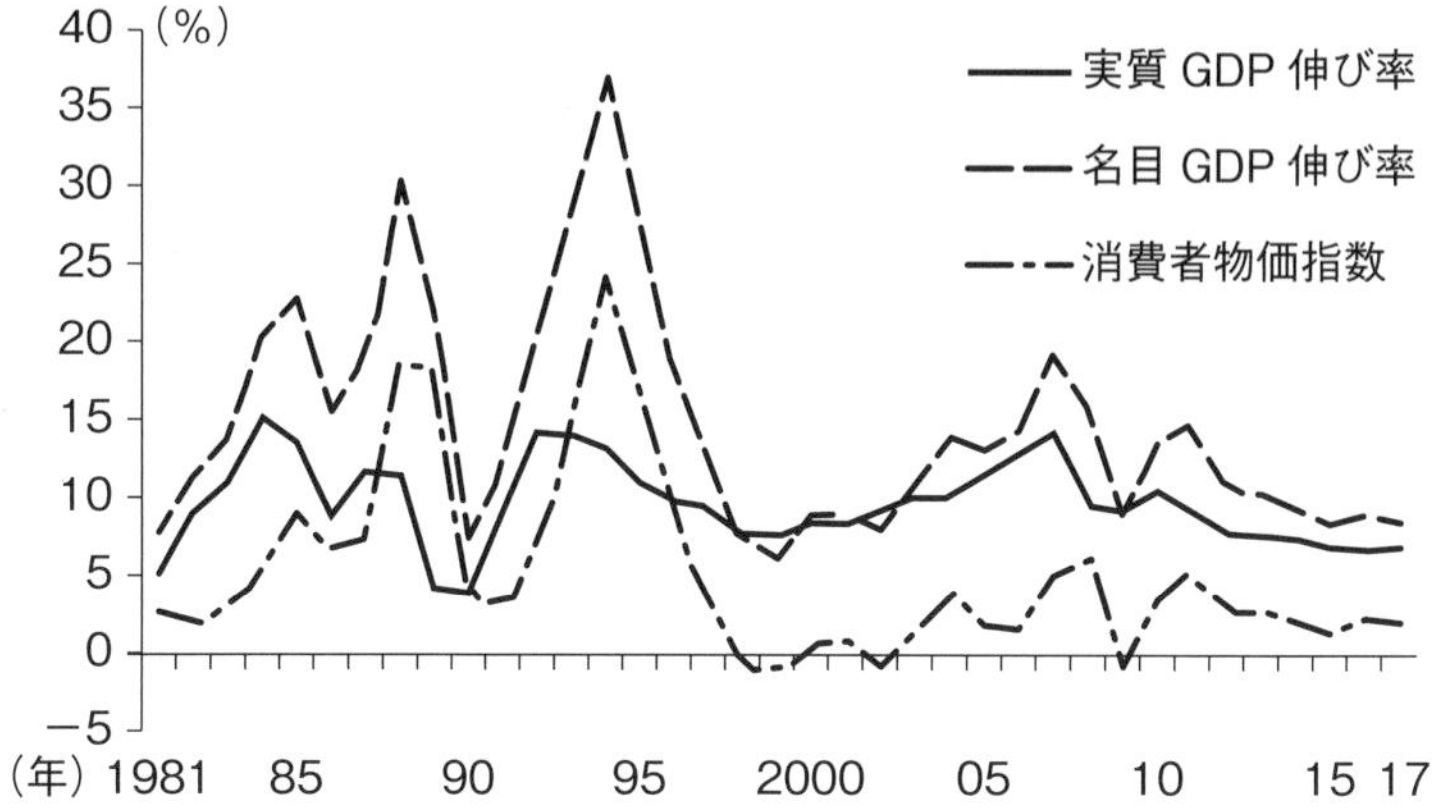

注：2000 年以降、消費者物価指数の値は低く抑えられている。
資料：中国国家統計局

よれば、イタリアの未観測経済のＧＤＰ比は15％であり、ロシアの場合、同比率は25％にのぼるといわれている。中国はＯＥＣＤのメンバーではないが、その未観測経済のウエートがロシアを下回ることは考えにくい。保守的に見積もっても、中国の未観測経済のウエートは最低でも20％あると思われる。そこで、ＧＤＰ伸び率が過大評価されている分と相殺しても、実際のＧＤＰ規模は統計より大きいはずである。

一般的に未観測経済というと、マフィアやマネーロンダリングといった地下経済のことを思い浮かべるだろうが、中国の未観測経済は必ずしも「黒社会」の経済ではない。たとえば弁護士、家庭教師、ピアノなどの習い事の先生、および工事現場の日雇い労働者の給料などはほとんど相対の支払いであるため、統計局はもとより税務署も捕捉できておらず、未観測経済に属する。

中国人の実質購買力はどんなに調べても謎のま

図5　中国の「灰色収入」の所得層構成（2011年）

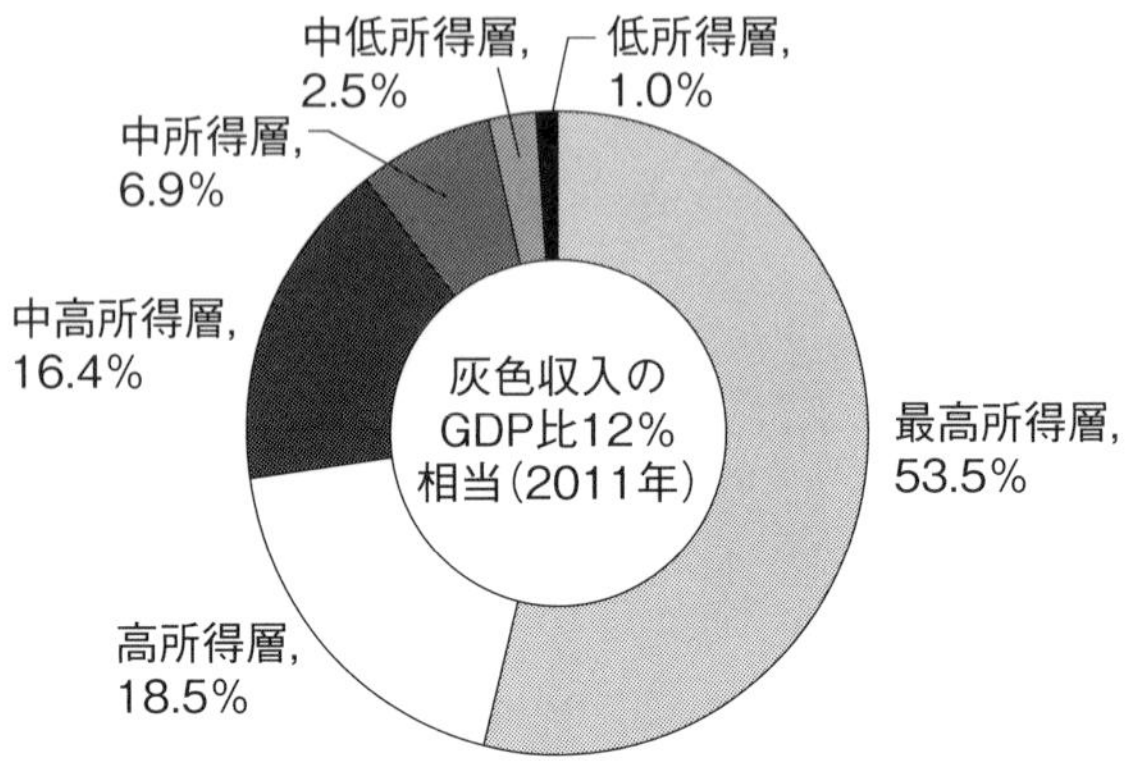

資料：中国国民経済研究所

までである。共産党幹部の腐敗問題は深刻な問題だが、絶対的な人数は限られている。実は、中国人の実質購買力を高めたのは収賄や横領だけではなく、それに最も寄与しているのはまさに「灰色収入」である。本来ならば、給与や株式投資のキャピタルゲインは合法的な所得で白色収入と呼ばれ、ドラッグやマネーロンダリングなど違法な所得は黒色収入になる。それ以外が「灰色収入」となるが、それはどのようなものなのだろうか。

これに関する明確な定義はないが、中国国内の多くの研究者の記述を総合すれば、ビジネス仲介手数料、講演料、イベントの司会謝礼、本の印税など本来は白色収入のはずだが、きちんと納税（申告）していないため、灰色収入と呼ばれているといわれる。中国では、複数の収入源がある者に対して総合課税していないため、個人の自主納税に委ねられているのである。一般的に中国人の納税意識が低いことは前にも述べたが、確定申告しない個人が圧倒的に多い。

北京市政府の管轄下にある中国国民経済研究所の推計によれば、全国の灰色収入はGDPの12%にのぼるといわれている（2011年）。2014年の中国の名目GDPは約10兆ドルだった（推計値）。これをもとに計算すれば、最低1兆ドル以上の灰色収入があると思われ、120兆円以上の規模になる。

ここで具体的に灰色収入を分類して考察しよう。

まず、会社勤めのいわゆるサラリーマンや政府機関の公務員は、給与以外にさまざまな手当が支給され、勤務先の福利厚生の一環として食品や日用品などが実物支給されることも多い。これらの給与所得以外の手当や実物支給は給与でないため、きちんと納税されていない。最も極端な例を挙げれば、中国の国家主席の月給は約1万元（約16万円）といわれている（人民日報）。だが、これには家賃や生活費などがいっさい含まれていない。中国では、現役世代の名目給与所得と実質所得が大きく乖離している。

次に、国有企業の技術者は、民営企業の技術顧問を兼務する場合、その手当が支給される。有名な大学の教授は二流三流の大学の客員教授を兼務する場合、謝礼が支給される。何よりも、政府の幹部などはその豊富な人脈をもとに民営企業の社外取締役を兼務することが多く、その場合、多額の報酬を手に入れる。こうした所得は「勤務先外所得」と分類され、本給と総合課税されないことが多い。

最後に、その正統性を説明できない所得だが、限りなく黒色所得に近いものが存在する。たとえば、政府幹部は不動産開発業者に便宜を供与して、その見返りにその不動産業者から時価5000万円の物件を2000万円で購入する（これはほとんど贈収賄の範疇だろうが）。しばらくしてその物件を5000万円で手放して3000万円の儲けを手に入れる。この種の不正行為の手口は日々巧妙になっている。

中国国民経済研究所の調べによれば、高所得層ほどより多くの灰色収入を得ているといわれている（図5参照）。中国の高所得層といえば、許認可権を握る共産党幹部、国有企業の経営資源を支配する経営者と幹部、民営企業のオーナーと幹部などである。しかし、歴史学者によれば、中国では、灰色収入は今に始まったものではない。既存の記録をみるかぎり、明王朝と清王朝の時代も灰色収入はすでに横行していたといわれている。言い換えれば、灰色収入は中国の文化といえるかもしれない。

しかし、灰色収入の横行は政権が滅びる原因である。すなわち、灰色収入がある臨界点を超えると、格差が拡大し、社会は極端に不安定化する。今の中国社会はまさに危険な状態にあるといっても過言ではない。

BOX　大学教員がもらう灰色収入の事例

灰色収入は何も共産党幹部に限ることではない。ここでは、大学教員の事例を挙げて説明しよう。たとえば、中国の大学は日本の大学と同じように定員制になっている。一学年にどれぐらいの学生を採用できるかについて教育部（省）が定めた定員枠に則って行わなければならない。そこで入試で合格ラインに達した学生については問題なく進学できるが、当然、合格ラインまでほんの少し（5点、10点）足りない学生もたくさんいる。問題なのは、これらの学生が定員の枠外で採用されることが多いことだ。合格ラインまで足りない点数に応じて、たとえば1点につき2万元（約38万円）という相場で、仮に10点足りなければ、３８０万円を払えば無事に入学できる。

これらの枠外で採用された学生について、学費およびその他の雑費はすべて大学のオフバランスの収入となる。それはとりも直さず、これらの学生の教育に携わる教員および職員の副収入につながる。教員と職員からすれば、自らの労働の代価の一部であり、黒の収入ではない。かといって正々堂々の合法なものでもない。結果的にグレーの所得になる。

もう一つ大学の事例を挙げることにしよう。中国の大学では、近年、ＥＭＢＡのコースを開設し、日本でいう社会人大学院生を募集するところが増えている。ただし、日本の社会人大学院とちがって、中国のＥＭＢＡのほとんどの学生は民営企業の経営者である。これらの経営者はＭＢＡの学位がほしいが、真面目に勉強したくない。そこで大学はこれらの経営者を募集して、世界中を豪遊する。ところどころで形式的に授業するが、ほとんど真面目な勉強はしない。世界中を豪遊するため「授業料」は信じられないほど高い。なかには、2年間のコースで数十万ドルのコースもある。豪遊が終われば、大学から学位記が交付される。問題はこのようなコースの授業料はいっさい大学の正規の会計帳簿に反映されず、オフバランスになることだ。こうしてみれば、中国の実体経済の未観測の部分の大きさについて、少しは窺い知ることができただろう。

結論を総括すれば、現行のマクロ経済統計はたしかに水増しされている可能性が高いが、実態は明らかではない。一つの可能性は地方レベルで集計される生データの客観性が欠如しているということである。もう一つは、名目ＧＤＰを実質化する段階で消費者物価指数（ＣＰＩ）が人為的に低く抑えられている可能性である。その結果、実質ＧＤＰが過大評価されている。とはいえ、中国経済の実力を示すＧＤＰ規模は未観測経済の大きさから過小評価されている可能性が高い。繰り返しになるが、ＧＤＰ伸び率が誇張されている可能性が高い。半面、実際のＧＤＰ規模が正しく集計されていない。中国経済の内実をきちんと把握するのは決して簡単な作業ではない。

統計法の制定とマクロ経済統計の改善

市場経済において、マクロ経済統計は政策担当者にとって一番頼りになるものである。正確なマクロ経済統計は正しい経済政策を実施する担保となる。したがって、マクロ経済統計を算定する段階において最も重要なのは、統計を集計するときの独立性である。中国政府は中国が法治国家であると認められることを標榜し、少なくとも統計の分野について法整備は早い段階から進められている。１９８３年12月に最初の統計法が全国人民大会で採決された。その後、１９９６年、そして２００９年の二回ほど改正され、２０１０年、最新の統計法が施行された。

統計法が制定される段階において繰り返し強調されているのは、統計局が統計を算定する際の独立性と統計を改竄する場合の責任追及に関する法的根拠の提供である。要するに、いかなる政府部門も統計局の統計算定に干渉してはならない。同時に、統計局およびその関係者は統計を改竄《ざん》してはならないうえ、そうした場合、法的責任が問われると統計法で確認された。

おそらく社会主義国の問題は法が制定されていないのではなく、法がその通りに施行されていないことにある。中国の統計法はかぎりなく立派な法律だが、その通りに施行されていないから、現在の統計に多くの問題が存在する。ここで、日ごろの研究を踏まえ、中国のマクロ経済統計の問題を整理して指摘しておきたい。

中国政府が最も恐れているのは雇用の急増とそれによる社会不安の増幅である。中国の失業統計は農村部に関する統計が集計されておらず、都市部の失業率は「登録失業率」と定義されている。すなわち、役所で失業登録を済ませた人だけが失業者としてカウントされる。この規定により、多くの失業者は失業率に算入されていない。むろん、いったん失業者として登録されれば、仮に日雇いの仕事が見つかっても、役所で登録を抹消しないかぎりずっと失業者とカウントされる場合もある。したがって、失業率の統計は極端に恣意的なものである。長年、中国の失業率は一貫して4・1〜4・2%前後で推移してきた。習近平政権になってから、李克強首相の主導で「登録失業率」を「調査失業率」に集計方法を改めた。それによって、失業率は1ポイントほど上昇し、5%ぐらいになった。しかし、実際の失業率は決して5%程度ではない。

たとえば、高校や大学を卒業した学生が、すぐに仕事を見つけられず、就職できない場合、失業率に算入されないことが多い。失業率が正しく集計されていないため、政府の経済政策も的外れになりがちである。普通ならば、失業率が高止まりすれば、経済政策の重点は雇用対策に軸足を置くべきである。そのために、最も雇用機会を創出する産業、たとえばサービス業の発展を促進する経済政策と産業政策を実施すべきである。しかし、中国はどんなに雇用が悪化しても、失業率が低く見せられているため、政策当局は雇用創出の寄与度が低い製造業の設備投資を促す。世界二番目の経済規模を誇る中国経済だが、ようやくサービス業のGDP比は製造業を少し上回る程度である。しかも、民間消費は依然として40％を下回ったままである。

もう一つ経済の実態を反映していない経済統計は消費者物価である。従来から中国の政策当局は経済政策を「野菜を入れるバスケット（籠）プロジェクト」と喩えている。要するに、経済政策の目的は物価、とりわけ、食品価格の安定にあるということである。

しかし、農業改革と食料流通システムの改革が遅れたため、食品価格は政府の意図通りに安定しない。そこで、前述の通り、統計局は消費者物価指数を算定する際、食品価格のウエートを引き下げ、食品価格の変動による消費者物価指数への影響を小さくみせることにした。一般的に物価が上昇する局面において、政策当局は金融引締政策を実施する必要があるが、金融引締政策を実施すると、国有企業は経営難に陥る。

専門家の多くは昔から中国の経済政策と景気循環を「放—乱—収—死」と揶揄している。すなわち、金融緩和政策を実施すれば、景気はたちまち過熱する。逆に景気を引き締めれば、景気は大きく落ち込んでしまう。実は、このような激しい景気変動をもたらしているのはマクロ経済統計が経済の実態を反映していないことと関係する。正確な統計が集計されれば、経済政策当局は急ブレーキまたは急発進する必要はなく、景気は滑らかに推移するものと思われる。

最後にもう一つ大きな問題は、中国のポリシーメイキング（政策決定）において、統計局は過度に経済成長率の押し上げに気を取られがちとなってしまうことだ。よく指摘されるのだが、中国の地方政府は、経済成長率の達成が、自らの業績を示すものとして少しでも高い経済成長を実現したとみせかけようとするといわれている。温家宝首相の時代、経済成長率は幹部を考課する唯一の指標ではないとして、地方の幹部に対してバランスの取れた成長が求められた。しかし、こうしたリクエストは無理な注文だったのかもしれない。なぜならば、歴代首相は毎年行う政府活動の報告のなかでいつも経済成長率が目標通りに達成できたと豪語する。統計局にとり経済成長率はいわば呪縛のようなものである。もしも政府の目標を下回る成長率統計を公表してしまうと、その責任が問われかねない。

とはいえ、マクロ経済統計はもはやイデオロギーではなく、サイエンス（科学）である。マクロ経済統計を部分的に、あるいは結果（ＧＤＰ）だけ過大評価して発表すれば、必ずその欠陥が露呈してしまう。おそらく政府部門のなかで統計局ほどストレスの貯まる部門はないのかもしれない。統計局は自らのために統計を水増しするのではなく、そうせざるを得ない事情がある。また、統計を正しく集計しようと思っても、地方政府は恣意的に干渉してくる。統計法では、統計局の独立性が担保されると唱えているが、かえって、統計局の独立性が担保されていない証左にみえる。

中国政府は今の経済成長を「新常態」と定義している。すなわち、かつてのような高成長を目指す必要はなく、７％程度の成長で十分であるという姿勢が示されている。実は、新常態だから経済統計を水増ししなくていいということにはならない。なぜならば、実体経済はそれ以上落ち込んでいるからである。ここで統計の正確性を担保するには、まずマクロ経済統計の集計と編成は政府の政策目標と切り離さなければならない。この基本認識が政府部内で共有されない限り、マクロ経済の信憑性は確立されないものと思われる。

第6章　国有企業——社会主義計画経済の亡霊

1990年代のはじめ、旧ソ連が崩壊したのをきっかけに、社会主義体制は完全に失敗し、多くの社会主義国は革命のなかで民主主義の市場経済へと体制転換した。ほとんどの社会主義国で国有企業の経営が存続できなくなり、体制そのものが崩れてしまった。

そのなかで中国は、いまだに社会主義体制を堅持するとしている。むろん、今の中国の体制が社会主義といえるかどうかについては議論があろうが、少なくとも国有企業が存続しているのはたしかである。国有企業は社会主義社会の縮図のようなものである。しかも、国有企業と呼ばれることからもわかるように、政府共産党は恣意的にそれに介入できる。かつて計画経済の時代において、政府は経済計画を策定し、国有企業にその計画を実行するよう強要していた。今日では計画経済ではなく、社会主義市場経済に変わったので、経済計画は作成されなくなった。政府共産党が国有企業に介入する手段として、人事権の行使が主要な手段となった。

中国政府共産党は国有企業の問題を熟知している。「改革・開放」初期、あの手この手で試行錯誤しながら国有企業改革を試みた。しかし、さまざまな手法で改革を試みたが、民営化は改革のメニューになかった。共産党幹部の脳裏には、国有企業を民営化すれば、中国は社会主義でなくなる、すなわち国有企業は社会主義中国の象徴であると認識されているのだ。

習近平政権になってから、習近平国家主席は国有企業をより大きく、より強くしていくと号令した。既存の国有企業を吸収・合併すれば、規模的には大きくなる。たとえば、すべての国有航空会社を合併すれば、おそらく資産規模でいえば、世界最大級の航空会社が誕生することになる。しかし、国有企業を強くすることはそれほど簡単ではない。収益性をあげるには、強い競争力が求められる。まず技術力が強くない。そして、ブランド力も弱い。おそらくただ一つ強いのは、政府によって保護されている国有企業は規模の拡大によって市場を独占し、独占利益を得ていることだろう。しかし、それは国有企業の強さというよりも、政府の強さによるものである。仮に、国有企業は自分で収益性をあげ、競争力を強化することができれば、社会主義国と社会主義体制は失敗せずに済んだはずだった。率直にいえば、国有企業は社会主義国の亡霊であり、中国も例外ではない。

1 「企業」と「公司」

毛沢東時代の中国において「公司」（会社）は存在せず、すべては企業だった。その所有形態によっては、国営企業と集団所有制企業に分類されていた。大型国営企業は中央政府が定める経済計画に基づいて生産と販売を行っていた。中小国営企業と集団所有制企業は地方政府（省政府と市政府）の経済計画に基づいて生産と販売を行っていた。いずれの形態も企業自身は経営の自主権を有しなかった。

「改革・開放」以降、最大の変化の一つは企業が「公司」になったことである。では、企業と「公司」はどのように異なるのだろうか。

中国では、一般的に企業と「公司」を区別して使う人は意外に多くない。あえて問いただすと、企業の規模は「公司よりも大きいと指摘する者がいる。また、企業には「公司」が含まれているとの指摘もある。いずれも曖昧な指摘といわざるを得ない。

中国の経済用語辞典によれば、企業とは、営利を目的に、土地や労働および資本などの生産要素を使って、市場に商品やサービスを供給し、自主的に経営する社会経済組織であると定義されている。一方、「公司」とは、法に依拠して、独立した法人財産を有し、営利目的の企業法人であると定義されている。「公司法」（会社法）によれば、「公司」には「有限責任公司」と「株式有限公司」の二種類があり、そのいずれも法人であり、株主は有限責任の保護を受けることができるといわれている。

この二つの用語の定義をみるかぎり、企業は法人格を有するものもあれば、法人格を有しないものもあるということになる。「公司」は基本的に法人格を有するものである。両者は規模に関するちがいなどはとくにないようだ。営利目的ということについては、両者はとりたてて異なる点はない。

もう一つ指摘しておきたい点は、「公司」は株主の有限責任を保護するため、企業に比べ、オーナーシップはより明確になっているといえる。「公司」を司るには、「公司法」がある。企業管理には「企業法」がない。

ここで特筆したいのは、企業の定義には「自主経営権」が含まれている点である。したがって、現在の中国でいわれている企業は毛沢東時代の中国企業と本質的に異なるものだということである。というのは、毛沢東時代の国営企業は自主経営権など一切有しない存在であり、生産と販売のすべては政府が定める経済計画に則って実施されていた。だからこそ「改革・開放」初期の国営企業改革は、企業の自主経営権を拡大しようとするものだった。むろん、政府行政部門はそうした改革を妨げようとした。

自主経営権のない国営企業は明らかに計画経済の失敗をもたらした元凶の一つである。しかし、計画経済の亡霊は簡単には取り除かれない。今までの10年間を振り返れば、国有企業は息を吹き返したようにみえる。

2 国営企業から国有企業への歩み

「公私合営」による資本家に対する略奪

社会主義革命はすべての私有財産を公有化することに代表されるものである。マルクスは当時の資本主義社会の企業は資本家による労働者に対する搾取に加担していると指摘した。この指摘こそ、のちの社会主義革命の金科玉条となった。人権や人道主義をすべて無視して階級闘争の大義名分のもと、資本家階級（ブルジョア）と地主がすべて打倒される羽目となった。

毛沢東が共産党政権を樹立した直後、まずは反革命分子に対する粛清を行った。その対象はいうまでもなく、社会主義革命に抵抗する反革命分子だが、一つは台湾に追いやられた蒋介石の国民党政権が大陸に残した特務の摘発である。もう一つは社会主義革命に抵抗する資本家と地主などの有産階級の打倒である。この粛清キャンペーンのなかで同時に行われたのは、私営企業を「公私合営」企業にすることだった。

１９５４年、政府共産党は「公私合営暫定条例」を公布した。56年になって、全国レベルで私有企業の「公私合営」が進められた。具体的に、資本家所有の企業は「公私合営」となり、資本家の経営権が剥奪された。それに企業の収益は、政府への納税、企業の内部留保、従業員の福利厚生と資本家の収益とに四分割された。資本家の収益は全体の四分の一程度になったといわれている。

１９６６年になって、政府共産党は株主として資本家への配当支給を停止し、「公私合営企業」は実質的に国営企業となったのである。これは「社会主義改造」と呼ばれるキャンペーンの終わりだった。それ以降、国営企業の経営は完全に政府が策定した経済計画に組み入れられた。

66年から文化大革命が始まり、資本家およびその家族も打倒される羽目になった。その個人財産は紅衛兵によって略奪された。当時の社会では、政府によって「公私合営」にされた企業の資産評価がきちんと行われず、資本家たちがそれに抵抗するすべはほとんどなかった。逆に、多くの資本家は自らが所有する企業を「公私合営」にされる前に、政府に寄付して表彰された。

問題は国営企業になったこれらの企業は資本家が経営権を失い、共産党幹部は実質的に管理者となったことである。これらの共産党幹部は企業経営についてまったくの素人であり、国営企業を政府部門とみなし、政府が策定する経済計画に則って生産と販売を行った。同時に、国営企業の幹部と労働者の人事管理も政府行政部門の等級を参照にした。要するに、国営企業は自主経営権をまったく失い、政府の生産部門となったのである。

国営企業の給料（人件費）も経営業績と関係なく、行政部門の人件費と同じように従業員の勤続年数に応じて決められていた。

毎年の年初、国営企業はそれを所管する政府部門に生産計画を報告し、認められれば、そのまま生産に取り組む。その製品を販売するのは当該国営企業ではなく、それを所管する政府部門が定めることになる。製品を販売した代金は当該企業の売り上げというよりも、政府の財政収入（歳入）に組み入れられた。当時の言葉では、「統収統支」（統一して収入を管理し、統一して支出する）ということになる。

国営企業管理体制は全国を一つの巨大な機械のように統括管理する体制だった。世界銀行のチーフエコノミストだったジョセフ・スティグリッツは、中央政府が市場の情報を完全に把握することができないため、旧ソ連と中国などの国営企業管理体制が失敗に終わったと述べている。情報の非対称性は国営企業経営が失敗する一因であるが、それよりも、国営企業の経営者は素人で、従業員には一生懸命働くインセンティブが働かないなど、さまざまな問題が潜んでいたのだ。

こうした問題を解決しようとしない当時の社会主義体制の硬直性に根本的な原因がある。なによりも、社会主義体制は独裁に向かいがちであり、独裁者の鶴の一声で国は間違った方向へ行ってしまうという致命的な欠陥があった。スターリンも毛沢東も史上最悪な独裁者であり、暴君だった。彼らは経済をどのようにすればよくすることができるかについてわかっていないというよりも、そうした謙虚な気持ちはいっさい持っていなかった。彼らの最大の関心事といえば、自らの権力基盤を固めることだった。こうした状況下で、社会主義経済はどのようにすればよくなるというのだろうか。

国営企業と歪んだ産業構造

産業構造はその国の資源賦存の比較優位に因んで形成される合理的なものである。たとえば、鉄鉱石の埋蔵量が少ない国は、鉄鋼産業を発展させようと思っても無理なことである。

むろん、産業構造の形成は、その時代的な背景によるところも大きい。１９５０年代から70年代にかけて、当時、鉄鋼などの重厚長大産業は国力を表すシンボルだった。世界主要各国は鉄鉱石の埋蔵量を無視して製鉄量を増やそうとした。中国も例外ではなかった。

機械やエレクトロニクスなど技術集約型産業を発展させるには、高度な技術が必要である。それに対して、鉄鉱石さえあれば鉄をつくることができると、単純に誤解されがちである。毛沢東時代の中国経済は一貫して鉄の生産量を増やし、英米に追いつき追い越すことを経済建設の目標にしていた。その結果、産業構造が歪み、軽工業が弱小化し、日用品は供給不足になった。当時、自転車や扇風機、ラジオなどの耐久消費財も配給制がとられていた。

少しでも経済学の知識があれば、消費が伸びなければマクロ経済は持続的に発展しないということがわかるはずである。残念ながら、当時の独裁者は自らの面子を重んじて、ひたすら製鉄量を増やそうとした。その急先鋒となったのはいうまでもなく国営企業だった。民営企業であれば、採算の合わない生産を行うのを拒むから、独裁者の無謀な計画が実行に移されることはない。しかし、国営企業は政府の計画を忠実に実行しなければならない。結果的に、毛沢東時代の製鉄量は計画されたほど増えなかったうえ、鉄鋼製品の質も粗悪なものばかりだった。

ここで、一つの疑問は、社会主義中国の指導者が、なぜ現実を直視しようとしなかったのだろうかということだ。高度な経済学の知識がなくても、常識で考えれば、政府の計画が無謀なものであることは明々白々だった。指導者が現実を知らないにしても、現場の責任者たちは実態を知っているはずである。当時、熱狂的な社会主義建設者たちはどのような心理状態で毛沢東に追随したのだろうか。

この点について中国ではいまだに、歴史家からも経済学者からも納得のいく論評がなされていない。当時、8億人の中国人は何かによってマインドコントロールされた状況だった。現実的な生活は日増しに困窮したにもかかわらず、無謀な社会主義国家建設に熱狂的に参加したのだった。

1963年に中国・江蘇省南京市で生まれた筆者は、記憶を辿るかぎり、次の諸点を指摘することができる。

一つは、毛沢東時代の中国では、国民に「考える自由」をいっさい与えなかった。人間は考える力を身につけるには、必要な情報を手に入れ、考える習慣を持たなければならない。しかし、毛沢東時代の中国では、中国人が外国の新聞などを目にすることはまったくできなかった。テレビのなかった時代だったので、ラジオが唯一の情報源だった。職場や学校で外国のラジオ放送は「敵台」(敵のラジオ放送)といわれ、それを聞くことは違法行為となっていた。ごく少数の者は密かにヴォイス・オブ・アメリカなどアメリカのラジオ番組を聞いていたようだが、国民レベルでいえば、外国の情報は中国に入らず、考える力のない人々は政府共産党の言いなりになるしかなかった。

もう一つは、政府共産党は国民に対する管理を徹底したことだ。日本でいう町内会、中国では、「居民委員会」というものが全国津々浦々まで設置され、家庭主婦たちは町内の人々の言動を、昼夜問わず監視し合っていた。管轄警察署の巡査は定期的に居民委員会の主婦たちから聞き取りを行い、不審者や反革命的な言動と疑われる者がいれば、容赦なく取り締まる。

さらに、当時の中国人は居住地以外へ出かけるとき、勤務先の「紹介信」（証明書）がなければ、列車の切符すら購入できなかった。人々は自由に移動できないため、情報交換の機会はほとんどなかった。

結果的に、10億人の中国人はまるで頭脳がなく胴体しかない奇妙な動物のような存在だった。いかなる不合理な発想でも、それを疑う人は皆無ではなかったが、表立って異論を唱えることはできなかった。当時重要だったのは「毛沢東に対する忠誠心」。このことのみが強調されていた。

BOX　大躍進と大飢饉

文化大革命に比べて「大躍進」はなじみが薄いと思われるので、簡単に説明しておこう。

1958年、毛沢東は鉄鋼の増産を号令した。目標はイギリスに追いつき追い越すことだった。当時、製鉄所の高炉が増設されていなかったため、生産量を増やすために、学校の先生から農民まで全国民が動員され、小さな溶鉱炉を大量に作った。しかし、鉄鉱石がなかった。各々の学校と団体などは鉄鋼生産のノルマを達成するために、その構成員が家にある鉄のフライパンなどを持ち寄り、溶鉱炉で溶かし、鉄の生産量に算入された。むろん、このような鉄は何の用途もなく、単なる産業廃棄物でしかなかった。

問題は、農民が農作業を取りやめ、製鉄に携わったため、その翌年の農業生産は荒廃し、食糧不足は深刻化した。当時の中国では、都市部では食糧の配給制が実施され、都市部の食糧需要が優先された。それに対して農村では、農家が人民公社に割り当てられた農産物を納めたうえで、残りのものは農家自身の食糧となる。しかし、かつて経験したことのない凶作により、多くの農家は自家用の食糧を確保できず、餓死したものが多かった。

どれぐらいの人が餓死したかについての正確な統計はない。一つの問題は、死者が餓死によるものかどうかの判断が難しいことにある。栄養失調で免疫力が低下し、最後に病気で亡くなったとしても、本来は餓死者とカウントされるべきだが、統計上は、食糧不足と死因の関連性を特定できないため、餓死者とカウントされない。もう一つは、政府は公式に大飢饉を認めていない。中国の歴史教科書や共産党の公式文献では、1958年からの3年間、農業生産が減産したのは自然災害によるものと総括されている。しかし、「改革・開放」以降、中国人歴史学者が当時の国家気象台の記録を調べたところ、小規模洪水や旱魃はあったようだが、食糧の大規模な減産をもたらすほどの自然災害はなかったことがわかったのである。もっとも中国は面積の広い国であり、毎年、どこかで洪水が起き、また別のところで旱魃が起きる。この3年間以外、ほとんど食糧の大規模減産が起きたことはない。

歴史家による推計にはばらつきがあり、餓死者が最も多く見積もられているのは7000万人にのぼる。多くの人によって信じられている推計の一つは4000万人である。政府の人口統計（当時の人口統計はサンプル調査ではなく、センサスだった）によれば、この3年間、人口の減少は2000万人にのぼるといわれている。自然死も含まれているため、実際の餓死者は2000万人未満と推計される。

しかし、7000万人だろうと、2000万人未満だろうと、これほどの餓死者を出したものは単なる政策実行の過ちによるものではなく、重罪といわざるを得ない。人災、それも「個人」災ということだ。大躍進の失敗を総括する共産党の会議で毛沢東は異例に自己批判を行い、国家主席を辞任した。

共産党組織と都市労働者の関係

普通に考えれば、食糧が不足し、日用品も配給制になるような、毛沢東時代のような極端な事態に陥れば、国民は造反し、反政府活動を起こすにちがいない。なぜ毛沢東時代の中国で大規模な混乱が起きなかったのだろうか。

この点は毛沢東本人もそうだったが、共産党も巧みだったといわざるを得ない。そもそも共産党組織は都市労働者の政党だった。そのために、社会主義中国が樹立されてから、都市労働者を優遇する政策が実施されてきた。政府共産党は都市部住民と農民を分離するために、戸籍管理制度を導入し、農民は勝手に都市部に移住できなくなった。そのうえ、食糧不足に陥ったときでも、都市部住民に最大限に食料を配給した。都市を安定させれば、中国社会は混乱しないだろうと政府共産党が考えたのだろう。

戸籍管理制度が導入されたのは1958年だった。日本でも住民票という戸籍管理制度があるが、それは住民の移動を妨げるための制度ではない。だが、中国の戸籍管理制度は「住民を居住地に固定するための制度」である。とくに農民について、その農村戸籍ゆえに、都市部に移住することは厳しく制限されている。

社会主義中国が建国されたあと、土地改革によって、いったんは農地は農民に分配されたが、その後、農業の集団化改革のなかで「合作社」が設立され、農民は「合作社」に参加するとともに、農地と農機具も「合作社」に帰属するようになった。

1958年「合作社」が人民公社に再編され、すべての農家は人民公社に帰属し、農地と農機具はすべて集団所有になった。そこから農民が何を作るかは自分で決めることができなくなった。作った農産物もまず国に納めなければならない。残ったものは農民が自分で消費する分となる。ただし、農民は余った農産物を市場で売ることが禁止されていた。人民公社は社会主義体制のシンボルとして称賛されていたが、それによって農民の生活は日増しに困窮した。それでも農民が納めた食糧などの農産物は都市部を優先に供給された。

毛沢東と政府共産党が都市部住民を優遇する背景には、農業をもって工業を補助する考えがあった。工業の発展こそ国力強化を意味するものと思われていたのだ。

結果的に、農民は自らの意思で農産物を作ることができなくなった。また農民は人民公社からその労働時間分の「工分」（工数）の農産物が支給されたが、現金収入はほとんどなかった。結論からいえば、農民がより多くの農産物を作るインセンティブが働かないため、農業生産は増産することができなかった。工業の発展が重視されたため、都市労働者の生活保障が優先された。

ここで特筆しておきたい点は、毛沢東時代の中国で農業をもって工業を補助する重要なやり方は、農産物価格を不当に低く抑え、工業製品価格を意図的に高く引き上げるという帰結をもたらしたことだ。都市部住民の生活は楽ではなかったが、農村住民より優遇されていたため、大きな混乱はなかった。農民は生活苦について不満が募ったが、残念ながら立ち上がって反政府活動を起こすほど力がなかったのだ。

3「改革・開放」以降の国有企業改革

「政企分離」改革

中国政府が進める国有企業改革は一貫して経営の活性化を目的にしている。「改革・開放」初期、国営企業は労働者の生産意欲が低迷し、企業の経営業績も悪化する一方だった。なぜ国営企業の経営が改善されないかについて、当時の総括としては、政府共産党が恣意的に国営企業の経営に介入してくるから、国営企業の自主経営権が阻害されるためといわれている。したがって、初期段階の国営企業改革はいかにして政府共産党による国営企業経営への介入を断ち切るかに注力した。

「政企分離」と呼ばれる当時の改革は、政府の行政機能と企業の経営機能を分離して、国営企業の自主経営権を担保しようとした。あらためて国営企業の組織を考察すれば、各々の国営企業には共産党支部が設置され、工場長よりも共産党支部書記長のほうが権限として強い。それ以外、「工会」（労働組合）の組織もある。「工会」は資本主義国における労働組合とちがって、共産党の指示に従って労働者を管理する組織になっている。結局のところ、利益を追求する工場長は人事権などを握っていないため、国営企業の経営は一向に改善しない。

ほぼ同じ時期に、農業改革は大きな進展がみられた。まず一部の農村では、農民は自主的に農産物生産を請け負った。自主権を手に入れた農民は生産を拡大する意欲が現れ、農業生産は急速に回復した。これを参考に、国営企業も同じような生産請負責任制の導入が試みられた。しかし残念ながら、農業とちがって、国営企業（工業）に関する生産請負責任制の導入は生産の拡大につながらなかった。なぜならば、農業なら農家を単位に生産を請け負うことができるが、国営企業の場合、その生産工程は基本的にチームワークで行うものがほとんどであり、それを細分化できない工程が多いため、個人で生産を請け負うことができないからである。

右往左往しながら、政府共産党と有識者は、国営企業の経営不振はその所有制がはっきりしないことに起因することを突き止めた。したがって、国営企業経営を改善するならば、その財産権をはっきりさせないといけないといわれた。しかし、社会主義体制の基本の一つは財産の公有制である。これをどのようにして突破するというのだろうか。

公有制の壁を突破する大義名分がなければ、改革を断行することができない。かといって改革を諦めることはできない。というのは、当時の中国では、郷鎮企業と呼ばれる都市周辺の農村で新設された中小製造業企業はすでに一定規模まで成長したため、国営企業にとって競争相手となっていたのだ。そして、外資系企業も中国に進出してきた。そのままいけば、国営企業の業績はさらに悪化しかねない。

結局のところ、江沢民政権になってから、１９９４年ごろ、社会主義市場経済の構築が憲法に盛り込まれるようになり、同じ時期に私有財産も法によって保護されることが明文化された。社会主義市場経済において、公有制は主であり、それ以外の所有制（私有財産）は従であるといわれていたが、この表現によって公有制の壁が突破された。これをきっかけに、国営企業の所有制改革が断行された。

証券取引所の誕生

当時、国営企業改革の背中を押してくれたもう一つの要因は、所有権問題の解決に向けての動きが活発化したことである

「国営」であるがための欠陥として、企業はその所有権がはっきりしないため、複式簿記が導入されなかった。そもそも資本金の概念すら国営企業はファイナンスすることができなかった。そのため多くの国営企業は資本不足に陥った。

国営企業は運転資金や投資のための資金調達について、国営銀行からの借入に頼っていた。しかし、銀行負債には金利がつきものであり、国営企業にとって膨らむ銀行からの借入は経営の重荷となったのである。国営企業の債務負担を軽減するために、そのファイナンスの道を切り開くことが求められた。

そこで、社会主義中国でも、ついに資本主義のシンボルである証券取引所・株式市場が設立されたのである（１９９０年上海証券取引所、91年深圳証券取引所）。証券取引所は設立されたが、そこで上場できるのは認可を受けた国営企業に限定された。すなわち、証券取引所での株式上場は上

場企業に対するガバナンスのためというよりも、国営企業のファイナンスの道を切り開くためだった。とはいえ、国営企業は株式を上場するために、まず株式会社に転換しなければならない。そこで、社会主義中国の経済史上、はじめて「公司」が誕生したのである。

このような論点整理を踏まえれば、中国で進められた国営企業改革はまさに漸進主義に則って政府が一歩ずつ徐々に市場経済を受け入れてきたことがわかる。言い方を換えれば、政府共産党は最初から明確なビジョンを持っていたわけではなく、手探りしながら、改革を進めた。しかし、改革の原動力といえば、政府共産党というよりも、市場からの力だった。あるいは、改革を渇望する国民の力によって政府共産党が背中を押され、受け身的に改革を進めたといったほうがよかろう。そのなかで、共産党が死守するレッドラインがあり、それは共産党による統治を絶対に譲らないということである。したがって、国営企業は国有企業に変わっても、企業内部の党支部は依然として存在し、活動を続けている。

近代的企業制度の構築と「掴大放小」

21世紀に入ってから、企業組織論と制度論の研究は企業統治のあり方に焦点を当てるようになった。利益を最大化するための従来の研究は、先進国でも大企業の背信行為により破綻に追い込まれた事例から企業に対するガバナンスをいかに強化して、企業経営を持続していくための制度づくりの研究はいっそう盛んになった。ある意味では、これは資本主義市場経済の自己修正の過程といえる。

1997年、アジア通貨危機が勃発した。アジア諸国は通貨危機に見舞われ、奇跡と礼賛されていたアジア経済は失速してしまった。そのときに研究者によって指摘されたのは、アジアではガバナビリティが確立していないから危機が起きたのだという点である。

当時、筆者はウォール街でアメリカ人ストラテジストに「誰が企業をガバナンスすればよいのか」と質問したところ、彼らは一斉に「シェアホルダー」（株主）と答えたことを記憶している。

理論的に株主は企業の所有者であり、自らの利益を守るために、株主は企業経営に対する監督監視をきちんと行うだろうと考えられていた。しかし、その後（2001年）、アメリカのエネルギー会社エンロンは突如として倒産してしまった。その倒産のきっかけとなったのは莫大な簿外負債だった。この事案を通じて、株主によるガバナンスは万全ではないことが判明したのである。

これらの一連の出来事とほぼ同じ時期に、中国の国有企業改革も大きく前進した。それは国有企業を「公司」に再編していくことだった。国有企業の場合、企業の所有ははっきりしないため、自主的な経営ができないといわれていた。「公司」すなわち株式会社に再編すれば、所有権が明確化し、それによって国有企業に対するガバナンスも確立すると期待された。

もちろん、株式会社に再編した国有企業はすべて株式を公開するわけではないが、グループ企業のなかで株式の持ち合いが進められた。国有企業のほとんどは「集団公司」の看板を掲げている。どの企業の株式を上場するかについて、グループのなかで資産内容の比較的良好な子会社を上場させ、そこで得られた資金をグループのなかでシェア（融通）するというやり方だった。

誤解のないように追記しておけば、株式を公開する国有企業は、その株式をすべて公開するのではなく、全体の3割程度を公開すると限定されていた。すなわち、国有企業は株式の公開によって資金調達の道を切り開いたが、全体の3割程度に限定されることで、乗っ取られる危険性を防いでいたのだ。

繰り返しになるが、中国で近代的企業制度の構築で国有企業を「公司」に再編することで資金調達の道が切り開かれ、所有権がはっきりし、自主的な経営ができるようになった。それによって計画経済に終止符が打たれた。

ただし、それで国有企業に対するコーポレート・ガバナンスができたわけではなく、共産党は国有企業工場長の人事権を行使することで指導権をいまだに維持している。これらの改革と同じ時期に、国有資産管理委員会が設立され、中央政府に帰属する大型国有企業に対する管理を担当することになった。

国有資産管理委員会の役割について、「資産価値の保持」とされている。すなわち、具体的な仕入れや生産と投資および販売などについて国有資産管理委員会は口出しをしないが、国有資産が不正に浸食されていないかについて監督・監視するということである。むろん、国有資産管理委員会が設立されたからといって、その監督と監視がきちんと行き届くとは限らない。

国有企業を「公司」に再編することと同じ時期に、国有企業の規模別に大型国有企業と中小国有企業に分けて、大型国有企業を中央政府に帰属させ、管理・監督を受けさせる。それに対して、中小国有企業を順次民間に払い下げした。これが第4章でも触れた「掴大放小」である。

当時、大型国有企業はすべて、過剰人員を抱えていた。同時に、医療保険などの社会福祉機能も内生化されていた。これらの過剰人員と社会福祉は国有企業にとって重荷だったため、過剰人員を整理し、社会福祉機能を企業本体から切り離し、地方政府に移管させた。スリム化した国有企業は再スタートを切ったのである。

１９９０年代に行われたこれらの一連の改革は中国の「改革・開放」にとり重要な転換点となった。それを主導した朱鎔基首相（当時）は強い向かい風のなかで改革を進めたが、共産党中央においても、反対論が後を絶たなかった。いうまでもないことだが、大型国有企業によって整理・リストラされた人員は改革に猛反対した。朱鎔基元総理は自らの演説や記者会見のなかで「改革を進めるために、１００個の棺桶を用意している。その一つは自分のためのものだ」と繰り返して強調し、改革に挑む決意を表明していた。

「国進民退」の弊害

江沢民政権において、朱鎔基元首相が進めた改革は市場経済の制度づくりをかたちにすることができた。国有企業管理を行うために「公司法」が制定された（１９９９年修正案、２００５年再修正案）。金融については「人民銀行法」（中央銀行法、１９９５年）、「商業銀行法」（１９９５年）と「証券法」（１９９８年）が相次いで成立した。

ただし、江沢民政権で進められた市場経済の改革は万古不易なものではなかった。２００３年、江沢民政権は退陣し、代わって胡錦濤政権が改革のバトンを引き継いだ。胡錦濤前国家主席と温家宝前首相は改革について、保守派ではないが、改革を推し進める力の弱い政治家であった。彼らは改革の反対派と保守派と妥協を探りながら、改革を進めようとした。結果的に胡錦濤政権の10年間（2003—12年）、改革は立ち往生し、「改革・開放」は中国版「失われた10年」を喫した。

江沢民政権が進めた国有企業改革は、民営企業と競合するサービス業などについて国有企業を維持する必要はなく、それらの国有企業を民営化する。それに対して、胡政権は、国民生活と密接な関係にある重厚長大産業について国有企業を民営化せず、そのまま国有制を維持していくとした。言い方を換えれば、維持できない国有企業を自由化していくが、維持できる国有企業を民営化しないという考えのようだった。

そこから中国の産業と企業は二分化してしまった。石油化学や鉄道および鉄鋼などの重厚長大産業は国有企業によって独占・寡占され、中小機械部品メーカーや物流と流通企業などは民営企業がほとんどである。国有企業は資産規模が大きい割に、収益性は芳しくない。一方、民営企業は資金調達やニュービジネスへの新規参入について障壁が多く、民営企業だから門前払いされてしまうこともあり、「所有制差別」を受けている。民営企業は成長性が強いが、政府は民営企業の成長をよく思わないところがあり、その経営者の違法行為を追求するなど民営企業経営者狩りの事件も多発している。

中国では、民営企業経営者はビジネスを立ち上げる段階で少なからぬ不正行為があった。逆にいえば、完全に現行法に則ってビジネスを起業したら、ビジネスには成功しないというのは民営企業経営者の間の常識といわれている。

2009年、前年秋のアメリカの投資銀行リーマン・ブラザーズの倒産によるリーマン・ショックを受けて、世界経済は危機的な状況に直面していた。そのなかで、アメリカのピッツバーグで開かれたG20サミットに参加する胡錦濤国家主席は突如として「世界経済を救うために、中国政府は４兆元（当時の為替相場では、約56兆円に相当）規模の財政出動を行う」と宣言した。同じサミットに参加したブッシュ米大統領と麻生首相は一様に胡錦濤国家主席を褒め称えた。「さすが責任のある大国だ」と評価された胡錦濤国家主席は満面の笑みだった。

しかし、この無謀な財政出動こそ、その後の中国経済の減速をもたらしたのである。この財政出動は少なくとも三つ大きな弊害をもたらした。一つは、４兆元の財政出動はすべて財政資金ではなく、国有銀行の融資も入っていたため、国有企業の負債が膨らみ、国有銀行の資産を悪化させたといわれている。もう一つは、４兆元の資金はほとんど国有企業に流れ込み、採算を度外視する投資が行われ、それは国有企業の過剰設備をもたらす元凶となったことだ。さらに、４兆元という途轍もない巨額の資金をもらった国有企業は、民営企業を逆に買収したのである。この動きは中国で「国進民退」と呼ばれるトレンドである。

中国経済の健全な方向性は国有企業の規模を徐々に縮小させ、市場の見えざる手による経済調整を行う環境を整えることである。しかし、「国進民退」によって国有企業が息を吹き返したため、市場の力がいっそう弱まってしまった。

4　統制経済への回帰

大型国有企業の統合とその狙い

中国人の国民性は小よりも大を好む。なぜ大を好むかといえば、周りに自分の存在を示すためと考えられる。第4章で触れたように、かつて、江沢民元国家主席はフォーチュン500に中国企業が入れるよう、部下に指示したことがある。しかし、江沢民政権下の中国企業は、主に国有企業だが、従業員の人数こそ世界でトップレベルになるが、資産規模、とりわけ収益性はフォーチュン500に入るほど大きくなかった。

そこで、フォーチュン500に中国企業を押し込む作法として、既存の国有企業を業界別に統合することが考案された。一つの事例を挙げれば、江沢民政権の下で石油と石油化学の国有企業が統合され、資産規模では中国石油天然気集団公司がフォーチュン500にランクインした。その後、プラントエンジニアリング、鉄鋼、海運、鉄道、建材など約8割の産業において国有企業の統合が進められた。これが「強強連合」と呼ばれる政策である。

「強強連合」は、1＋1が2より大きくなるなら、それなりに意味のある改革といえる。しかし、1＋1が2と等しいかそれ以下なら、国有企業の統合はむしろ逆効果といえる。一般的に企業のアライアンスは、政府のトップダウンの力によって進められるものではなく、市場の力で企業自らが統合を進めるものでなければならない。そして、個別の企業ではなく、市場あるいは産業のレベルから考察すれば、競争的な市場は巨大な企業によって独占された市場より遥かに健全である。独占企業は独占利益を得ることができるが、半面、消費者の利益が浸食されてしまうおそれがある。

国有資産管理委員会の発表によれば、２００３年現在、中央政府帰属の国有企業は１９６社だったが、２０１７年９月現在、98社に減少した。中国国内の研究者の考察によれば、中国政府が進める国有企業の統合は、主として次の４種類が挙げられる。

一つ目は「強強連合」型である。鉄道車両メーカーと「南車」と「北車」の統合や中国遠洋と中国海運の統合、宝山製鉄所と武漢製鉄所の統合はその典型例である。「強強連合」はほとんど同じ業種の統合である。

二つ目は補完型統合である。その典型例は、中国電力投資集団と中国核電（原子力発電）の統合である。

三つ目は吸収・合併（Ｍ＆Ａ）型である。業績の良い国有企業による業績の芳しくない国有企業の買収であるが、その典型例は招商局集団による中国外運長航集団の吸収・合併である。もともと中国外運長航集団は、中国対外貿易運輸集団公司と長江航運による統合でできた会社だが、業績が芳しくなく、巨大な商社の招商集団によって吸収された。

四つ目は連携型である。具体的に、電信会社の共同出資でアンテナなど電信設備メーカーが創設された。

むろん、大型国有企業の統合は単なる指導者の面子を守るためだけではない。熾烈な市場競争に立ち向かうためでもある。中国の大型国有企業は規模こそ大きいが、収益性はよくないため、海外企業および国内の民営企業との競争に晒されている。２００１年、中国は世界貿易機関（ＷＴＯ）に加盟したとき、市場を完全に開放すると約束した。その後の市場開放は約束通りに進められなかったが、通信、海運、鉄鋼などの産業はグローバル化されるなか、政府は保護しきれない状況にある。

大型国有企業の問題はメタボのように規模こそ大きいが、生産性が低く収益性もよくない。なによりも、技術力が弱いため、ブランド力はほとんどない。ＧＥなど海外の巨人は中国に進出しており、中国の国有企業にとって明らかに脅威になっている。地場の民営企業は規模こそ小さいが、成長性が強く、国有企業にとって脅威的な存在になりつつある。

当然のことながら、政府共産党は国有企業の倒産を目にしたくない。そこで考えられたのが、国有企業の再編によって強い中国産業を再構築することだった。

国有財閥の誕生を夢見る野望

国有企業が倒産していないのに、国有企業数が減っているというのは、その統合が進んでいるという証拠である。上で述べた四種類の再編のなかで最も多いのは、やはり「強強連合」型である。とくに習近平政権になってから、国有企業をより強くより大きくするのを目的に、再編を加速している。

国有企業を大きくすることはできるが、強くすることはできるのだろうか。企業を強くするというのは何をもってそれが強くなったかの定義をはっきりさせないといけない。従業員数や資産規模は企業のスケールを図る指標だが、技術力やブランド価値、あるいは市場の占有率などが、おそらく企業の強さを示す重要な指標である。

現在の国有企業は40年前の「改革・開放」初期の国有企業に比べ、経営に関する自主性と独立性は基本的に担保されるようになったといえる。国有企業に内生されていた病院や学校など社会福祉機能が、１００％ではないが、かなり分離された。少なくとも従業員の年金は国有企業から地方政府の年金ファンドに移管された。一方、問題も多い。大型国有企業のほとんどは集団公司と呼ばれるグループ企業である。グループ企業のなかで資産の質がよい部分をラッピングしてその株式を部分的に公開するケースがほとんどだが、グループ企業のなかにコストセンターも少なくない。これらの重荷をいかにして切り離すかは喫緊の課題となっている。

そして、国有企業は長年、国有銀行からの借入でキャッシュフローに生じた穴を埋めてきた。国有企業の債務問題と国有銀行の不良債権の問題は、コインの表と裏のような関係である。ＩＭＦなどの国際金融機関やムーディーズやＳ＆Ｐなどの信用格付機関は、中国の債務問題について、繰り返して警鐘を鳴らしてきた。しかし、この問題の所在ははっきりしているが、簡単には解決されない。

中国政府は経済成長を至上命題にしている。そのときの頼みの綱は国有企業である。財政出動の資金は国有企業に流れるが、それだけでは不十分である。財政資金を受け入れる国有企業のプロジェクトは、必ず国有銀行から資金を借り入れる。財政資金が入っている投資プロジェクトに融資をして、たとえ焦げ付いても、銀行の責任が問われることはない。過剰債務と不良債権の後ろに必ずあるのは政府、銀行と国有企業のモラルハザードである。

結局のところ、国有企業グループのなかで切り離せない巨額の負の財産が存在するため、企業グループの整理整頓はできない。それを覆い隠すかたちで国有企業が統合されている。国有資産管理委員会の発表によれば、これから国有企業の統合は自由恋愛に喩えられ、企業自らが決断して統合を進めるとしている。しかし、中小国有企業でさえ、経営者個人は企業の運命を決めることができない。大型国有企業の幹部人事は共産党中央が握っている。しかし、大型国有企業幹部の等級は行政の人事等級とまったく同じ区分になっているため、国有企業の幹部は仕入れ、生産、販売などについて自主性と独立性を手に入れているが、他の国有企業との統合のような重大事項についてそれを決定する権限はまったくない。したがって、国有企業の統合を推進しているのは共産党中央のトップダウンの力である。

むろん、政治指導者がどこまで国有企業の内実を知っているかは明らかではない。国有企業の実力が粉飾されているのは確かなことであり、政府指導者の思惑は、国有企業をより大きく、より強くすることであるようだ。その真意は韓国のサムスンのような財閥を作るためだと考えられる。この考えはまさに中国人が大を好む国民性と合致するものである。

冷静に考えれば、今の時代において、財閥の経営は時代遅れ、前世紀の遺物である。企業の規模が巨大化すればするほど、それに対するコーポレート・ガバナンスは効かなくなる。さらにいえば、国有企業を強くすることができれば「改革・開放」そのものの必要性が完全になくなってしまう。要するに、習近平政権になってから、中国経済は急速に統制経済へ逆戻りしているということである。そして、これより先は出口のない袋小路になっているのだ。

国有企業の存在こそ中国経済の構造問題

習近平政権の前から、経済構造の転換が問題として提唱されていた。江沢民政権において朱鎔基首相は「三角債」（国営企業間で行われた、不良債権のたらい回し）の問題を解決しようとして、国有銀行の融資ビヘイビアにいかなる政府幹部と政府機関も関与してはならないことを共産党中央の決議として採決し、「商業銀行法」にも関連の条文が盛り込まれた。しかし、銀行の担当者にとっても、国有企業にとっても、とくに、地方政府にとって、たとえ採算を度外視する融資と投資であったとしても、不良債権に融資・資金注入するほうがメリットが大きい。銀行融資と国有企業の投資は地方経済を押し上げる重要な原動力となるからだ。このバリューチェーンを断ち切らないかぎり、過剰債務の問題が解決されない。

国有企業の過剰債務は国有銀行の不良債権の原因だけでなく、同時に国有企業の過剰設備をもたらしているのである。過剰設備の割合が最も高い産業についていえば、一つは鉄鋼と電化アルミといった建材産業である。地方政府が推し進める都市再開発と不動産開発ブームのなかで建材産業への設備投資が急増した。前述した4兆元の財政出動のかなりの資金は、これらの国有企業に流れた。ちょうどそのあとに、主要都市で不動産バブルが起きたのだ。

習近平政権になってから、李克強首相は「壮士が自らの腕を切る勇気を持って構造改革に取り組む」決心を繰り返して示した。しかし、国有企業のＣＥＯの人事権を持っていない李克強首相は、いくら過剰設備の削減を呼びかけても、誰も聞かない。一つの問題は、李克強首相はかつての朱鎔基首相のような剛腕ではないということである。もう一つは習近平国家主席にとって、構造改革よりも、自らの権力基盤を固めたいため、反腐敗を進めることを最優先にしているからである。むろん、共産党にとって国有企業は自らの支持基盤であり、国有財産は共産党の財産でもある。したがって、国有企業に対して手術することは実質的に不可能である。

極論すれば、共産党の一党支配の政治体制にメスを入れなければ、国有企業に起因する構造問題を解決しようとしても無理な注文といえる。業績のよさそうな国有企業は、財政資金を受け入れ、市場を独占しているからだ。そうでない国有企業は業績が悪化するが、それを破綻処理した場合、従業員は反政府活動に走るおそれがある。

政府共産党にとって、国有企業の業績はともかくとして、雇用を吸収する重要な受け皿である。したがって、国有企業を軽々に破綻処理することができない。

実は、中国では、「企業破産法（試行）」が制定・施行されたのは1986年だった。その後、市場経済の進展に伴い、企業破産時の責任などについて検討を重ねた結果、1986年の「破産法」を改定し、2006年に新しい「破産法」が施行された。しかし、それ以降も、企業破産はそれほど多くない。経営が行き詰まった企業は破産申請を行っても、裁判所はそれを認めないケースが多い。さきに述べたように、政府共産党が最も恐れるのは失業率の高騰である。経営が行き詰まった企業でも、破産さえしなければ、実質的にレイオフされている従業員でも失業者としてカウントされない。

中国のマクロ経済統計のなかで一番信用できないのは、前章でも論じたように、失業率の統計である。40年間にわたって、統計局が発表した失業率は景気がどんなに変動しても、4～5％の間で推移している。中国の失業率は農業人口を含まず、政府の職業紹介所に登録されている失業者を分子に計算されたものである。上で述べたように、行き詰まった国有企業の従業員でも、勤める企業が破綻しなければ、実質的に失業状態にある労働者でも失業者としてカウントされない。

当然、政府共産党はあの手この手を使って、経営が行き詰まった国有企業を救済する。その一つのやり方は、国有銀行に救済融資を求めて延命させることである。銀行融資だけで延命できない国有企業は他の業績の良い国有企業に吸収させる手法が取られる。その結果、国有企業の規模はどんどん拡大していくが、技術力とブランド力がついてこない。これこそ国有企業の制度上の欠陥といえる。

5　国有財閥を作る夢とゾンビ国有企業の亡霊

中国における too big to fail の大型国有企業

市場経済では、企業が経営に失敗すれば倒産するのは当然だが、一部の大企業または大手銀行は、倒産した場合、ほかの企業や銀行も連鎖倒産する可能性があることから、破綻処理せずに、政府などによって救済されることがある。こうした、いわゆる too big to fail の現象は、中国の大型国有企業についても同じことがいえる。

中国の国有企業は一般的にどこも過剰人員を抱えている。こうした国有企業の倒産がマクロ経済に悪影響を与えることはもとより、失業問題が深刻化することで社会問題に発展するおそれがある。したがって、経営難に陥った国有企業について破綻処理するのではなく、それを救済することが優先的に考えられている。

そして、国有企業の多くは「集団公司」、すなわちグループ化しているため、川上の部品メーカーから完成品のアセンブリまで行う一つの産業クラスターになることが多い。国有企業の経営破綻はそのバリューチェーンを通じて芋づる式でグループ企業全体が共倒れする可能性がある。したがって、経営難の国有企業の影響を周辺に及ぼさないように、早期に救済することが求められる。

さらに、国有企業グループのなかで資金融通が盛んに行われている。中国では、メインバンクの仕組みはないが、国有企業の原資は国有銀行から借り入れているものである。それをグループのなかで互いに融通するという仕組みになっている。こうした債務チェーンのなかで一つないし二つの国有企業の債務返済が滞ると、グループ全体のキャッシュフローに問題が生じてしまう。とくに、一部の国有企業グループは新しい借入をもって古い債務返済を穴埋めするという、いわゆる自転車操業状態になる。このことも国有企業の再編が加速する背景の一つになっている。

ヒト、モノとカネのつながりで国有企業グループが経営難に陥ると、政府はこうした国有企業を破綻処理する代わりに、再編によって救済している。むろん、政府の救済策は国有企業の致命傷を根治することができない。

長い間、国有企業の利益のある・なしにかかわらず、法人税を納めていなかった国有企業が多かった。また、国有企業の主要株主は国であるが、主要株主の国に配当を払っていない国有企業がほとんどである。国有資産管理委員会の発表によると、習近平政権（２０１３年〜）の第１期の５年間、中央政府帰属の大型国有企業の営業利益の伸び率は年平均７％に達したといわれている。それが事実だとすれば、これらの国有企業はどれほど法人税を納め、国に配当を払ったのだろうか。

「改革・開放」の初期段階から、中国政府は外資を誘致するために、外国企業の中国進出に対して、法人税の減免措置を講じていた。このような外資を優遇する税制は地場企業、とりわけ国有企業の業績悪化をもたらしているといわれている。２００８年に税制改革が行われ、地場企業と外国企業を区分する税制が一本化された。しかし、税制が一本化されたあとも、国有企業の致命傷は根治されない。

上で述べたように、外国企業との税制一本化のあと、２００９年に4兆元の財政出動を受け、国有企業はフリーランチを享受した。問題は、財政資金を受け入れた国有企業はイノベーションを強化するのではなく、不動産ブームに乗じてレントシーキングに走ったことである。

中国の土地は、理論上はすべて国有地であるが、都市部の不動産開発は土地の使用権（定期借地権）が払い下げられている。胡錦濤政権において都市部の都市使用権の払い下げの売上は地方政府の歳入となることが決定された。その結果、地方政府はより多くの歳入を得ようとして、デベロッパーとともに地上げに走った。それに加担する国有企業は真面目にイノベーションに取り組むよりも、短期間により多くのリターンを得られる不動産開発を選択したのである。その結果、本業の技術競争力が強化されず、不動産ブームが一巡したあと、国有企業の経営難問題は再び浮上してきた。

政府、国有企業と労働者のモラルハザード

企業経営の目標といえば、利益の最大化だが、それを実現するには、コストを削減し、効率を上げるなどの努力が必要である。それは企業の価格競争力を強化するための取組みである。同時に、中長期的にみた場合、企業の技術力とブランド力の強化が不可欠となる。

もともと国有企業の低い生産性は悪名高いものがある。1980年代、鄧小平、胡耀邦と趙紫陽など共産党指導者は日本を訪問したとき、欠かさず日本企業を視察し、当時の経営者たちに「どのようにすれば効率を上げることができるのだろうか」と尋ねたといわれている。とくに、趙紫陽元首相はあるデパートを視察したとき、店員が胸元に名札を付けているのをみて、何かのヒントを得たといわれている。帰国した趙紫陽元首相は周囲に「日本人は名札を付けてサービスしている。態度の悪い店員についてお客は店長に苦情を言いやすい。これこそ日本人が真面目に働く背景だ」と言いつけたそうである。それ以降、中国の百貨店や工場などでも従業員は名札を付けるようになった。要するに、趙紫陽元首相は中国の従業員がさぼるのを食い止めたかったということのようだった。

むろん、このエピソードは国有企業経営難に関する、ほんの枝葉末節の議論である。本質論は従業員に名札をつけるかどうかではない。ここで検証したいのは、政府共産党は国有企業をどのように取り扱うかということである。また、国有企業経営メカニズムもきちんと検証しなければならない。そのうえ、労働者の働きぶりも問題である。

企業組織論においてよく問われるのは、企業はいったい誰のものなのかということだ。資本関係

からいえば、いうまでもないことだが、企業は株主のものである。しかし、安定株主はともかく、デイ・トレーダーのような投資収益を獲得することを目的とする株主は、企業経営の中身よりも、当面の株価の動向が重要である。しかも、株主は一瞬にして株式を売り抜けることができるため、ガバナンスの責任が果たされないことがある。

そこで、新たに問題として提起されたのは、企業は従業員のものであるという考えだ。すなわち、株主は株式を売り抜けることができるが、従業員は簡単には抜けることができない。正しく表現すれば、企業は従業員のものというよりも、従業員と企業は運命共同体というべきである。たしかに従業員を大切にしない企業は存続しない。

しかし、従業員が大切にされるから企業経営がうまくいくとは限らない。かつて国営企業は従業員が生まれてから棺桶に入るまで、すべて面倒をみていた。にもかかわらず、多くの国営企業は経営難に陥った。企業経営はきわめて複雑なエンジニアリング・プロジェクトである。経営者から従業員まで全員が責任をきちんと果たしていかないと、企業経営がうまくいかない。

国有企業の経営者と従業員はその潜在意識のなかで、たとえ経営難に陥っても、政府が救済してくれるというモラルハザードの意識が強い。たしかに、政府共産党は社会不安を心配して、国有企業を救済するが、もう一つの理由は、政府共産党にとって国有銀行を含む国有企業は第二の国家財政のようなもので、それをなくしてはならない。さらに、共産党幹部にとっては、国有企業は重要な天下り先である。共産党幹部あるいはその親族が国有企業の社外取締役など役職に就くケースが非常に多い。

極端に複雑化している資本関係により、国有企業経営に対するガバナンスはほとんど機能しない、というのが現在の中国の実情である。結局のところ、政財癒着が進み、これ以上看過できないほど腐敗して、共産党中央の規律委員会が乗り込んで、当事者を腐敗したとして拘束するというやり方になっている。しかし、これでは、国際競争力の強い企業に生まれ変わることはない。

国有持ち株会社とコーポレート・ガバナンス

習近平政権のなかで最も経済に精通しているのは王岐山である。王は2015年当時、共産党中央規律委員会書記を務めていた。習近平政権1期目の5年間、反腐敗について目覚ましい成果があがった。それは主として王の功績といえよう。しかし、王は本業のエコノミストとしての仕事について、かなり未練が残っているはずである。前にも述べたが、2015年、王は外国人研究者フランシス・フクヤマ教授（政治学）や青木昌彦教授（故人・経済学）など3人を中南海に招いて意見交換した。目的は外国人研究者から中国の改革について意見を聞くことだといわれている。

フクヤマ教授は民主主義政治のガバナビリティの重要性について持論を展開したが、王岐山は共産党による共産党のガバナンスは絶対に機能すると豪語した。意見交換とはいえ、政治改革について両者は平行線のまま議論が終わった。それに対して、青木教授は、国有企業についてコーポレート・ガバナンスを強化するために、「集団公司」のなかで持ち株会社（Holding company）を設立したらどうかと提言した。王にとって国有企業の株式会社の設立は明らかに枝葉の議論のようだった。議論はこれ以上深まることはなかった。

結論を先取りすれば、国有企業の病根は国有という所有制そのものである。国有企業である以上、政府共産党からの介入を排除することができない。株式会社に転換しても、国有企業の経営は健全にならない。日本の国鉄がなぜ民営化されたのか。逆にいえば、国鉄が民営化されなければ、今のＪＲは生まれ変わることはなかった。したがって、王岐山に提言するならば、国有持ち株会社を設立するのではなく、民営化すべきとぶつけなければならない。そこで問われるのは学者としてのど根性である。

中国経済は活性化しているようにみえる。なぜならば、農業は人民公社の解体で実質的に民営化されているからである。そして、流通も効率化している。朱鎔基首相の時代、「掴大放小」の改革で中小国有企業のほとんどを民間に払い下げした。現在、流通において国有企業はほとんど残っていない。結果的に国有企業が独占できない産業分野はたいていの場合、活性化する。この現実に直面することが求められている。そこで問われるのは、やはり国家の役割と市場の役割という古典的な命題である。

第7章　一帯一路構想と習近平政権の国際戦略

古代中国においてはシルクロード、すなわち「絹の道」があった。長安（現在の西安）を起点に西域を経て、遠くは地中海まで到達したといわれている。考古学者によると、古代欧州では、養蚕業はなくシルク（絹）もなかった。したがって、シルクロードは当時の中国人がシルクを輸出するための道と理解されている。

中国人は農耕民族であるため、生まれつき冒険の精神が弱い。したがって、古代中国人は太平洋を渡ろうと考えたことはなかったようだった。しかし、シルクを輸出するならば、ラクダを使って運ぶことができるが、中国の別の特産品の磁器（china）を輸出するとき、ラクダでは大量に運ぶことができない。明王朝のときの鄭和は船団を率いてインド洋へ航行した。現在、南シナ海の海底でときどき沈没船から大量の中国製磁器が見つかる。

日本人にとって、シルクロードと聞くと、ある種のロマンを感じられる人が多いのではなかろうか。しかし実態は、海のシルクロードだろうが、陸のシルクロードだろうが、現在でいう輸出製造業を振興するためというよりも、その沿線の国々との朝貢関係を締結するための挑戦だった。朝貢関係は相手を支配し、その国の資源を略奪するための戦略ではない。ある意味では、それは中国の皇帝が自己満足するための工作である。たとえば古代中国では、琉球王国から朝貢されるのはお金ではなく、砂糖だった。反対に皇帝は中国の特産品を相手国の特使に持たせた。

むろん、清王朝以降、中国と周辺諸国の朝貢関係が次から次へと解除された。中国人は依然自分が世界の中心に位置すると思い込んでいるが、影響力はかつてほど強くなくなった。社会主義中国になってから、シルクロードはその沿線の国々との友好関係を結ぶ結晶といわれている。しかも、中国は遠くはアフリカまで通商関係を持っていたといわれ、古代中国文化は世界に大きな影響を及ぼしていたといわれている。ある意味では、シルクロードの神話は愛国教育に利用されていたきらいもあった。

中国はかつての輝かしい歴史と文化を再構築しようとして、今、「一帯一路」構想を打ち出し、中国の夢を実現しようとしている。「一帯一路」の構想はほんとうに実現するのだろうか。

1　世界の中のグローバリズムと保守主義

2017年7月、ドイツのハンブルクで開催されたG20サミットは、グローバリズムを推進するEUの首脳たちと、保護主義に走ろうとする米トランプ大統領のバトルとなった。その前に、同年2月にスイスで開催されたダボス会議に中国の習近平国家主席が参加し、「グローバリズムを推進していく」とする演説を行った。そのなかで日本はアメリカとの同盟関係を重視する姿勢をいつも以上に鮮明にしていたが、G20サミットに先駆けて、日本とEUは経済連携協定の締結について大枠合意を発表した。この日本・ＥＵのＥＰＡ締結の大枠合意は、見方によってはトランプ政権への挑戦とみることができる。

そもそもグローバリズムから最も多くの恩恵を享受してきたのは、ほかでもなくアメリカだった。なぜアメリカはここに来て保護主義に走ろうとしているのだろうか。開発経済学では、Open Economy（開放経済）は経済発展に最も寄与すると主張されている。逆に、Closed Economy（閉鎖経済）では、経済成長が停滞すると考えられている。なぜならば、開放経済において資源配分が合理化し効率化すると考えられ、国際分業こそ川上の産業と川下の産業は最大限に効率を上げることができ、経済成長に寄与するからである。冷戦時代にはグローバリズムこそ提唱されなかったが、西側陣営の間で共通したコモンマーケットがほぼ形成され、ＥＵの前身であるＥＣはその前から構築・提携されていた。

開放経済の考えは、国際分業を通じた資源配分の効率化によって経済発展が実現されるというものである。とくに、工業化された国と新興国の間は垂直分業になり、工業化国の技術力と新興国の安い人件費が結合して、品質の良い商品・製品を安くつくることができる。このスキームは新興国経済のキャッチアップに寄与するものと考えられている。一方、工業化国同士は水平分業であるが、市場競争を通じて価格水準が適正化されると考えられる。

振り返れば、１９８０年代から90年代にかけて、日米貿易摩擦は両国の通商交渉の主要議題だった。アメリカにとって日本は最大の貿易赤字相手だった。２００１年以降、中国は世界貿易機関に加盟し、中国への外国企業の産業集積が進み、中国は日本に代わってアメリカの最大の貿易相手国となった。アメリカにとっても中国は最大の貿易相手国となっている。

日米通商交渉においてアメリカは一貫して、日本に対してさらなる市場開放と不当な円安是正を求めてきた。それと比較して、米中貿易はたしかに不均衡であり、アメリカの対中貿易赤字は年々拡大しているが、アメリカが中国から輸入している工業品の多くは中国の地場企業によるものではなく、日米欧の企業に加え、韓国企業もかなり参入している。これらの企業の製品が「中国発」の輸出品として、米中貿易不均衡に大きく寄与していることを見逃すべきではない。

さらにもう一つ見落としがちなのは、米中のサービス貿易（ロイヤリティ使用料、旅行収支と留学収支）は逆に中国の赤字となっていることだ。要するに、米中貿易において日米貿易における自動車産業のような問題となりやすい産業は、今のところ見えにくくなっているということである。

トランプ政権がグローバリズムを後退させ、保護主義に走ろうとする狙いは、自国の市場が日中韓など外国企業によって支配されている現実を是正したい点にあると考えられる。

１９９０年代後半以降、ＩＴ革命によって、アメリカのソフトウェアのベンダーが世界を凌駕しているが、製造業はかつての栄光をほとんど失ってしまった。自動車ビッグスリーの一角を占めるＧＭでさえ破綻に陥ったほどだ。トランプ大統領が唱える「アメリカ・ファースト」「メイク・アメリカ・グレイト・アゲイン（米国を再び偉大な国にする）」は、競争力を失った製造業の地位を再び世界のトップレベルへ引き戻そうという狙いがあるにちがいない。しかし、グローバル社会は、アメリカの製造業が衰退したからこそ、グローバリズムの波がアメリカの産業空洞化をもたらしたのだと考えられているかもしれない。

ＢＯＸ　Ｇゼロの時代と中国の役割

米ユーラシアグループのイアン・ブレマ氏は現在の世界をＧゼロの時代と定義している。グローバル社会においてアメリカの力がピークアウトして、権力の空白が生じている。その隙を突いて中国は台頭してきたといわれている。中国はグローバル社会でより重要な役割を果たしていくだろうが、どのようなルールに則って行動していくかによってグローバル社会に大きく影響するようになる。

かつて、アメリカのグローバル戦略は中国のような大国をエンゲージメントといって、国際社会に取り込んで既存のルールに従わせて行動させる戦略だった。２００１年アメリカが中国の世界貿易機関（ＷＴＯ）加盟を認めたのはその典型といえる。ただし、その後の中国の国際貿易をみると、ＷＴＯ加盟時の種々の公約はその通りに履行されていないことが多いと指摘されている。

ブレマ氏が指摘するグローバル戦略のうち、中国の台頭に伴うチャイナリスクは筆頭に来ている。その問題意識は明らかだが、問題は、中国の台頭を食い止めることができないことである。グローバル社会にとり中国の台頭を与件として受け止め、そのうえ、新たなグローバル戦略を考案しないといけない。

２０１７年、習近平国家主席は自らがスイスで開かれたダボス会議に出席し、演説を行った。その内容は中国が経済のグローバル化の受益者であり、これからも経済のグローバル化を推進していくと強調。それに対して、ワシントンでは、大統領に就任したばかりのトランプ氏はアメリカを第一に優先するアンチグローバル化の発言を繰り返した。世界の警察官のアメリカの大統領は反グローバル化の発言をし、中国の国家主席はグローバル化を推進すると公約する、という異様な光景となった。まるで異常気象のような光景といえる。

中国がグローバル化を推進する言動は国際社会にとり歓迎されるべき動きである。アメリカを第一に優先する保守主義の言動は世界にとり警戒される動きである。こうしてみれば、グローバル社会はすぐさま主役が交替するとは思えないが、明らかに何かの異変が起きるように感じられる。

習近平国家主席は２０１７年の秋に開かれた共産党第19回大会で権力基盤を予想以上に強化した。さらに２０１８年３月の全人代で突如として憲法を改正し、35年前に鄧小平などの長老によって定められた国家主席の任期、２期までの制限を廃止した。すなわち、すでに2期目に突入した習近平政権はこのまま３期目に入ることが濃厚となった。

無期限の長期政権とは、いったい何を意味するのだろうか。習近平国家主席が明君かどうかについて、時間がそれを証明してくれるだろう。しかし、ガバナンス機能が備わっていない中国では、独裁政治は悲劇をもたらす心配がある。

2　グローバル社会の主役交替

なぜアメリカの製造業は競争力を失ったのか

少なくともアメリカ政府は、なぜアメリカの製造業は競争力を失ったかについて十分に総括していない。３Ｄプリンターなどベンチャービジネス（ＶＣ）の台頭はたしかなことだが、自動車や鉄鋼など伝統的な産業は十分に復活していない。否、その兆しすらみられない。

一般的に製造業の競争力は、人件費などのコスト競争力と製造現場の技術力によって決まるといわれている。過去20年間、アメリカのエリート若者はＩＣＴなどのベンダーとサービス産業に集中しているが、ものづくりの産業から遠ざかっている。ものづくりの産業は中国と競争するため、人件費の圧縮を余儀なくされている。待遇が改善されそうもない製造業にあえて就職する若者は激減している。そのうえ、銀行は伝統的なものづくりの産業への融資について慎重な姿勢を崩さない。比較優位を見出せないからだ。ものづくりの分野での技術更新が大幅に遅れるアメリカの製造業は、ますます競争力を失っていくだろう。これではどんなに厳しい保護主義政策を採ろうとも、競争力を失った製造業を復活させることはできないということだ。

アメリカにとって、日本の事例は大いに参考になる。１９９０年代初頭、日本経済はバブル崩壊とデフレ進行に見舞われた。90年代の半ばに入り、驚異的な円高が進行し、それを受けて日本企業は工場を東南アジア、そして中国へ生産現場を移転した。当時の経済産業省の重点政策は、主としていかにして産業空洞化を食い止めるかの一点だった。

内需が弱まり、超円高の時代に突入したことで、日本企業は海外に市場を追い求め、少しでも国際競争力を強化するために生産体制の合理化を図ったのである。こうしたポートフォリオ戦略は間違いなく日本企業の競争力維持に寄与しただろうが、早い段階から欧米の研究者が注目したのは、日本企業に内在するkeiretsu（系列）の役割である。系列とは、部品のサプライヤーから組立までのサプライチェーンの内在化である。危機に直面する日本の製造業は組立だけでなく、部品のサプライヤーと連携して生産体制の合理化が図られた。

のちに日本のケイレツが高コスト体質をもたらしたと批判されたが、日本企業の競争力強化に重要な役割を果たしたことは間違いないことだろう。ケイレツの強さはとくに完成車メーカーから一次部品メーカー（T1）、二次部品メーカー（T2）、三次部品メーカー（T3）までの自動車産業のサプライチェーンから観察される。

アメリカの製造業は早い段階から部品調達は外部委託（アウトソーシング）に任せた。その目的は外部メーカーの間の競争を促すことで価格を引き下げることだった。しかし、摺り合わせが求められる自動車産業のような製造業は純粋にEMS生産のようなアウトソーシングだけでは、品質競争力を維持することが困難である。とくに、新技術を創るプロセスで完成車メーカーと部品メーカーとの連携が必要不可欠である。この点は図らずもアメリカ製造業にとって致命的な落とし穴となった。

したがって、アメリカの製造業が衰退を余儀なくされたのは、グローバリズムに原因があるのではなく、アメリカ経営の問題に起因するところが大きい。トランプ大統領は hire American（アメリカに雇用を取り戻す）を提唱しているが、このままでは、アメリカの製造業は復活しない。

国際分業の観点からアメリカ企業が果たすべき役割は、生産加工ではなく、商品と製品のアーキテクチャーである。対外貿易の不均衡は、投資（I）と貯蓄（S）のリバランスを図ることが必要である。現状においてアメリカ人の過剰消費は貿易赤字を拡大させている。アメリカ人は貯蓄率を高める努力を行う必要がある。仮に、ここで保護主義に走っても、アメリカの経済はさらに減速する可能性が高く、雇用はかなり難しくなるかもしれない。

ＴＰＰを頓挫させたトランプ政権の代償

研究者の間では、ＴＰＰを中国が主導する「一帯一路」構想と比較して論ずるものが多い。確認しておくが、ＴＰＰは参加国間の厳しい条件付きの合意に基づく経済連携協定であるのに対して、「一帯一路」は中国がイニシアティブをとって進めるインフラ整備の構想であり、両者は本質的に異なるものである。

ＴＰＰは例外事項を除けば、基本的に参加国の間の国際貿易は自由に行われる。関税と非関税障壁のいずれも撤廃する必要がある。また、市場を独占する国有企業に対する制裁も参加の条件に盛り込まれる。見方を変えれば、ＴＰＰは社会主義国を排除するイデオロギー的な判断が含まれるため、中国包囲網といわれる所以である。

日米を含む12カ国の発起人はＴＰＰのルールづくりに取り組んできたが、ＴＰＰ合意が発効した場合、その後の参加者はすでに定められたルールに従う必要がある。言い換えれば、ＴＰＰは後になって参加する者にとってルール的に不利になる可能性がある。また、既存のＦＴＡやＥＰＡの枠組みよりも、より包括的な合意になるため、今後の国際経済協力枠組みの結成にとって重要なベンチマークとなる。

トランプ大統領は就任とともに、ＴＰＰ離脱を宣言する大統領令に署名した。なぜやめるかという理由などは論理的に示されていない一方で、大統領の狙いははっきりしている。彼は、ＴＰＰやＮＡＦＴＡのような自由貿易協定と経済連携協定はアメリカにとって不利な取り決めになっていると考えている。そのため、むしろ国ごとに二国間協定を締結し、アメリカにとってより有利な条件を引き出そうという思惑があるのだ。

トランプ大統領は、いかなる経済協力の枠組みでもゼロサムゲームとみているようだ。だからこそ、その相手国と相対交渉して自国をより有利な立場に導こうとする。自由貿易協定や経済連携協定をディール（取引）とみなせば、トランプ大統領の考えには一理がある。しかし、ゼロサムゲームのディールをプラスサムゲームの経済協力に発展させなければ、グローバル経済はさらなる進歩を見込めない。

繰り返しになるが、戦後、アメリカは世界で最もグローバリズムから恩恵を受けてきた国だった。アメリカは本気で保護主義に走ろうとしているとすれば、これは、アメリカはグローバル経済を引っ張っていくリーダーの座から降りる予兆となる。かつて大英帝国が引き潮に陥ったとき、同じような守りの姿勢に転じたが、それに代わってアメリカが台頭し、イギリスからバトンを受け継いだ。

仮に、アメリカが世界経済を引っ張っていく力を失いつつあるとすれば、代わりにリーダーとなる国が現れてこなければならない。そこで台頭してきたのが中国である。中国がアメリカにとって代わる、世界経済を牽引するリーダーになれるかどうかを検証しなければならない。それについて以下で詳述することにする。

その前に、トランプ大統領が署名した大統領令のすべては軽率といわざるを得ない。小国ならば、自分の都合だけで行動をとったとしても、世界にそれほど大きな影響を及ぼすことはないが、アメリカのような大国が自分の都合で行動をとるのは無責任といわざるを得ない。むろん、トランプ大統領の論理では、アメリカは見返りがないのに、なぜ責任を取らなければならないのかということかもしれない。アメリカでトランプ大統領の登場は、世界が乱世に突入した証拠であるかもしれない。乱世とは、秩序が乱れ、権威のあるリーダーが不在、という状況のことである。今の世界情勢をみると、まさに乱世である。

現実味を帯びる「一帯一路」構想

中国の習近平政権が主導する「一帯一路」構想とは、いわば現代版シルクロード構想である。ユーラシア大陸の地図を開けばわかるが、この地域は資源の宝庫であるうえ、製造業の拠点でもある。そのうえ、世界最大の市場が出現しようとしている。ユーラシア大陸の経済発展を妨げているのはインフラの未整備である。

一方、習近平国家主席は「中華民族の復興」を内外に向けて提唱している。経済規模でみた場合、中国の名目GDPは清朝末期の1820年には世界経済の3割弱を占めていた（第1章の表1を参照）。その20年後にアヘン戦争（1840年）が起き、さらにその54年後に日清戦争（1894年）が起きた。中国の近代史は、現在の歴史教科書のなかで「国恥」と記されている。なぜ中国が列強に侵され続けたかについては、中国の発展が遅れたからと総括されている。すなわち、強い国であれば、外国に侵されることはないという考えである。そこから富国強兵の考えが生まれたのである。

1978年を起点とする「改革・開放」政策は一貫して富国強兵の道を歩んでいる。鄧小平は「発展こそこの上ない理屈だ」と繰り返してその後継者たちに伝えていた。ただし、鄧は、自国の経済発展が国際社会において、出る杭のように打たれるおそれがあるため、生前、その後継者たち

表6　世界主要国経済の順位（2016年）

国名	名目GDP（百万ドル）	2016年順位	国名	GDP（購買力平価）
アメリカ	18,558,130	1	中国	20,853,331
(EU)	16,477,211		(EU)	19,205,364
中国	11,383,030	2	アメリカ	18,558,129
日本	4,412,600	3	インド	8,642,758
ドイツ	3,467,780	4	日本	4,901,102
イギリス	2,760,960	5	ドイツ	3,934,664
フランス	2,464,790	6	ロシア	3,684,643
インド	2,288,720	7	ブラジル	3,101,247
イタリア	1,848,690	8	インドネシア	3,010,746
ブラジル	1,534,780	9	イギリス	2,756,748
カナダ	1,462,330	10	フランス	2,703,378

資料：IMF

に「韜光養晦《とうこうようかい》」と教示していた。韜光養晦とは、発展しないのではなく、一人前になるまで力を蓄えるということである。すなわち、それまでにできるだけ諸外国と摩擦が起きないようにするということである。

習近平政権になってから、共産党ははじめて「中華民族の復興」を提唱した。おそらく習主席の自らの判断として、中国の国力はすでに十分強くなったと考えたにちがいない。

表7に示したのは、2016年現在の中国の名目GDPと主要国の名目GDPとの比較である。ドル建て名目GDPのランキングでは、中国のGDPはアメリカに次いで世界の二番目の規模を誇っている（2009年までは、日本が二位だった）。一方、物価水準のちがいを考慮した購買力平価で再評価したGDPランキングでは、中国はアメリカを抜いて世界一位になっていると推計されている。

習近平政権が「一帯一路」構想を打ち出した背景には、まさに中国の経済力の増強がある。いうまでもないことだが、後発組の中国は既存の世界秩序のなかでそのルールに則って国際貿易や投資を行っていくことは考えにくい。中国は自らのイニシアティブで新しい秩序を作ろうとしているのである。

3　中国主導のグローバル化と摩擦

米中貿易戦争の可能性

世界主要国の政府と貿易関係者は、トランプ大統領の誕生で、米中が貿易戦争に突入するのではないかと心配していたのだろう。トランプ当選後、日本では少なからぬ量の書物が刊行され、米中のぶつかり合いやトランプの対中戦略の行方を論じている。トランプは大統領に当選する前から中国との貿易赤字を問題視し、中国が不当に人民元を安く操作しているとツイッターでつぶやいている。日本やＥＵなどの国・地域は、米中が貿易戦争に突入した場合、自らが巻き込まれるおそれがあるため、戦々恐々と事態を見守る姿勢だった。

しかし、トランプ大統領は当選したあと、中国との関係をこれ以上悪化させないように、注意深く中国との対話姿勢を鮮明にしている。なぜ米中は貿易戦争に突入しないといえるのだろうか。

まず、中国は、アメリカ政府から鉄鋼製品についてアンチダンピングの報復関税がかけられている。しかし、アメリカが中国から輸入している鉄鋼製品は全体の３％未満であり、中国はアメリカの鉄鋼輸入国・地域のなかでトップ10にすら入っていない。ちなみに1位はカナダ、2位はブラジル、3位は韓国であり、日本は全体の6位。中国は11位だった（2016年実績）。表8に示したのは中国がアメリカに向けて輸出する鉄鋼製品の構成だが、それは全体の2・6％程度だった。

そして、同様に表8から読み取れる情報として、中国のアメリカへの輸出のなかで、家電（含むスマホ）と産業機械（含むパソコン）は全体の50％近いウエートを占めている。これらの貿易に最も貢献しているのは、前にも述べたように、中国に進出している日米欧と韓国などの外国企業である。アメリカが中国に輸出している家電と産業用機械のほとんどは中国で生産できないハイテク製品である。さらに、アメリカが輸出している農産物（種子と穀物）の70％が中国によって輸入されている。同様に、中国がアメリカに輸出している履物は主にアメリカ企業（アディダスとナイキなど）と日本企業（アシックス）によるものが多い。地場の履物メーカーの輸出はほとんど低付加価値のものばかりである。

こうしてみればわかるように、米中貿易はたしかに不均衡となっているが、中国が享受しているとみられる黒字の多くは、実際は中国に進出している多国籍企業の分である。そのなかで、アメリカ企業が享受する売上と利益も相当大きな規模にのぼる。それに加え、米中の商品貿易こそ中国の黒字だが、サービス貿易（知的財産権の使用料、観光収支、留学収支）は中国の大きな赤字である。

総じていえば、米中貿易の不均衡はその額面通りに受け止めることはできない。詳細な情報を収集して分析すればわかるように、アメリカは米中貿易不均衡から大きなメリットを享受している。この点にこそ、トランプ政権が中国との貿易戦争に突入したくない思惑が見え隠れしている。２０

表7　米中貿易の主要製品とその構成（2016年）

米国→中国	金額（億ドル）	構成（%）	中国→米国	金額（億ドル）	構成（%）
航空機・部品	154.4	13.3	家電（含むスマホ）	1,331.6	27.6
家電	127.6	11.0	産業機械（含むPC）	1,041.4	21.5
産業用機械	122.5	10.6	衣類・アパレル	310.5	6.4
種子（大豆など）	110.9	9.6	家具など	281.0	5.8
自動車・部品	108.7	9.4	玩具など	245.1	5.1
光学医療機器	79.2	6.8	履物	172.8	3.6
プラスチック製品	49.1	4.2	プラスチック	143.3	3.0
木材・パルプ・古紙	34.1	2.9	自動車・部品	130.3	2.7
穀物（小麦・トウモロコシ）	24.7	2.1	鉄鋼および製品	123.4	2.6
化学製品	24.6	2.1	光学医療機器	110.6	2.3
その他	324.9	28.0	その他	942.5	19.5
合計	1,160.7	100.0	合計	4,832.4	100.0

資料：中国商務部

17年7月16日は、米中両政府は貿易不均衡を是正する「100日計画」を策定するタイムリミットだった。この「100日計画」の実施によって米中貿易不均衡が是正されるものではなく、米中両国は互いに妥協点を探るものであり、そのなかで中国はアメリカから農産物や牛肉などの輸入を増やすことを提案したといわれている。トランプ政権としては、中国に対北朝鮮の圧力を強化するように貿易不均衡の是正を引き合いに出した可能性が指摘されている。したがって、米中の貿易不均衡は単なる国際貿易の問題だけでなく、米中の外交と安全保障とも関係する複雑な問題である。

中国型グローバリズムのあり方

そもそも40年前から始まった「改革・開放」政策は、中国がグローバル化を推進し、グローバル・コミュニティに仲間入りするスターティング・ポイントだった。2001年に中国は念願の国際貿易機関（WTO）加盟を果たし、経済のグローバル化が一気に進んだとみられている。中国はWTO加盟をきっかけに、金融市場を含むほぼすべての国内市場を対外的に開放することを約束した。むろん、WTOに加盟したときの約束は国際社会からみると、100％履行されたわけではない。中国はさらなる市場開放に取り組む必要がある。

中国が進めるグローバル化は2010年までは徐々に国内市場を開放していくことだったが、それ以降、「走出去」（対外進出）に姿勢を大きく転換させた。2010年以降、中国経済は国内市場だけでは供給を完全に消化することができなくなった。すなわち、過剰設備の問題が浮き彫りになったのである。これこそ中国経済の構造問題である。

中国経済の一つのパターンとして、外資を誘致して地場企業、とりわけ国有企業に設備投資を促し、廉価な商品・製品を生産して輸出することで経済成長を進めていくことである。この発展モデルは人件費の安いうちなら十分に機能していたが、2010年以降、主要都市の最低賃金は毎年10％ずつ引き上げられてきた。今や中国沿海部の人件費は東南アジア諸国よりも割高になっている。その結果、中国の輸出製造業は徐々にアドバンテージ（比較優位）を失うようになった。直近でいえば、2015年と2016年は二年連続で輸出も輸入もマイナスの伸びとなった。

輸出依存の経済発展には限界がある。しかし、中国の場合、家計の貯蓄率はGDPの30%にのぼり、政府と企業の貯蓄と合わせれば、50%を超える規模になる。一方、貯蓄に押されて、消費率は低くなっている。先進国の場合、一般的に消費率は60%を超えるが、インドでも55%前後といわれている。中国の消費率は40%未満である（ADB統計）。

結果的に、毎年巨額の設備投資が行われているが、国内市場も国際市場も思うように拡大しない。中国政府は当初、海外で資源を獲得する投資と市場を開拓する投資なら積極的に認める姿勢だった。しかし、2010年以降、中国企業は海外で資源や市場を獲得する投資よりも、一攫千金の不動産投資などに走るケースが増えた。2013年から、習近平政権は国家戦略として古代のシルクロードに倣って新しいシルクロードともいえる「一帯一路」構想を打ち出した。

「一帯一路」構想が打ち出された当初は、日米を中心に推進していた環太平洋パートナーシップ協定（TPP）に対抗するものともいわれていた。トランプ政権になってから、トランプ大統領は公約の通りTPPからの離脱を宣言する大統領令に署名した。しかも、同大統領は「アメリカ・ファースト」の保護主義姿勢を鮮明にした。グローバル社会では、グローバリズムと保護主義の対立軸が明確になった。

習近平は保護主義が中国経済の成長率をさらに押し下げていくことを懸念して、グローバル化を推進していく姿勢を明確にしている。いうまでもないことだが、アメリカのTPP離脱は中国の「一帯一路」構想にとって強い追い風となっている。中国主導の「一帯一路」構想が実現すれば、中国主導のグローバリズムは世界で強いリーダーシップを執れる可能性が出てきたのだ。

「一帯一路」構想が直面する課題と今後の展望

中国政府が推し進める「一帯一路」構想は、TPPが頓挫しそうな現状において、経済のグローバル化をさらに推進していくうえで重要な原動力になるだろう。前にも述べたが、自由貿易協定（FTA）や経済連携協定（EPA）とちがって、「一帯一路」構想はユーラシア大陸を跨る巨大な地域の物流インフラを整備し、その貿易を推進するイニシアティブである。前者は事前に合意された条件をクリアできないと、参加することができない。それに対して、後者は参加する条件はなく、重要なのはインフラプロジェクトを整備するためのファイナンスとその利用による貿易促進である。

いうまでもないことだが、「一帯一路」構想は中国の習近平国家主席の「面子工程」（メンツ・プロジェクト）の色彩が濃いことである。一般に中国人は、プライドが高く、対面（面子）を重んじる傾向がある。習近平国家主席が提唱する「中華民族の復興」は、まさに「一帯一路」構想の実現によって象徴されるように、習主席の面目躍如たるプロジェクトにする野心満々のプランだと思われる。

この壮大な夢を実現するには、まず、中国経済を持続して発展させていくことである。現実的に「一帯一路」プロジェクトに資金を供給できるのは中国しかいない。「一帯一路」沿線の国・地域は、中国がインフラを整備してくれるならば歓迎するという姿勢である一方、港湾などが整備されたあと、自らの経済が中国にコントロールされないか、不安と心配の声が聞こえるのは事実である。

そして、中国国内においても、短期的に1兆ドルにのぼるといわれるインフラ投資について、国内になお2億人の貧困層がいるなかで、なぜこれほど巨額な資金を投じて外国のためにインフラを整備しないといけないのだろうか、と疑問視する声が聞こえる。「一帯一路」構想はそもそも、国民によって支持されなければ実現できない。

さらに、諸外国からみると、「一帯一路」プロジェクトの建設において、誰が主役になるかという問題がある。基本的にそのプロジェクトのファイナンスと建設について透明性を担保するには、プロジェクト推進当事国が中心となってその民営企業が主役となり、資金面の情報開示が求められている。それに対して、中国の国有企業が主役になった場合、必ずや腐敗や専横が出来する。経済の合理性が認められなければ、民営企業は参入してこない。現実問題として、第1章の図1をもう一度みてみよう。前掲図1に示す通り、中国企業の対外直接投資は順調に拡大しているが、「一帯一路」沿線への直接投資はほとんど増えていないということである。

なぜ「一帯一路」沿線への直接投資が増えないのだろうか。原因の一つはこうしたインフラ施設に投資した場合、リターンが得られない可能性があるということである。

繰り返しになるが、「一帯一路」構想は自由貿易を推進するための物流整備プロジェクトである。一方、関税と非関税障壁を撤廃し、国際貿易を推進するための枠組みはＦＴＡまたはＥＰＡといった協定である。将来の展望について、中国は必ずや当該地域におけるＦＴＡまたはＥＰＡの締結を提案してくるものと予想される。

中国とＥＵの貿易構造をみると、その産業間の補完性が強く、中国とＥＵのＥＰＡ締結は日・Ｅ

UのEPAに倣って行われる可能性が高い。そうすれば「一帯一路」沿線の経済は、そのバリューチェーンによって押し上げられる可能性があり、これこそ現代版シルクロード構想の意味あるところである。バリューチェーンの具体例の一つは、エネルギーの供給である。もう一つは自動車や半導体の部品などのハイテク部品産業の物流である。さらに、自動車、家電と産業用機械の完成品の流れは活発化する可能性がある。研究・開発、生産、販売から成る物流は、EPAの好条件のもとで活性化する可能性がある。

「一帯一路」構想と、将来締結され得る経済連携協定の実現に向けて、中国は沿線の国・地域との相互信頼を醸成する必要がある。同時に、自国民からの支持を贏《か》ち得るために、まず国民に対する説明責任を果たしていかなければならない。したがって、「一帯一路」構想は中国自らが変革を起こしていけるかどうかの試金石といえる。具体的に、経済改革だけでなく、政治改革を行い、自由、人権と民主主義といったグローバル社会の普遍的価値観を共有する必要がある。

4　習近平政権のグローバル戦略

経済外交の行方

20世紀、中国外交の一つの特徴は、世界を三分割するという三世界論だった。第一世界は米・ロのような、いわば超大国である。第二世界はそれ以外の先進国である。第三世界は中国を含むアジア、アフリカとラテンアメリカの発展途上国である。かつて毛沢東時代の中国はアフリカへの経済支援でアフリカ諸国と良好な関係を保とうとした。ベトナム戦争のときも、中国は経済と軍事の両面からベトナムを無償支援していた。当時、途上国への経済援助は、社会主義陣営の拡大を狙う思惑があった。国内向けにおいて毛沢東は「われわれは全人類を解放するのだ」と豪語していた。当時の中国人は漠然とした使命感を背負うようになった。

しかし、経済外交は単なる輸血だけでは持続不可能である。毛沢東時代の後期になって、中国経済自体が窮地に追い込まれた。国際通貨のドルが不足する中国にとって、外国に経済援助することは困難となった。結局のところ、タンザニアなどに鉄道建設を援助するなど、いわゆる実物をもって援助するようになった。ただ経済援助を受け入れる国にとっては、こうした援助はフリーランチであり、その見返りとしてせいぜい国連での投票において中国の要請に応じるだけだった。

要するに、経済援助はどのような理念があるかが必ず問われる。１９８０年代末、ソビエト連邦の崩壊により社会主義陣営が総崩れしてしまった。中国から経済援助を受け入れる国にとって、社会主義の理念や価値観に関する魅力は失われた。なによりも、中国自身が「改革・開放」政策を推進し、社会主義離れが進んだ。

むろん、中国は自らの社会体制を社会主義と定義するが、外国からみれば、中国はもはや社会主義国ではなくなった。２０１０年に中国の経済規模は日本を追い抜いて世界二番目にまで拡大し、一人あたりでみても、中国経済は世界の中進レベルに達している。したがって、三世界論の外交構想はおのずと姿を消したのだ。要するに、従来の三世界論でみた場合、中国はとっくに第三世界でなくなったのである。

こうしたなかで中国経済の台頭をきっかけに、先進国を中心に中国脅威論が盛んになっている。世界主要国のなかでほとんどの国は民主主義国家であり、ロシアでさえ、選挙制度を取り入れている。唯一、民主主義と選挙の導入を拒否しているのは中国だけである。ある意味では、世界と異質な存在になっている中国はどのような外交戦略を展開していくのだろうか。

中国外交のもう一つの特徴は内政不干渉の原則である。すなわち、中国がいかなる社会制度を採用しようが、外国に指図される筋はない、というのが内政不干渉原則である。この原則は中国にとって、外国からの干渉を防ぐ防波堤のようなものである。

近年、中国を取り巻く外交環境は大きく変化している。長い間、欧米諸国の指導者はことあるごとに中国の人権状況がよくないと批判するなど、人権外交を展開していた。しかし、中国の人権状況がはっきりした改善がないなか、欧米諸国の人権外交は姿を消した。その背景は明らかではないが、批判しても中国はいっさい聞かないことと、人権状況の改善は中国人自身の努力に委ねるべきとの考えがあるようだ。少なくとも、他の途上国とちがって、中国経済は大きく伸長し、中国人の生活レベルが大きく改善されているのはたしかである。

人権外交よりも、欧米などの先進国は中国による国際社会への影響力を抑えるために、価値観外交を展開している。その代表の一つは環太平洋パートナーシップ協定（ＴＰＰ）である。たとえば、ＴＰＰ協定のなかでは国有企業の取り扱いについて厳しく制限されている。中国は国有企業を優遇する既存の制度を改めないと、ＴＰＰに加盟することができそうにない。中国にとって、いかにＴＰＰ包囲網を突破するかは外交的に重要な課題である。

喉に刺さった魚の骨のような台湾問題

戦後の米中関係の成り行きは米中が決めるものというよりも、旧ソ連・ロシアとアメリカとの関係によって決まるものだった。１９７０年代、米ソの対立がなければ、米中の国交回復はもっと遅れたにちがいない。同時に、中ソの対立がなければ、米中の歩み寄りはなかったのかもしれない。

しかし、米中関係ほど紆余曲折に満ちた外交関係はほかになかったのかもしれない。キッシンジャー・米大統領補佐官の極秘訪中をきっかけとする米中接近は、最初から台湾問題というハードルにぶつかってしまった。中国の国連復帰はアメリカの譲歩と無関係ではない。それに中国の経済外交が奏功してアフリカや中東諸国などが賛成票を投じたことで、中華人民共和国は国連復帰を果たした。

論をさらに展開する前に、なぜキッシンジャー博士はここまで熱心に米中関係の改善に奔走していたのかについて述べておこう。米中の国交回復はもとより、人権などをめぐり米中が対立するたびに、キッシンジャーは必ず現れ、仲介役として重要な役割を果たしていた。トランプ政権が誕生してから、米中関係はオバマ政権のときよりも悪化するだろうと専門家に指摘されていた。しかし、結果的には、トランプ大統領は習近平国家主席に対してまったく横柄な態度を取らず、ほめ過ぎるぐらい「習近平主席は尊敬に値する方」と持ち上げる。実は、トランプ大統領の影にまたもキッシンジャー博士が見え隠れしているのだ。

元を辿れば、キッシンジャーはドイツ生まれのユダヤ人である。ユダヤ人は中国ときわめて良好な関係にある。筆者が２０１６年に久しぶりに中国東北地方の大都市ハルピンに出張したとき、重要な発見があった。ハルピンはロシア人が築いた町と思われていたが、まったくの誤解だった。実は、ドイツとロシア、さらにソ連から逃れたユダヤ人の一部がハルピンに辿り着いて住み着いたのがはじまりだった。ユダヤ人はハルピンで小麦の製粉場と砂糖の工場を立て、そのビジネスは繁盛した。同時に貿易決済を担う銀行もつくられた。ハルピンは松花江の岸にある町で、昔から定期的に松花江が氾濫していた。そのたびに、ユダヤ人たちはユダヤ教義に基づいて小麦粉を避難民たちに布施した。ユダヤ人とハルピンの原住者たちとがきわめて良好な関係にあった記録は、今もたくさん残っている。

ハルピンにユダヤ人の墓地があり、今でもイスラエルの政治家は、先祖の墓参りにハルピンに訪れる。かつてのユダヤ教会にその写真が展示されているが、そのなかにキッシンジャー博士の写真が何枚もある。中国人研究者によると、キッシンジャーは訪中するたびに、必ずハルピンに訪れるといわれている。このようなことから、なぜキッシンジャーが米中関係の改善に奔走するかがわかるのだ。キッシンジャーはアメリカの歴代政権と北京とのかけ橋の役割を果たしているといえる。

しかし、米中関係には、喉に刺さった魚の骨のような台湾問題が存在する。アメリカの公式見解は一つの中国の原則を認める半面、中国大陸と台湾を取り巻く現状も認識し、それを武力で変更させるのを認めない態度を取っている。１９５０年代から何回か続いた台湾海峡での中台の衝突の際も、アメリカは大陸の台湾進攻を強く牽制した。

「改革・開放」初期において台湾のＧＤＰは中国大陸の4割に相当する規模だった。今やその割合は５％程度にまで低下している。しかも、現実には、台湾を代表する企業のほとんどが中国大陸に直接投資している。すなわち、いまや台湾の経済は完全に中国大陸に依存してしまっているということである。アメリカは台湾がいずれ中国によって飲み込まれるとの懸念から、１９７９年に台湾関係法を制定し、事実上、台湾との同盟関係を維持することにした。しかし、アメリカがどこまで犠牲を払って台湾を守る意思があるかは明らかではない。

一方、中国大陸側のスタンスをみると、毛沢東は台湾を統一したかったが、そこまでする実力は当時、持たなかった。鄧小平は香港を取り戻したあと、さらに台湾統一を進めようとしたが、１９８９年に天安門事件が起き、中国を取り巻く内外情勢が大きく変化したため頓挫した。江沢民も台湾を統一しようとしたが、アメリカの介入によって計画が実現できなかった。胡錦濤は軟弱だったため、台湾を統一する意思が弱かったようだった。それに対して、習近平国家主席は中国の歴史に名声を残すために、統一への強い意思を見せている。手段はともかく台湾を統一する実力を備えているため、あとは時間の問題と思われる。

ただし、習近平が台湾統一を遂行する場合、アメリカの介入を排除する必要がある。それは力では困難なため、ディールしてアメリカを納得させる方法をとることになるだろう。台湾問題とディールできるカードといえば、北朝鮮問題である。中国は北朝鮮のミサイルや核問題の解決に向けて、その武装を解除させる代わりに、台湾を統一する際、アメリカが介入しない約束を取りつけようというのである。これで東アジアの地図は完全に塗り替えられる。

朝鮮半島危機をめぐるディール

もともと中国外交の特徴の一つは、他国の論理に則って論理展開をせず、いわゆる中国的思考を貫くやり方である。おおよその大国はたいていの場合、これと同じ戦法で外交戦略を展開する。かつてのソ連、そして今のロシアはまったく同じ戦法である。アメリカもトランプ大統領のいうアメリカ・ファーストの表現がその外交戦略を如実に表すものといえる。

大国がこういう自己中心的な外交戦略を展開できる背景には、強い国力がある。強国は弱小の国々を見下ろすように強国の意思に従わせる。近代社会において弱肉強食は大きく抑止されているが、強国の優勢と傲慢な態度は潜在的に存在している。中国には、「弱国無外交」という言い伝えがある。むろん、弱小の国こそ巧みな外交戦略が重要である。

ある意味では、今の世界は乱世といえる。乱世とは、絶対的に強いリーダーが不在で、ルールが守られない状況である。アメリカには世界の警察としての国力は、もはやないかもしれない。ヨーロッパは、イギリスのEU離脱によって結束が弱まる可能性がある。そこで英米や西側の先進国に代わって世界覇権にチャレンジするのはロシアであり、中国であろう。

ロシアはウクライナの一部だったクリミアを強引に併合した。それに対してロシア制裁が強化されているが、ロシアの態度を軟化させるには至っていない。一方、中国は中華民族の復興を宣言し、アメリカと太平洋の権益をシェアしようと試みている。

こうした状況下で、北朝鮮は国内経済が破綻状態にあるといわれているにもかかわらず、頻繁にミサイルや核爆弾の実験を繰り返して周辺諸国にとって脅威となっている。どこから資金を捻出しているのだろうか。グローバル社会は北朝鮮が核実験を行ってはならない説得力のある理由を挙げることはできていない。たとえば、なぜインドとパキスタンが核実験を行っても、いま北朝鮮が受けているほどの経済制裁を受けなかったのだろうか。

しかし、その理由はともかく、北朝鮮は巨大な圧力を前に、態度を軟化させず、依然として強がる態度を示している。

日米韓は北朝鮮の暴挙を看過できない。ただ、北朝鮮に対して武力をもってその武力を解除しようとすれば、韓国は大きなダメージを被る心配がある。場合によっては、日本も無傷では済まない。そこで、とりあえず頼むのは中国であり、中国による北朝鮮の教化を求めるのが先決である。

では、中国の態度はどのようなものだろうか。

中国にとって、現在の北朝鮮は国土を保全する重要な緩衝地帯である。したがって、中国が望んでいるのは北朝鮮と韓国がこのまま分裂状態を続けていることである。中国からみれば、北朝鮮は中国の経験を踏襲し、「改革・開放」を進め、経済をほどよく発展させ、軍事的に暴走せずに、韓国と対峙していくのが最も理想的な状態なのだ。金正日前労働党委員長は生前何度も中国を訪れ、中国の経済特区を視察していた。こうした行動から北朝鮮政府は中国と同じような「改革・開放」政策を取り入れる用意があったと推察される。

否、それだけでなく、小泉元首相が訪朝し、日朝ピョンヤン宣言を発表し、数人の拉致被害者を連れ戻した。これは小泉元首相の外交戦略の勝利といえるが、同時に、それを許した金正日前委員長の政策によるものでもある。すなわち、彼自身はこのままでは北朝鮮が孤立する可能性があり、日韓との融和を図り、さらに米国との関係改善も視野に入れていた。

問題は金正日前委員長が死去したあと、金正恩が委員長に就任し、北朝鮮は外交が大きく変更されたことだった。金正恩は彼の父親の金正日ほど開明的ではない。コンピューターゲームのようにミサイルと核実験を進める正恩は北朝鮮を孤立の道へ導いている。習近平は、中国の国家主席としてはじめてのことだが、就任してから一度も北朝鮮を訪問していない。同様に、金正恩委員長も訪中していない。現在、中朝間の信頼関係は完全に崩れているといえる。

かつて中国では、中朝関係は「血の友情」とも表現されていた。しかし、今の中朝関係は完全に冷え切っている。中国は北朝鮮の体制だけは崩壊しないように、最小限の経済援助を続けているが、それも難しくなっている。北朝鮮の核実験とミサイルの飛距離は日増しに高度化して、国際社会からの要請が強まるなかで、中国も対北朝鮮制裁を本気に実行せざるを得なくなったからだ。

そこで、米中のディールが行われようとしている。もし北朝鮮がこのまま暴走を続けるならば、最終的には金正恩を見捨て、本格的に北朝鮮を制裁し、場合によってその体制の崩壊にまで導いてもやむなしという瀬戸際にまで達している。その方向へ進めるのに手を貸す代わりに、中国が台湾を「解放」したとき、アメリカに介入しないように求める。いわば世紀の大ディールといえる。アメリカという国もそうだが、とくにトランプ大統領はいわば実利主義者であるため、正義はともかく実利があれば、ディールが行われる。その可能性は現実にますます高まっている。

5　高まる東アジアの地政学リスク

政治の世代交替と対立の先鋭化

振り返れば、東アジアにおいて第二次世界大戦の終結は、域内の秩序の再構築に向けた新たな出発点だった。歴史的に、経済のみならず、文化の面でも密接な関係で結ばれているこの地域の住民は、対立よりも共存を強く望んでいたはずだった。

ただし、冷戦構造下で政治の不信は、各国の国民の間の不信を掻き立てていた。サッカーの試合のように、兄弟でも別々のチームに所属していれば、試合のなかで敵となる。冷戦構造によるイデオロギーのちがいによって世界が二分されてしまった。個々人の価値判断はまったく行われず、参加する「チーム」、すなわち、それぞれの国籍によって東西に色分けされてしまった。

冷戦構造を支えるイデオロギーのちがいは、同時に人々の間で怨みと憎しみを助長して、分裂状態をさらに強固なものにした。それを可能にしたのは情報の統制だった。当時、西側諸国は、自分たちが世界で最も幸せであり、相手陣営はまるで地獄に陥っていると信じていた。同様に、東側諸国の人々も、西側の人々は地獄に陥っていると信じていた。

1990年代はじめにソ連邦が崩壊し、冷戦に終止符が打たれた。最初に東西ドイツが統一され、別れ別れになっていた家族と友人が再会した。久しぶりに訪れた平和は人々に幸せの気分をもたらした。しかし、人々はなぜ冷戦に陥ったかについて十分に反省していなかった。人々のマインドをコントロールするイデオロギーこそ、諸悪の根源である。イデオロギーは政治と政治家のツールである。

かつてマルクスが目にした資本主義は、たしかに醜い部分が多かった。今の資本主義も決して美しい制度とはいえない。しかし、それでは社会主義や共産主義が理想的なシステムかといえば、こちらもそうではない。過去100年近い社会主義体制の実験で明らかになったことだが、プロレタリアの専制政治は最終的にはほぼ独裁になり、より暴力的な政治体制になりがちである。ロシアと中国で起きたことを省察すれば、資本家を打倒すると宣言した労働者は資本家以上に暴挙を講じた。全人類を解放すると宣言したプロレタリア革命の指導者は結局のところ、自分と自分の家族だけを解放し、人民はそのまま貧しい生活を強いられる。

冷戦の終結は社会主義体制の失敗によって起きた。ロシアは不完全ながらも、民主的な選挙制度を取り入れた。中国は社会主義公有制を棄却し、私有財産を認める「改革・開放」を推し進めた。冷戦が終結したあと、G5はG8になり、そしてG20サミットが結成された。世界主要国の首脳は定期的に対話することで誤解を解消し、対立を抑えることができると期待されている。

しかし、今、世界を見渡すかぎり、チャーチルやドゴールのような先見性のある大物政治指導者は、もはや存在しなくなっている。目の前の問題の解決に忙殺され、新たな時代を切り開いていこうとする使命感のある政治家は生まれてこない。利己的な政治家はポピュリズムに走りがちである。大きくいえば、自分の国の国益を最大化する云々を理由に、主義主張を持てなくなる。小さくいえば、結局のところ、自分自身の政治家としての利益を最大化しようとするだけである。

近視眼的な政治家があふれるようになり、彼らは狭い視野で世界を眺めているがために、包容力を失い、かえって対立を助長してしまう。人間の世界ゆえに、利益をめぐる対立はいつの時代も同じであり、尖鋭化しやすい。しかし、包容力のある政治家は対立を有機的に回避することができる。ツイッター上で政敵を罵倒するトランプ大統領はいつもその未熟さを露呈している。中国の政治家も国民からの批判を恐れ、ちょっとしたことを理由に、弁護士やジャーナリストを拘束し拷問する。日本の政治家も例外ではない。目前の枝葉の議論のために、惜しまず時間を費やすが、大局的視点と長期の構想力を欠いているのは明白である。

グローバル政治の混乱は新時代の到来を予兆している

世界主要国で起きている政治の混乱をみても、極端な暴政が起きにくくなったのは、何よりも幸いなことである。政治学者によって提起されたポピュリズム政治は古代もあった。ただし、今のポピュリズム政治は古代のそれと大きく異なるものになっている。情報革命によって政治と社会の情報が瞬時に伝わるようになるため、権力者が情報を都合のよいように完全に操作したくてもできなくなったからだ。

かつて、毛沢東時代（１９４９―76年）に行われた愚民政策は、インターネット時代の今日、中国ではそれができなくなった。

２０１７年、フランスやドイツなどヨーロッパ主要国で総選挙が行われた。当初、極右勢力の政治家が人気を博していたため、排他的な思想を強く持つ極右政治勢力が権力を握れば、ＥＵがどうなるかが心配されていた。しかし、実際には極右政治家は選挙で敗北し、中道政治家が引き続き権力を握り、従来の地域統合が進められることになった。

２０１７年2月、スイスで開かれた国際フォーラム（ダボス会議）に出席した習近平は、中国の国家主席としてはじめて演説を行った。そのなかで、習主席は「世界で反グローバル化の動きがあるが、われわれはグローバル化を支持していく」と宣言した。習主席が指摘した反グローバル化の動きというのは当時、アメリカで就任したばかりのトランプ大統領の言動と思われる。トランプ大統領はツイッターなどで極端なつぶやきを行っているが、現在までのところ、暴走はしていない。

なぜ権力者は暴走できなくなったのだろうか。

その背景には、情報革命によって情報を完全にコントロールできなくなったことがある。世界で最も情報が非対称的な国といえば、北朝鮮である。だからこそ金正恩労働党委員長は世界でどんなに批判されても、暴走している。

そもそも情報とはどんなものだろうか。

生物学者によれば、地球とほかの惑星の最大のちがいは生命の存在にあるといわれ、生命が存在できるのは、水と酸素の存在があるからであろう。しかし、近代社会において水や酸素と同じように重要なのが情報である。あらゆる社会と人間にとって、情報はさまざまな事象に関する決断の根拠となるものである。国民全員で情報をシェアできる国は健全に発展していける。情報の共有を抑制される国は亡びることになる。

歴史学者や小説家は幾度も第三次世界大戦を予言してきたが、現実的にかつてのような世界大戦は起きない。それは人間の学習能力の強化によるところもあるが、経済のグローバル化が戦争の再発を止めているのだといえる。経済のグローバル化というのは、多国籍企業によって投資を軸に資源が世界各国に分布するようになることである。したがって、戦争を発動する国にとっても大きなロスを被るため、戦争を発動するインセンティブが強く働かない。

中国とベトナムが戦争した１９７９年当時、中国の一人あたりＧＤＰは３００ドル程度だった。２０１７年のそれは９０００ドルに近い規模になるとみられている。経済の発展によって人間の「値段」が上昇している。人間の「値段」が高くなればなるほど、戦争を起こす原動力が弱くなる。

明確な方向性を失ったポピュリズム政治は、ファッションの流行を追いかけるように右往左往する。結果的に、国民生活や経済活動のなかで政治の重みは徐々に低下していくと思われる。中国のことを例に挙げれば、六十代以上の世代にとって、政治は重要な存在になっているが、40歳以下の世代にとっては、政治の重要性はまったくない。少し前の指導者について尋ねると、そいつは誰だという顔をされる。中国の青・壮年のほとんどは政治にまったく無関心であるからだ。

自分と直接無関係なことに無関心であるため、表面的に一人ひとりの人間のサイズが小さくなるようにみえる。しかし、政治は目的ではなく、あくまでもツールである。したがって、人間は本来のあるべき姿に回帰しているのかもしれない。

ここで問われているのは、政治のあり方である。

専制政治では、政治家は国民を管理する管理者のような存在になる。だからこそ専制政治は恐怖の政治といわれている。それに対して、日本のような民主主義の政治は軽量級の政治がほとんどである。日本政治のパワーゲームは怖さがまったくなく、テレビのワイドショーが取り扱う面白さしかない。

専制政治と民主主義の政治を比較すると、両者が動員できる資源の量はまったくちがう。中国の政治指導者は日本の政治家をいつも同情の眼で見ているかもしれない。たとえば贈収賄が実際に行われたのならともかく、単に「疑惑」が取り沙汰されただけで、少なからぬ政治家がなぜワイドショーで毎日のように皮肉られるのか、中国の政治指導者にとっては不可解だろう。

経済のグローバル化はすでに不可逆的な流れになっている。むこう10年ないし20年の長期的視野で世界の政治を展望すれば、NGOやNPOの活動は今まで以上に活発化していくだろう。政治の重要性はさらに低下していくものと予想される。これから大きな変化として、専制政治は恐怖の政治を脱していかなくてはならない。そして、民主主義の政治は行政の一環として行政システムに組み込まれていく可能性が高い。議会は政治行政を監督する機能をさらに強化していくが、その監督機能そのものは急速にシステム化される。

グローバル政治は当面混乱が続く可能性が高いが、やがて市民活動を展開する市民団体に背中を押され、サービス型の政治が定着するものと予想される。政治が混乱する間、極右勢力のような極端な思想を持つ個人や団体が目立つようになるかもしれないが、民主主義の政治は世界でメインストリームである以上、政治の暴走が抑えられると考えたほうがよいだろう。

強いリーダーか集団指導体制か

かつて、世界で超大国といえば、アメリカとロシアの二強だった。ソ連は行き過ぎた軍拡によって経済が破綻し、連邦国家も崩壊した。しかし、それでも、ロシアは大国である。一方、アメリカは依然として覇権国家だが、かつてのような国力を誇示することができなくなった。考えてみれば、かつてのようなアメリカであれば、北朝鮮のような小国が挑発してきた場合、おそらく大統領はとっくに軍事行動を発動したにちがいない。しかし、今のアメリカは軽々に軍事行動を発動するのではなく、損得を勘定せざるを得なくなった。

アメリカの国力が急速に弱まるとは思えないが、これ以上強くはなれないだろう。国連の安全保障理事会の決議をみてもわかるように、その実効性は年々低下している。世界の趨勢はグローバリズムの恩恵を受けたいが、そのためにコストを払いたくないというものである。これでは、グローバリズムは大きく後退する。

アメリカ主導のＴＰＰは世界に国際貿易の新たなルールづくりを提示する重要な枠組みだったが、トランプ大統領は突如としてＴＰＰ交渉からの離脱を宣告する大統領令に署名した。結局のところ、グローバル社会はリーダー不在の難局に陥りつつある。これから誰かが強いリーダーになってくれるかを期待するのか、それとも、コアメンバーによる集団指導体制を構築していくのか、水面下の模索はすでに始まっている。

おそらく損得の計算に長けているトランプ大統領は、現在の枠組みではアメリカが負担するコストは見返りとして得る利益と比べると割に合わないと判断したのだろう。同様に、イギリスの指導者とイギリスの国民もEUに残留しても、得られるメリットよりは払うコストのほうが、より高額になるから脱退を決めたにちがいない。

こうしたなかで、中国の政治指導者は少なくともアヘン戦争（1840年）以来、はじめて世界のリーダーとして顔を売るチャンスにようやく恵まれたので、アジアインフラ投資銀行（AIIB）を設立し、一帯一路構想を打ち出した。とはいえ、中国一国だけでは世界をリードしていけない。だからこそヨーロッパの国々とアメリカと対話しながら、新たな秩序を作っていく必要がある。

中国社会の内実をみれば、とっくに社会主義ではなくなっている。しかし、自分たちは社会主義国であるという建前を堅持しすぎるため、制度的に異なる民主主義の国々から信頼されていない。世界の主要国がAIIBなどへの参加を呼びかける中国に賛同するのは人民元の力である。一番金持ちの国だから、とりあえず付き合っておこうというレベルの国が多いはずである。

今、世界はまさに十字路にさしかかっている。これからどこへ向かうかは誰もわからない。当面は、彷徨うことになろうが、だからこそ政治家の先見性が求められているのではないか。

第8章　ＩＴ革命と中国社会の変革

２０１７年秋、筆者がスウェーデンを訪れたとき、初日の夜、ホテルのフロントでお金を両替しようとしたが、「わが国では、現金はほとんど使わない。クレジットカードですべての支払いができる」といわれた。それから1週間、ストックホルムに滞在したが、最後までスウェーデンの通貨をみなかった。すべての支払いはカードだった。

その後、中国に出張した。季節柄、石焼芋のおいしい季節だった。北京の街角で石焼芋の屋台が見つかり、一つ買った。ポケットで小銭を探しているうち、そのおじさんから「スマホで払える」といわれた。少々ショックを受けた。日本では、フィンテック（FinTech）は言葉として流行っているが、このような屋台にまでは、まだ普及していない。

ある日、大阪に講演に行ったとき、新大阪からタクシーに乗った。目的地に着いて、運転手に「カード、使えますか」と聞いたら、「機械がないので、現金で払ってください」といわれた。あらためてショックを受けた。

フィンテックやＩｏＴが普及するかどうかは、技術の問題ではなく、アナログの問題によるところが大きいかもしれない。ＩＴ技術は米カリフォルニアのシリコンバレーで生まれた。日本企業と韓国企業によってメモリの容量が大きくなり、一段と深化した。それが広く利用されているのは意外にも新興国の中国である。

しかし、中国では、インターネットに対する規制を日増しに厳しくしている。中国国内で検索エンジンのgoogleは使うことができない。ツイッターとフェースブックも使えない。かつて北方民族の侵入を防ぐために、秦の始皇帝の時代から、歴代王朝は万里の長城を少しずつ築き上げた。今、中国では、自国の若者が海外のウェブサイトにアクセスできないように、great wallを構築している。

一方、インターネットを使ってビジネスを展開することについては原則として自由である。若者はアリババのサイトでバーチャルの店を開いて、ありとあらゆる商品を販売する。このことは景気を牽引し、若者の就職難もいくらか解消している。専門家はインターネットが中国を変えると予言しているが、インターネットは中国をどのように変えていくのだろうか。中国政府はインターネットの規制に全力を尽くしているが、インターネットは猛スピードで進化している。このようないたちごっこのゲームはエンドレスになるかもしれない。

1　スピードは金なり

IT革命で大きく変わった世界経済

20世紀末、世界で新たな、そして非常に重要な産業革命が起きた。IT（情報技術）革命である。

これによって世界の産業構造が変化しただけでなく、人々の生活まで大きく変化させてしまったのだ。

ＩＴ革命の特徴は情報のネットワークを形成して、情報伝達を迅速化させることで産業の効率化が図られていることである。同時に、個人もこの情報ネットワークに組み入れられ、一挙に生活形態までも変貌させた。個々人は情報の消費者であるだけでなく、情報の提供者でもあるように生活が変わった。この情報ネットワークを支えているのは日進月歩のＩＴ情報技術の進展である。いかに早く正確に情報を入手できるか。この差が勝敗の明暗を分ける大きな要素となったのである。

それまでの産業革命では、先進国と途上国の間に乗り越えられないほどの壁が存在していた。たとえば、鉄鋼産業や自動車産業といった従来の基幹産業は先進国がリードし、途上国はキャッチアップに励むが、追いつくことがなかなかできなかった。

産業技術の開発は、部品や素材の開発や部品等のアセンブリなど、いわば裾野産業の発達が求められている。そのなかで産業技術の情報が効率よく伝達されないと、しばしば技術革新の妨げになることがあった。新しい技術を開発するために、企業はまず資金調達に奔走するが、商業銀行はその企業の技術革新の将来性を確信できないとき、リスクを避けるため融資を拒否するケースも多くあった。伝統的な間接金融（商業銀行）システムと直接金融（証券市場）システムは、スピードアップする技術革新への金融サービスの提供が遅れがちになっていた。

専門家によってよく指摘されることだが、プレＩＴ時代の製造業のセル方式から、ＩＴ時代に製造業は一気にモジュール化し、生産性は飛躍的に改善されたという。これはＩＴ時代の初期段階の考察に基づく描写だが、今日では、モノづくりの様式が大きく変化しているだけでなく、製造業からサービス業まであらゆるモノを情報のネットワークに載せて、いわゆるモノのインターネット（ＩｏＴ）が形成されている。ドイツ政府は次世代の産業革命を主導すべく、第４次産業革命（Industry 4.0）を提案している。

中国にとっての「両刃の剣」

こうした流れに乗り遅れないように、中国も「中国製造２０２５」というマスタープランを発表し、産業構造の高度化を図ろうとしている。そして中国のインターネットビジネスも飛躍的な発展を遂げている。２０１７年末現在、中国のネット利用者は８億人ほどで、世界最大規模である。ネットビジネスの一つの特徴はスケールメリットである。利用者が多ければ、ベンダー（開発企業）にとっても開発しやすいうえ、開発された技術の標準化も進みやすい。

一方で、インターネットは技術革新やビジネスを展開するツールとしてだけでなく、情報伝達の手段としては、政府にとって都合の悪い情報も容易に国民の間に行き亘ってしまうのが悩みの種である。インターネットの掲示板やソーシャルメディア（ＳＮＳ）における書き込みが、すでに国家の脅威となっている可能性を孕んでいることが明らかになってきたのだ。したがって、政府としては、インターネットの利便性を利用して技術革新を推進していかなければならないかたわら、政府にとって都合の悪い情報源に利用者がアクセスできないように、ファイアウォールをきちんと設置しなければならないというディレンマに直面している。

古代の思想家・荀子曰く「水可載舟、亦可覆舟」。ここで荀子は皇帝を舟に、民を水に喩え、水は舟を浮かべることができるが、同時に舟を転覆させることもできると警鐘を鳴らしたのであった。この喩えを援用すれば、政府は舟であり、インターネットは水のようなものといえる。一歩間違えば、政府はひっくり返ってしまうおそれがある。中国政府はインターネットの怖さを十分に理解しているはずである。だからこそ中国政府はインターネットの規制を強化しながら、同時にインターネットを発展させようとしているのだ。

2　言論の自由の壁

「莫談国事」の伝統

本書第1章でも触れたが、文化大革命のときに迫害を受け、北京の湖に飛び込み自殺したとされる劇作家・文豪老舎の代表作『茶館』（喫茶店）は、清王朝の末期から国民党時代まで、一人の茶館の支配人の目線から世相の変化の移り変わりを描写したものである。その茶館の柱に「莫談国事」（国事を談ずるなかれ）の張り紙がいつも張られている。これは中国社会において言論を封鎖する伝統たるものといえるかもしれない。国事とは国の運命や指導者に対する批判など政治にかかわる話のことである。

同時に、中国社会は矛盾だらけな社会でもある。社会主義国になってから、毛沢東は知識人や共産党幹部に対して「百花斉放、百家争鳴」と、共産党批判を含め、言いたいことなどすべて言って構わないと表明した。この呼びかけを信じた知識人と一部の共産党幹部は、本当に共産党に対する不満を語り始めた。これ以上放っておくと、収拾がつかなくなると懸念して、途中から毛沢東は手のひらを返して、共産党批判を繰り広げた知識人と共産党幹部を全員「右派」と指定し、農村に下放するなど迫害した。要するに、毛沢東が真に知りたかったのは、共産党に対する批判ではなく、誰が不満分子かということだったのだ。

むろん、知識人に対する弾圧は毛沢東に始まったことではなく、古くは秦の始皇帝による焚書坑儒がその起源といえるかもしれない。中国は輝かしい古代文化を誇る国だが、同時に、自らの文化を容赦なく取り壊す国でもあった。始皇帝の焚書坑儒に倣って毛沢東も文化大革命のとき、孔子を批判し、紅衛兵による孔子一族の霊園の破壊を容認した。

こうしてみれば、中国社会、あるいは中国の数千年の歴史のなかで一度も真の意味での「言論の自由」が実現したことはなかった。言論の自由のない環境のなかで育った中国人は言論が封鎖されることに、もはや慣れているとみるべきかもしれない。むろん、人間は何かに不満が募れば、声を出して批判したい。近代の中国では、1919年5月4日に起きた、ベルサイユ条約に端を発した抗日・反帝国主義の抗議運動、のちに五四運動がその典型の一つである。

社会主義体制になってから、言論の自由は完全に封じ込められた。上で述べた「百花斉放、百家争鳴」は結局のところ、知識人狩りの運動となった。1976年1月8日、周恩来首相が死去したあと、同年4月5日（清明節）に北京の市民や労働者は天安門に集まり、周恩来首相を追悼する活動を展開したが、政府によって反政府運動として弾圧された。これは前にも述べた通り、のちに第一次天安門事件と呼ばれるようになった。この事件は周恩来首相を追悼することを大義として、実際のところ、人々は政府に対する不満を爆発させたのだった。

同年９月、毛沢東国家主席も死去し、その1カ月後、毛沢東夫人の江青をはじめとする四人組が追放された。それをきっかけに、第一次天安門事件は名誉回復された。ただし、事件が名誉回復されたからといって、言論の自由が保障されたわけではない。

毛沢東時代の中国と鄧小平時代において、一部の中国人は短波ラジオで「米国の声」（Voice of America）を密かに聞いていた。彼らは国内のラジオ放送や新聞など官製メディアの乾燥無味な報道と宣伝に、とっくに飽きていた。もちろん、短波ラジオでアメリカのラジオを聞く行為は国家反逆罪に問われるおそれがある。しかしそれでも、自分の国でいったい何が起きているかを知りたいと思っていたのである。

言論の自由を専制政治に求めても無理な注文である。１９８９年6月に起きた第二次天安門事件のとき、大学生や北京市民は、はっきりと民主化を要求した。政治の民主化がなければ、言論の自由が担保されない。このとき学生や市民は天安門を1カ月以上にわたり占拠したため、政府は6月4日、人民解放軍に学生と市民に向けて発砲を命じた。この第二次天安門事件は、依然として名誉回復されず、中国では、反革命的な「暴乱」と定義され、ネット上では「なかったこと」として記録を抹消されている。

インターネット普及に伴う言論の自由

インターネットの一番の特徴は、ネット利用者はネットから情報を得るだけでなく、自らが掲示板やＳＮＳなどに書き込むことができるところにある。しかも、インターネットを介した情報の伝達は乗数的に瞬時に広がってしまう可能性があるため、政府にとって脅威となり得る。そこで中国政府は早い段階から、ツイッターやフェースブックなどによる中国進出を禁止した。

検索エンジンのグーグル（google）は一時期、中国に進出したが、ＯＳ（操作システム）などの開示を拒んだため、中国での利用ができなくなった。その代わりに、中国地場企業が開発されている検索エンジン「百度」とツイッターに類似する「微博」（weibo）などは広く利用されている。最近、Ｌｉｎｅに似たような機能を持つ微信（WeChat）は中国で普及し広く利用されている。これらのＳＮＳサイトは政府による検閲が行われているとみられている。政府にとって都合の悪い書き込みがあった場合には、瞬時に削除される。

では、誰がインターネット上の書き込みを削除しているのだろうか。

前述の通り、中国のネット利用者はいまや8億人に達している。政府は都合の悪い書き込みを削除しようと思っても、とうてい人手が足りない。そこで中国の場合、インターネットの書き込みについては波状的な検閲システムが構築されているのだ。

まず、政府が指定する「検索できないキーワード」をインターネット運用会社に通告する。運用会社はそのキーワードをシステム上に反映させ、利用者はこうしたキーワード（たとえば前述の「（第二）天安門事件」）で検索しようとすると、「法律に抵触する言葉が含まれているため、表示できない」のようなメッセージが表示される。そして、利用者はタブーとなるキーワードが含まれる書き込みを行うと、システムによって弾かれ、書き込むことができない。

中国のネット利用者は政府のこうした検閲をよく知っているため、隠語を使って書き込むことが多い。その場合、ボランティアまたはアルバイトとして働くネットパトロール隊はそうした書き込みを検挙する。いたちごっこである。中国のネットパトロール隊の人数や報酬などの実態は不明だが、相当数にのぼるとみられている。中国のネット・コミュニティでは、政府に協力し、政府にとって都合の悪い書き込みをアルバイトとして検挙するパトロール隊のメンバーは「五毛」と呼ばれている。ボランティアとして働く「五毛」は「自幹五」（自分が弁当を持参する「五毛」＝ボランティア）と呼ばれている。一般的に、「五毛」は歩合制で、実際に削除される書き込みに応じて報酬が決まるといわれている。

最近、こうした「五毛」と呼ばれるパトロール隊は、単なる書き込みを削除するだけでなく、政府に批判的な態度を取る研究者や評論家を集中的に攻撃することも増えている。こうしたなかで、政府の役割は、ネット規制を強化すべく、インターネット運用会社に圧力をかけることである。習近平政権になってから、ネット利用者の間で人気の高い研究者や評論家は相次いでアカウントが削除され、その言論はほぼ完全に封じ込められてしまった。

こうしてみれば、中国政府によるネット規制はそれなりに成果を上げているとみられるが、実際は、中国の若者はあの手この手を使って、政府による規制をくぐり抜けている。具体的には、インターネットでダウンロードする無料のソフトで政府が設置するファイアウォールをすり抜けて、ツイッターやフェースブックなど海外のサイトにアクセスする若者、とくに大学生が少なくない。

おそらく中国政府が目指しているのは、巨大な外部から閉ざされた「イントラネット」（ある組織内だけで使える限定的なシステム）であろう。外国のサイトにアクセスできなければ、言論統制と言論誘導は容易にできる。しかし、今日、毎年1億2000万人の中国人が海外で観光しており、そのほぼ全員がスマホやタブレットパソコンを持参しているため、海外で自由にさまざまなサイトにアクセスして、情報を入手することができる。彼らはこぞって、外国で、自国では見ることができなかったキーワードを検索し、実態を知るのであった。

専制政治にとって、情報は洪水のようなもので、最も恐ろしいものであろう。洪水によって転覆されるのを恐れて堤防を構築し、洪水を防ごうとする考えは実に愚かな妄想にすぎないのだが。

世界インターネット大会

インターネットは便利なツールだが、攻撃されやすい脆弱さを持っている。いかにサイバー空間の安全性を担保するかが、インターネットを安心して利用する際に必要な重要な項目である。中国政府はサイバー空間の安全性を担保するという大義名分のもと、毎年、国内外のネット企業を招いて浙江省で「世界インターネット大会」を開いている。最初は茶番と思われたこの大会は、2017年に開かれた第4回大会には、アップルやフェースブックなど米国大手IT企業の幹部も参加して、中国政府が主導するネット規制に賛辞を送った。

ここに二つ重要な論点がある。一つは、インターネットの利用は基本的に自由でなければならない、すなわちサイバー空間の安全性を脅かさない前提でその書き込み（投稿）の内容について、法律に触れない限り制限されるべきではないということ。もう一つは、インターネットのサイバー空間を脅かすハッキングなどの行為について取り締まる必要があるということだ。だが、現在中国で実施されているのは、上の理想とは遠くかけ離れ、国内の利用者が海外のウェブサイトにアクセスできないように great wall（ファイアウォール）を設置していることである。サイバー空間の安全性を担保するために、重要なのはハッキング行為を一掃することだが、ネット利用者のアクセスを制限することではないはずだ。

２０１７年末までの間に、世界インターネット大会は計４回行われた。同大会で打ち出されたコンセプトは「サイバー空間の運命共同体をともに構築する」ことといわれている。しかし、中国のネット環境は先進国のネット環境と比べれば、明らかに異次元のものである。利用者が YouTube、ツイッター、フェースブックなど海外のＳＮＳにアクセスできないだけでなく、ＢＢＣやＣＮＮなど海外の主要メディアのホームページにもアクセスできない。さらには、検索エンジンの google を立ち上げることもできない。おそらく中国政府は外部から閉ざされた巨大なサイバー空間（前述の空想イントラネット）を構築しようとしているのだろう。

ネット社会では、情報を自由に伝達することが、その利便性を高める前提である。そのなかで、中国政府の線引きとして、政府を批判する投稿さえしなければ、原則として自由ではあるが、海外のサイトには中国政府を批判する投稿などが多数含まれているため、それにはアクセスできないようにする必要があるとしている。さらに、中国国内で起きた事件や事故など政府の責任が問われる事象に関する投稿も、原則として禁止している。一例を挙げれば、2017年に北京のある幼稚園で保育士らによる児童わいせつと虐待の問題が起きていたことが暴露され、インターネットで広がっている。こうした問題については当然のことながら、政府の監督責任が問われる。だからであろう、事件が発覚した直後からこの事件に関する投稿はすべて削除され、新規の書き込みはできなくなった。

こうしてみれば、中国政府のサイバー空間の管理は、社会の安定を保つことが最優先とされていることがわかる。中国では、ネット規制はこれからもさらに強化されるものと思われる。現在、個人と個人のメールも検閲されている。中国政府が定めた禁止用語が含まれているメールを海外から国内の個人に送る場合、弾かれてしまう。IT技術の発達は、ネット利用者の利便性を高めるよりも、規制者による規制にとって、より便利になっていくと思われる。

3　中国のネット通販の際限なき可能性

過去数百年を振り返れば、商取引は伝統的な対面取引から現在の電子商取引（e-commerce）まで、そのかたちは大きく変化した。対面取引は買い手（buyer）が店頭で商品またはそのサンプルを直接見てそれを購入し、支払いを行うやり方である。そのなかで、信用のある取引先（法人や個人）であれば、店（売主）は信用取引を認めることもあろう。

インターネットが発明されるまで、電話とテレビが普及し、それを受けて、テレホンショッピングとテレビショッピングが伝統的な対面取引の一部に取って代わった。消費者（buyer）は実際の商品やそのサンプルを手に取ることなく、電話やテレビを通じて得た商品に関する情報に基づいて商品の購入を決める。

もちろん、商品に関する情報が偽りであることもあるため、商品の売買契約は法によって消費者が手厚く保護される制度設計になっている。商品を購入した消費者は商品の品質如何にかかわらず、満足がいかない場合、一定期間内であれば当該商品を返品する権利（クーリング・オフ）が保証されている。こうした消費者保護の法整備により商品の信用取引がさらに増えるようになった。要するに、商取引に関する法整備は生産者保護よりも、消費者保護に軸足が置かれているということである。

商取引の利便性の高まりは、消費者ニーズ、テクノロジーの発達と関連の法整備によってさらに拍車がかかっている。それを推進するもう一人の立役者は、発達している宅配サービスである。こうした経済のグローバル化により、消費者のニーズが多様化し、伝統的な対面取引はもはや従来の消費者ニーズを満足させられなくなったのだ。実際の商取引をみると、店を構えながらネットスーパーのような電子商取引を同時に行う事業者が増えているのが実態といえる。

ＯＥＣＤによれば、電子商取引はコンピューター・ネットワークを介して行われる財やサービスの取引のことと定義されている。この定義は明らかにコンピューター・ネットワークの利用に重点が置かれているものだ。しかし、伝統的な商取引と電子商取引を比較した場合、最大のちがいは、取引の手段ではなく、取引双方とそれをつなぐ配送業者の間の信用度の向上のはずである。この信用度を担保しているのは前提として消費者を保護する法制度が整備されていることであり、そこから電子商取引が急速に浸透しているということである。なによりも意味が深いのは、法整備が十分に行われていないといわれている中国が、すでに電子商取引の大国になっていることである。この国では、その信用のギャップはいかに補われているのだろうか。

中国の景気減速と経済の構造問題

中国経済の実質ＧＤＰは１９８１年から２０１０年までの30年間、年平均10・1％という奇跡的な成長を成し遂げたが、それ以降、景気が減速し、２０１１～16年の間の年平均成長率は７・６％にとどまった。ちなみに、２０１７年の経済成長率目標は６・５％前後と設定されている。習近平政権になってから、７％前後の成長は「新常態」（new normal）と定義されている。「新常態」の意味は、無理に10％以上の高成長を目指す必要がなく、７％前後の中成長で十分であるということのようだ。

中国では、地方政府の幹部にとっては経済成長は自らの業績を表す重要な指標とみなされ、各地の政府幹部は無理をして高成長を目指すことが習慣化している。なかには、データを偽って高成長と発表する地方も少なくない。「新常態」は偽りの高成長を是正し、実際の成長と等身大のＧＤＰ統計に改めていきたいという狙いもあるようだ。

問題は、なぜ中国経済が急減速するようになったかである。

中国経済を牽引してきた最重要な変数は、いうまでもなく投資だった。その投資を支えているのが高い貯蓄率である。貯蓄率が高いため、家計の消費が抑制され、その流動性の多くは国有銀行によって国有企業に仲介されている。国有企業は政府によって保護されているため、採算を度外視して設備投資を拡大させてきた。

多くの新興国経済はキャッチアップの段階で投資が重要な役割を果たすものだが、経済の発展とともに、消費は徐々に拡大し、成長を牽引する主力エンジンになっていくのが一般的である。それに対して、中国の場合、①所得格差の拡大と②社会保障制度の未整備に加え、③貯蓄を奨励する高金利政策が一貫して取られてきた。現在でも、世界主要国では、ゼロ金利またはマイナス金利が実施されている国が多いが、中国の金融機関に適用されている基準金利は２％台と高い水準になっている。

なぜ中国は貯蓄を奨励する政策をとるのか。投資と貿易は基本的に政府主導で行われているため、国有銀行に資金を集約させたいという思惑があるからである。中国型市場経済の大きな欠陥の一つは国民レベルで納税意識が極端に低いということである。政府は税収を増やそうと努力するが、効果が十分に上がらない。結局のところ、貯蓄を奨励することで資金を集約させるやり方しかない。政府にとって、国有銀行は第二の国家財政のような存在である。

中国の政策当局は、いかにして消費を促すかという難しい問題に直面している。経済学的に貯蓄率が高ければ、おのずと消費性向と消費率が抑制されてしまう。中国人の貯蓄行動と消費行動をみると、収益性を高めようとする資産運用行動が重視されるあまり、消費を控える傾向が強まる一方である。

結果的に過剰な投資は、必要のないインフラ施設の建設と国有企業を中心に過剰設備が生まれ、経済成長の足かせとなっている。国際貿易は順調に拡大していれば、国有企業の過剰設備問題は見え隠れし、表に出てこないが、２０１５、16年の2年連続で中国の国際貿易はマイナス成長となり、国有企業の過剰設備問題は一気に浮き彫りとなった。

むろん、国有企業の過剰設備問題は単なる国有企業のバランスシートの問題だけではない。これは政府主導の経済から市場主導の経済への転換が求められる重要な課題である。

電子商取引の役割と発展の可能性

伝統的な対面商取引は、生産者から消費者までの「距離」が遠いという消費者にとってのデメリットがあり、卸と小売の業者を経て商品が消費者に送られてくるが、何重もの問屋を経ることで合理性が説明できないほど価格が高くなることがある。近代的な流通の重要な課題の一つは流通の「距離」を短くすることによって消費者余剰を最大化することである。

こうした消費者にとってのデメリットは、従来の消費者行動論では、商品やサービスを安定して提供するための必要な仕組みとして取り扱われていた。

本来、流通の役割は、生産者から消費者へ財やサービスの情報を送るだけでなく、消費者ニーズの情報を生産者へフィードバックすることも重要な一環である。しかし、問屋のシステムは必ずしも生産者と消費者の間に存在する情報のギャップを穴埋めすることができていなかった。

こうしたなかで消費者ニーズの多様化が進み、小規模店舗では、消費者ニーズに応えられなくなり、生産者は情報の非対称性に対応しきれなくなった。それに代わって大規模な総合スーパーが現れるようになった。しかも総合スーパーは単に仕入れた商品を販売するだけでなく、プライベートブランド（ＰＢ）の商品を多数販売するようになった。ＰＢ商品は消費者ニーズに対応しやすいメリットがあるといわれている。

アメリカでは、１９２０年代、スーパーマーケットが誕生する前は、チェーンストアが主流だった。当時のチェーンストアのほとんどはワンマン店舗であり、対面販売だった。取り扱う商品の品数も少なかった。30年代に入り、スーパーマーケットの前身にあたる大型店舗が現れた。40年代に入ってから、これらの店舗で取り扱われた商品のほとんどは軍需品だった。実際に、大規模なスーパーマーケットが飛躍的に成長したのは50年代以降のことである。モータリゼーション（自動車の普及）の始まりを受けて、大型スーパーに１０００台もの車を収容できる駐車場を整備し、取り扱うアイテムも８０００種類以上にものぼるようになった。

一方、日本では、スーパーマーケットが出現したのは１９５０年代の初頭といわれている。実際に大店舗規制が緩和されたのは90年代に入ってからのことであり、流通業に革命を起こしたのはダイエーだったとされている。最近の傾向は郊外で大型店舗を設置し、名実ともに総合スーパーとなり、それにアミューズメント機能も揃える。また、ネットスーパーを実施する店舗も増えている。注文を受け付けて、その日のうちに商品を宅配する便利なサービスが始められている。これは日本の少子高齢化に対応するサービスの向上といえる。そのほか、日本には生協という（主に）生鮮食品を宅配するサービスとシステムが存在する。日本社会の少子高齢化により、こうしたネットスーパーと生協などの宅配サービスを利用する消費者が増えるものと思われる。

中国の流通の実態を考察すると、1978年の「改革・開放」政策以前は、国営商店がほとんどだった。セルフサービスはまったくなく、すべて対面販売だった。当時の中国では、生産から販売まで、すべて国の経済計画に基づいて行われていた。「改革・開放」政策以降、国営商店のほとんどが民営化され、また、外資流通業と民営資本の参入が相次ぎ、中国の流通業は徐々に様変わりしていった。2001年、中国は世界貿易機関に加盟した。中国政府は国際社会に対して、金融業を含めてすべてのサービス業を開放すると約束したことで、世界の工場に加え、世界の市場としての存在が期待されるようになった。

実際に中国で総合スーパーが普及したのは、2008年の北京オリンピック以降だった。その背景に、中国の一人あたりGDPの拡大があった。2007年、中国の一人あたりGDPは2645ドルだったが、2008年になって3404ドルに拡大した。消費者の購買力の向上こそスーパーマーケット誕生の推進役だった。むろん、中国における流通業の繁盛は国営資本が撤退し、民営資本や外国資本が参入できたからである。

中国における電子商取引の発達

中国は世界で最大の電子商取引国である。2014年の時点において中国の電子商取引の売上はアメリカの1・5倍、日本の6倍にも相当する規模だった。eMarketer の推計によると、2019年に中国の電子商取引の売上はアメリカの3・6倍、日本の14倍へとさらに成長すると予想されている。

一方、中国国内において、２０１４年、小売業に占める電子商取引の割合（ＥＣ化率）は12・4％だったが、２０１９年になると、33・6％に拡大すると予想されている。それに対してアメリカの小売業に占める電子商取引の割合は２０１４年で６・４％にすぎず、２０１９年でも９・８％にとどまるとみられる。同様に、日本における電子商取引のウエートは２０１４年に５・９％だったが、２０１９年でも、９・７％にとどまると予想されている。

筆者は以前、別のレポート（China Focus No.8）のなかでも述べたが、既存の総合スーパーは消費者のニーズに十分に応えきれていないから、中国人消費者は店舗離れが進んでいると考える。２０１６年現在、中国のネットユーザーは８億人に達し、ウェブサイトは４８２万個、ウェブのホームページは２３６０億箇所にのぼるといわれている。

中国では、近年不動産バブルにより店舗の賃貸料が上昇し、その結果、より多くの店舗が窮地に立たされている。２０１０年以降、モータリゼーションが始まり、それに応じてスーパーの規模も拡大していった。ただし、多くのスーパーでは、駐車スペースが限られていることもあり、わざわざスーパーへ出向いて買い物するよりも、ネットで買い物したほうが利便性が高いと考える消費者が少なくない。

今日の中国社会では、高齢者はインターネットを利用しない（できない）者が多く、近所で買い物を済ませる人が多い。サラリーマン家庭は基本的に共稼ぎが一般的であるため、スーパーへ買い物に出かけるよりも、ネットで買い物を済ます人が増えている。アメリカの消費者市場リサーチ企業ニールセンの調査によると、中国では、所得の高い家庭ほどネットショッピングの頻度が高い。具体的に月給８０００元（約12万８０００円）以上の家庭の８割はネットで買い物を行うといわれている。また、高学歴の者ほどネットで買い物する傾向が強い。大学卒以上のいわゆる高学歴の者の7割はネットで買い物を行うといわれている。

同社による中国人消費行動に対する調査では、ネットショッピングを行うメリットとして、①価格が安い、②利便性（宅配してくれる）が高い、③時間を節約できる、④いろいろな商品と比較できる、⑤他人の消費行動と経験談が参考になる、などが挙げられる。それに対して、店舗で買い物するときのメリットとして、①買ってすぐに使える（即時性）、②ショッピングを体験できる、③品質について（自分で確認するため）安心できる、④サービスを受けられる（商品の機能などに関する説明）、といったことが挙げられる。しかし、現実問題として、中華全国商業信息中心の調査で明らかになったことだが、総合スーパートップ１００社の売上の伸び率は２０１３年以降激減し、２０１５年と16年の２年連続のマイナス成長となった。

中国における電子商取引の主なトレンド

従来の対面販売店舗にとって、電子商取引は間違いなくライバルである。しかし、実際には、消費者にとっては、店舗と電子商取引は必ずしも二者択一の関係になく、両者はむしろシナジー効果を果たし、ウィンウィンの関係を築くことができ、プラスサムゲームを展開するケースが少なくない。というのは、中国と日米などの主要国でみられる現象だが、既存店舗の店はネットスーパーを開設するなど、電子商取引にも業務を広げている。また、一部の電子商取引を行う業者は消費者へのプロモーションを強化するため、限定的に店舗を併設するケースも現れている。

店舗サービスの場合、店員は消費者に商品やサービスの情報を説明するなど商品を売り込むことができ、消費者も商品をみてときには衝動買いすることもあり得る。それに対して、電子商取引はネットで知らない他人の口コミ情報を参考にすることができ、商品に関する情報を正確に知ることができる。中国の場合、中国版Ｌｉｎｅの「微信」（WeChat）を通じて、自らが加入しているグループ内のつぶやきを通じて、さまざまな商品とサービスの情報を入手することができる。

現実には、どんなに規模の大きい総合スーパーやモールでも、その品揃えには限界がある。日本でも、関東のスーパーやデパートで北海道物産展や九州物産展などがときどき開催されるが、長くても数日で終わる。同様に、中国でも、北京の人が、たとえば本場四川省の食材を入手したいときがある。その際、電子商取引の場合、いつでもどこでもそれを購入することができるという利便性がある。

さらに、店舗で買い物する消費者は、あくまでもショッピングを目的としているが、電子商取引は個人が消費者であると同時に、自らがネットで店を開くことができ、商品とサービスに関する情報を発信することもできる。マクロ経済の観点からみると、電子商取引は雇用を創出することができ、社会の安定に寄与することも期待されている。

表８に示したのは、中国における電子商取引が飛躍的に発展するようになった種々の背景である。そもそも中国は新興国であるが、インターネットと通信技術のレベルアップはその後発優位性によ

表8　中国における電子商取引が飛躍的に発展する背景

1．インターネットネットワークのレベルアップとスピードアップ
2．ネット決済の普及
3．宅配サービスの進化
4．電子商取引事業者の競争によるサービスの向上
5．ネットユーザーの増加とネットショッピングの選好

資料：第12回華人企業サミットの発表資料

り、先進国よりスピードが速い。そして、中国のネットユーザーの7割以上はスマホを使ってインターネットにアクセスしているといわれている。スマホはネットショッピングとネットバンキング（FinTech）を利用する場合、パソコンよりも遥かに便利である。だからこそモバイルショッピングとまで呼ばれている。移動しながら買い物できるという意味である。

そのなかで化粧品のような個人嗜好と商品の特性がマッチングするかどうかは、インターネットの画像をみるだけでは判断できないものもある。消費者のなかで、まずネット通販サイトでこうした商品に関する情報を収集して、そのうえで、店舗で実際に商品を確認し、最後は、ネット通販と店の価格を比較して、価格の安いほうでそれを購入するスマート（賢い）な買い物を行う消費者が増えているようだ。これは webrooming あるいは showrooming と呼ばれる現象で、繰り返しになるが、店舗と電子商取引はライバルではなく、むしろ補完的な関係にあるといえる。

繰り返しになるが、電子商取引は消費者に利便性を供給するだけでなく、生産者と電子商取引事業者に消費者ニーズの情報をフィードバックするなど、ビジネスモデルの最適化に大きく寄与するようになっている。結局のところ、電子商取引は消費者に適切な商品情報を送り届けることによって、消費者から信用をかち得ることで急成長したのである。

中国の場合、対面店舗は品質の悪い商品を売って逃げた場合、結局、消費者は泣き寝入りするしかないケースが多い。それに対して、電子商取引はネット上での情報が店舗よりも対称的であるため、悪徳事業者は一部において存在するが、かなりのレベルでそれが情報の対称性によって抑制されている。悪徳事業者が抑制されるのは、行政当局の規制というよりも、消費者口コミ情報の強い圧力によるところが大きい。

越境電子商取引のさらなる発展の可能性

中国の電子商取引（electronic commerce : EC）の規模は、eMarketer の推計によると、売上ベースではすでに90兆円に達しているとみられる（２０１６年）。そのなかで、越境ＥＣの規模は約4兆円になり、日本からの越境ＥＣは1兆円を超えているといわれている（富士経済）。

中国国家旅游局の発表によると、毎年1億４０００万人の中国人が海外へ旅行しているといわれる。中国人が海外旅行先で購入するものは、香港で日本など外国産の粉ミルクや紙おむつなどのベビー用品がほとんどだった。２００８年に中国国内で国産粉ミルクにメラミンなどが混入された事件が起きており、一人っ子であるために、高くても安心できるベビー用品を購入したいというのが世相になった。こうした流れのなかで実際の旅行ではなく、広東省の一部の住民は毎日香港へ行ってベビー用品などを買って帰り、それをビジネスにしている人が増えているといわれている。こうした旺盛な消費者ニーズこそ越境ＥＣが急成長する土壌である。

越境ＥＣに拍車をかけたのは中国の経済発展と外貨両替の自由化がある。1人あたりＧＤＰの拡大によって中国人の購買力が向上した。そのうえ、２００５年7月以降、人民元は世界主要通貨に対して切り上げられ、外貨両替の限度額も1年間5万ドルに増えた。富裕層を中心に多くの人々が海外で安心な商品を買うようになり、いわゆる「爆買い」が一つのトレンドになった。

中国人旅行者は日本を訪れて電気炊飯器やハイスペックのヘアドライヤーを大量に購入していた。一時期、中国人旅行者は一人あたり平均5つぐらい電気炊飯器を買って帰っていた。しかしこれらの白物家電は近年中国国内でも多く製造・供給されるようになり、２０１６年になってから、電気炊飯器を買う中国人旅行者は急減した。その代わり、市販の薬・サプリメントや化粧品などの日用品の購入が増えた。

２０１６年、日本を旅行した中国人観光客は６００万人にのぼるといわれているが、その多くはリピーターである。彼らの主な目的はショッピングというよりも日本でサービスを体験したいということのようだ。その代わり、購入したいものについては越境ＥＣで入手するのだ。

図6に示した通り、中国の越境ＥＣは２０１３年以降、飛躍的に発展している。いうまでもないことだが、規模が拡大するにつれ、その伸び率は次第に低下してくると予想される。しかし、２０１６年の実績をみると、越境ＥＣの規模は依然として前年比23・5％も伸びた計算になっている。

越境ＥＣが急伸する背景には、中国政府がそれを促していることがあるといわれている。たしかに観光客は海外で買い物を行い、それを持ち帰るときに、空港などの税関で限度額を超えた輸入商品に払う関税は、どうしても抜けたり漏れたりする部分が出る。越境ＥＣであれば、中国国内の空港や港で輸入業者が通関手続きをとらなければならず、納税を逃れる機会が大きく減少する。同時

図６　中国の越境ＥＣ売上と伸び率の推移

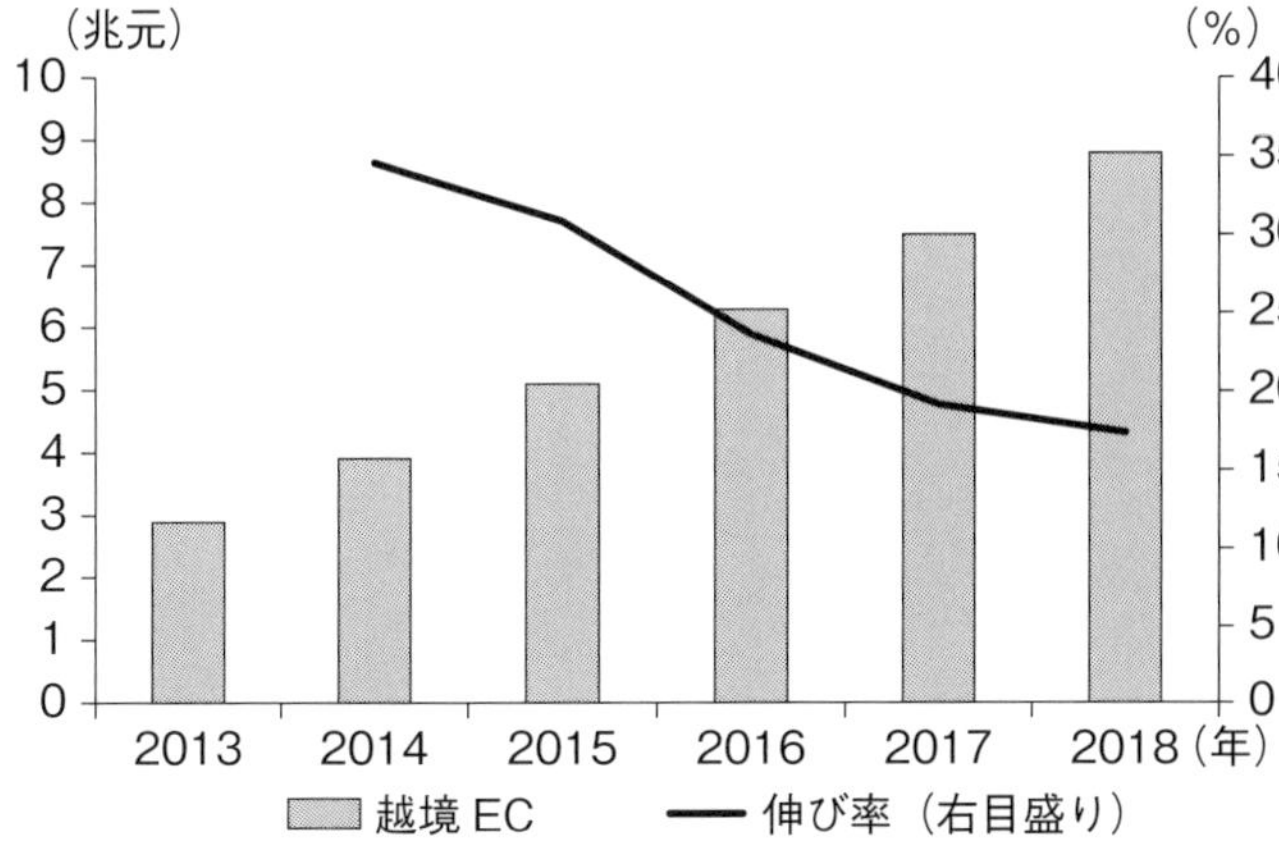

注：2017年と18年は推計値
資料：中国商務部、海関総署

に、消費者にとり利便性も高くなるというメリットがある。

中国のネット調査会社 iiMedia Research の調査によれば、月給５０００元から８０００元（約９万円〜14万円）までの中所得層の30・９％は越境ＥＣを利用しているといわれている。そして、越境ＥＣの利用者は男性が26・４％だったのに対して、女性は73・６％である。さらに、越境ＥＣ利用者の84％は19〜40歳の年齢層である。それに加え、越境ＥＣ利用者の77％は大都市の住民である。このトレンドからわかるように、越境ＥＣ利用者は、一定の収入以上、年齢の若い層に集中し、ネットインフラと宅配サービスが整っている大都市に集中していることがわかる。

中国越境ＥＣ大手プラットフォーム「海淘」の発表によると、そのユーザーの31・４％は毎週２〜３回、関連サイトを検索するといわれている。そして、28・1％のユーザーは毎週4～5回、17・2％のユーザーは毎週1～2回、関連サイトを閲覧する。約58・5％のユーザーは1回の閲覧時間が11～30分の間となっている。さらに、27・3％は毎月1回越境ECを利用して買い物する。23・1％のユーザーは2カ月に1回買い物するといわれている。それに、42％のユーザーは1回あたりの買い物額は301～500元（約5000～8000円）であり、1回あたり501～1000元（約8000～16000円）の買い物をするユーザーは全体の22・4％にのぼる。

越境EC利用者が最も多く購入する主な商品は、化粧品（43・2％）、ベビー用品（41・5％）、アパレル商品と履物（36・1％）、カバン類（33・0％）、家庭インテリア（28・8％）、栄養剤・サプリメント（20・4％）となっている。

中国人越境EC利用者のうち、36・2％の人が越境ECで購入する商品のサービスについて安心できると答えており、価格が相対的に安いと答える人は34・5％、品揃えがよいと答える人は19・4％となっている。

むろん、中国の越境ECのみならず、電子商取引事業はまだ草創期にあり、関連の法規がまだ十分に整備されていない。市場規模が拡大しているのはたしかなことだが、新規参入のハードルが低いため、玉石混交の状況にある。適正な事業者かどうかを判断する基準としては、①資金力、②人材、③戦略という三つのポイントがある。越境ECを含む電子商取引は普通の店舗と同じようにどのような品揃えをアレンジするかが重要である。そのために、どの年齢層と所得層にターゲットを定めるかの戦略も重要である。ネットの恐ろしさは一回の取引の失敗で口コミの書き込みですぐさま信用が失墜するおそれがあることだ。また、同業者による買収戦略などのリスクにも晒される。

中国電子商取引はどこまで伸びるか――展望と課題

中国商務部の発表によると、既存店舗のうち、専門店以外、ほぼすべての総合スーパーと百貨店の売上はマイナス成長になっている。中国人消費者のうち、若年層を中心に店舗での買い物からネットショッピングにシフトしているからである。そのため、ネットスーパーなど電子商取引を組み込んだ店舗が進化を遂げつつある。結局のところ、電子商取引は店舗に食い込んでいるという見通しである。

中国政府は電子商取引のさらなる発展を成し遂げるために、現在、「電子商務法」の起草に取り組んでいるようだ。今まで、電子商取引は関連の法規が十分に整備されていないなかで、試行錯誤で模索しながら発展してきた。事業者間の不当な競争は業界の秩序を乱すことも多々あったといわれている。とくに、信用度の低い悪徳業者の参入により、消費者の信頼を阻害することも起きている。「電子商務法」の一つの重要な作業として、事業者とプラットフォームに対する評価およびその信用格付けを手掛けるといわれている。

中国政府が電子商取引の発展を重視するのは、それによる経済の牽引力への期待と雇用の創出効果が大きいからである。ただし、電子商取引の発展には、信用秩序が担保されなければならない。そのなかで、中国政府は越境ＥＣを推進しているが、その重要な器となっているのは「一帯一路」という巨大なユーラシア経済圏を跨る構想と合致するからである。

さらに、次の目標は電子商取引を農村地帯に浸透させることである。中国では、所得格差が拡大している。情報の格差を是正するには、電子商取引の浸透が有効なツールと思われるからである。２０１５年、国務院は「越境電子商務の健康的かつ快速発展に関する指導意見」を通達として出した。中国政府が越境ＥＣの発展を促すために、沿海部を中心に一部の大都市で通関などのテストを行うとしている。越境ＥＣが発展すれば、関税収入が大きく増える可能性があると期待されている。

最後に、越境ＥＣを含む電子商取引のさらなる発展を促すには、一に信用、二に the rule of law（法治）が必要不可欠である。現在、中国経済は重要な転換点に差し掛かっているが、その構造上の歪みを是正し、持続的な経済発展を促進するために、電子商取引が健全に発展していけるかどうかはこれから行うすべての改革の試金石となる。

4　なぜ中国は世界一の FinTech 大国になっているのか

ファイナンス・テクノロジー（financial technology : FinTech）はビジネス業界で流行語のようになっているが、Ｇ７を中心とする先進国では、FinTech はいわれているほど伸長していない。世界における FinTech 関連のベンチャー投資額と FinTech の取引額の推移をみると、２０１５年において、FinTech 関連のベンチャー投資額は２２２億ドルに達したが、FinTech 関連の取引額は10億ドル程度だった。見方を変えれば、FinTech 関連のベンチャー投資が急増していることから、今後、FinTech の取引額も急増する可能性がある。目下世界主要国は FinTech の技術開発と関連のルールづくりに奔走している。

金融当局は目に見えない FinTech の取引をどのような法制度で規制すればよいか、四苦八苦している。なによりも、既存の金融機関も従来の金融サービスを提供しながら、真新しい FinTech の到来を受け入れている。しかし、FinTech がどのような可能性を秘めているのかについて、まだわからない点が多いのが実情である。

そもそも FinTech とはどういったものだろうか。一般的に Finance（金融）と Technology（技術）を組み合わせた造語といわれている。同じ意味として、Digital technology と Financial を組み合わせることもできる。もともと貨幣は三つの役割を果たすものといわれている。①価値の尺度、②交換（決済）手段と③価値貯蔵手段である。中央銀行は中央銀行券として貨幣を発行し、市中銀行（商業銀行）を経由させて企業や家計に金融仲介される。お金の流れを辿っていけば、銀行（間接金融）と証券市場（直接金融）は貯蓄主体（家計）から投資主体（企業）に金融仲介を行う主役である。

ここで、digital technology の発達によって、家計の流動性が伝統的な金融市場を経由せず、ＩＣＴシステムによって金融仲介が行われるようになる。しかも、資金調達だけでなく、決済や資産運用なども FinTech によって効率よく行われるようになる。また、従来の貨幣に加え、ビットコイン（仮想通貨）のような新たな貨幣の形態も生まれている。

従来のネットバンキングの考えは、コスト削減と金融サービスの効率化の観点から、預金者からの注文（送金や残高照会など）を速やかに処理するために、その普及が進められた。しかし、ネットバンキングは従来の金融仲介の枠組みを超越したものではなく、そのなかで手法の機械化を進めただけだった。とくに、日本のようにＡＴＭがいたるところで設置されている国では、ネットバンキングに対するニーズは思ったより高まらない。それよりも、セキュリティを万全にするため、金融機関は預金者（ユーザー）に何重ものパスワードの設定を求めるなどして、システムそのものは煩雑になっており、使い勝手がよいとはいえない。

それに対して、FinTechは従来の金融システムを超越したものであり、種々の金融取引がスピーディに行われる。これこそ預金者・ユーザーのニーズを掘り起こす原動力になっている。ＩｏＴはあらゆるモノとコトがＩＣＴシステムによって結ばれる巨大なネットワークである。そのなかで、あらゆる金融取引がＩＣＴシステムによって結ばれ、取引が行われるのがFinTechである。ＩｏＴとFinTechが際限なく増殖できるのは、そこに秘められている規模の経済性と範囲の経済性であろう。しかも、新たな通貨も生まれている。

中国のインターネット事情

ＩＴ革命の始まりがアメリカ・カリフォルニア州のシリコンバレーだとすれば、その発展は中国でなされているといっても過言ではない。専門家の間では、中国政府はネット規制を厳しく行っているため、中国におけるＩＣＴサービス産業の発展は束縛されると指摘されてきた。しかし、中国政府が規制しているのは、インターネットというツールというよりは、むしろ言論である。たしかにグーグルなどは、中国では特定な場合を除ければ、ほとんど立ち上げることができない。
２０１４年2月、中国共産党は「中央網絡（インターネット）安全と情報化指導小組」を設立した。その組長は習近平国家主席であり、副組長は李克強首相と劉雲山中央書記処書記（マスコミ担当）である。中国のインターネットの発展戦略は国民に有害な情報を断固として削除し、厳重に監視する。一方、ツールとしてのインターネット技術は、国がリーダーシップをとって発展させる。その結果、中国の通信網は先進国並みに発達したのである。

長い間、中国政府は景気を押し上げるために、高速道路と高速鉄道の整備に取り組んできた。現在は、高速道路の総延長は世界一となり、沿海部を中心に高速鉄道もすでに整備されている。中国の新たな5カ年計画のなかでの新しいインフラ整備の主役は、環境保全と最新の通信網５Ｇ（次世代ネット）の整備である。中国は共産党一党支配の政治体制であるため、あらゆる資源を動員してある特定の技術の開発、あるいはある特定のプロジェクトを遂行することができる。２０１６年、世界で最も演算速度の速いスパコンは1位（Sunway TaihuLight）と2位（Tianhe-2）のいずれもが中国、3位と4位はアメリカが開発したものであり、日本の「京」は5位だった。

中国政府と共産党は社会の不安を防ぐために、言論の統制を徹底しているが、技術の発展は経済発展に寄与するため、中国政府は独裁政治のアドバンテージを生かして特定の技術開発に資源を集約させている。

中国のネットユーザー数とネット普及率の推移は、２０１６年末現在、ユーザー数は7億３１２５万人にのぼり、普及率は53・２％に達した。ちなみに、その10年前の２００６年末では、ネットユーザー数は1億3700万人、普及率もわずか10・5%だった。わずか10年でネットユーザー数は5倍以上も増えた。このことは以下で述べる中国におけるFinTechが伸長する重要な一因である。

中国インターネット情報センターの発表によれば、中国のネットユーザーの95・1%はスマホユーザーである(2016年末現在)。また、ネットユーザーのうち27・4%(2億100万人)は農家を中心とする農村ユーザーである。また、60・1%のネットユーザーはデスクトップのパソコンを使ってインターネットにアクセスしており、36・8%のネットユーザーはノートパソコンを使っているといわれている(いずれも2016年末現在)。さらに、タブレット端末の利用者は全体の31・5%だった。

中国では、ネット通販で買い物した場合の支払い方について、大きくネット決済とそれ以外の支払い方(商品代引など)に二分されている。2016年末現在、ネット決済を利用するネットユーザーは4億6900万人にのぼり、67・5%のネットユーザーはネット決済で買い物の支払いを行っているという計算になっている。また、1億6800万人のネットユーザーはネットアプリを使ってタクシーを予約しているといわれている。

中国のウェブサイト数の推移であるが、2010年には191万サイトだったが、2016年になって、482万サイトに増えた。中国で開設されているホームページ数の推移は、2008年には161億個だったものが、2016年になって2360億個に増えた。

結論からいえば、中国のインターネットがなぜ急激な発展を成し遂げたかといえば、ネットビジネスは国有企業に支配されておらず、ネット関連企業のほとんどは民営企業だからである。それゆえ、ネットビジネスへの参入障壁が低く、まさに競争が効率を生み出したのである。そして、ネットビジネスのリーダーの多くは海外留学の帰国組（海帰）であり、彼らはグローバルのネットビジネスの常識を有しており、ネットビジネスは最初からグローバル化したものだった。さらに、世界最大の人口を有する中国にとって、ネットビジネスを発展させるユーザー側の潜在的ニーズが強いことも発展の大きな要因といえる。

中国の金融制度の内実

もともと中国の金融制度は計画経済の時代に設計されたものであり、信用創造も政府が策定する経済計画に基づいて国営企業に流動性を供給するだけだった。40年前の「改革・開放」政策以降、金融制度も少しずつ改革されるようになった。しかし、ほかの産業とちがって、金融機関の民営化はほとんどなされていない。現在、間接金融について、国有銀行がほぼ寡占状況にある。中国銀行、建設銀行、工商銀行と農業銀行、それに交通銀行は国営のメガバンクである。それ以外に、地域に特化する地方銀行などが多数設立されているが、基本的には国有銀行である。

１９９０年代に入ってから、国有企業の資金調達を多元化するために、上海と深圳で証券取引所が成立した。国有企業は国有銀行からの融資に頼って資金を調達しても、その規模には限度がある。しかも、80年代から90年代にかけて、インフレ率が高騰し、金融引締政策が実施され、金利水準も高止まりしていた。そもそも業績が不振だった国有企業にとって、高い金利で国有銀行から融資を受けるのは経営の重荷になっていた。そのため、繰り返しになるが、国有企業の資金調達を多元化し、資金調達のコストを抑制するため、社会主義の中国で二カ所も証券取引所が成立し、国有企業は株式を上場できるようになったのである。

１９９２年、中国共産党は憲法を改正し、社会主義市場経済の構築が憲法に盛り込まれた。しかし、国有銀行が国有企業に融資を続ける以上、その融資の一部は絶えず不良債権と化していた。国有銀行の国有企業への融資が不良債権化する背景には、その融資に対して政府が関与し、融資を強要することがある。すなわち、国有銀行である以上、国有企業への融資をきちんと審査する能力が弱く、不良債権を抱えても、政府によって責任が問われることもない。国有銀行が「乱融資」を続けることによって、インフレが再燃し、不良債権の増加によって、金融リスクも増幅する。

１９９４年、朱鎔基首相（当時）を中心に、市場経済学の金融制度改革が行われた。その中心的な考えは、政府が銀行融資に関与できないようにすると同時に、銀行は融資の審査能力を高め、不良債権を抱えた場合、責任が問われるようにする。具体的に、中国人民銀行はもっぱら中央銀行の役割を果たし、金融政策を決定し実施する。それ以外の国有銀行は国有商業銀行に転換し、自主的に融資を決定し、いかなる政府部門もそれに関与してはならない。これらの改革を担保するために、「中国人民銀行法」（中央銀行法）と「商業銀行法」が制定・施行された。

この94年の金融制度改革によって計画経済型の金融制度は市場経済型の金融制度へと一歩前進した。しかし、実態経済の市場経済化に比べ、金融制度の改革は大幅に遅れている。金融システムは金融仲介の役割を果たすものだが、成長性の強い企業には安い金利でより多くの流動性を仲介し、逆にリスクの高い企業に対して高い金利で融資を行う。その結果、成長性の強い企業はさらなる発展を成し遂げていくことになり、マクロ経済の生産性はますます高まるものと思われる。

中国経済の生産性の向上が遅れる背景には、金融制度改革の遅れがある。最も深刻な問題は、民営企業が国有銀行から融資を受けることが難しいということにある。現状において民営企業に融資を専門に担当する民営銀行が設立されていない。

むろん、国有銀行が市場競争に晒されていないため、金融商品の開発能力が低く、預金者に対する金融サービスも改善されていない。国有銀行は国有企業への融資が不良債権化しやすいことを知っているが、「商業銀行法」によって投資を行うのが禁止されている。近年、国有銀行は利益を追求するために、投資信託に該当する「理財商品」を取り扱うようになった。理財商品は預金ではないので、利回りの付与は金利規制の縛りを受けることがない。また、理財商品の販売で得られた資金はオフバランスのものが多く、不動産投資につぎ込まれていることが多い。銀行などの金融機関が不動産投資に走ることで金融リスクはいっそう高まることになった。

しかし、現行の金融制度に不合理性が明らかになっても、それを改革するのは簡単なことではない。大きな趨勢として国有銀行をいずれ民営化する必要があるが、その前提として政治改革を進める必要がある。中国の政治と社会を鳥瞰すれば、国有銀行と国有企業体制は当面存続するものと思われる。こうした状況下で国有銀行が提供しない金融サービスは民営のネット企業にとりニッチとなって新たなビジネスチャンスが生まれたのである。

中国におけるビットコイン取引とそれに対する規制

bitcoinity.org によれば、世界で人民元建てビットコイン取引は全体の98％を占めるまで伸長しているといわれている。２０１６年、中国でビットコインのレートは前年比１４５％も上昇したといわれている。同年、人民元の対ドルレートは６・５％切り下げられた。このようなダイナミックな動きはいったい何を意味しているのだろうか。

中国の金融当局が最も懸念しているのは、ビットコインを介して、キャピタルフライトが行われることである。中国人民銀行が保有する外貨準備は２０１５年末現在、３兆３３３０億ドルだったが、16年末になって３兆１１０億ドルに減少した。また、中国国際収支統計の誤差脱漏は15年１８８２億ドルだったが、16年にはついに２０００億ドル以上に膨らんだとみられている。

２０１７年１月に入り、中国人民銀行担当部局はビットコインの取引所（プラットフォーム）の経営者を相次いで呼び出し、「ビットコインの取引を法に則って行うよう」求めた。人民銀行の声明が報道されてから、ビットコインのレートが９％も急落した。

中国で行われている人民元建てビットコインについて、このバーチャル通貨がいったいどのような役割は果たし、どのようなリスクが潜んでいるかは、依然として明らかになっていない。中央銀行はビットコイン取引を静観する態度を取っているが、キャピタルフライトのツールとして使われないか、監視を強めている。また、ビットコインのレートが乱高下することによって社会不安につながるおそれがある。

仮想通貨としてのビットコインはネットの暗号化技術によって安全性が担保されているといわれ

ている。しかし、古典的な金融理論と法体系のもとでは、有価証券として認められていない。ビットコイン取引に起因するリスクを管理するために、既存の金融機関の金融取引とビットコイン取引は、切り離されている。

中国の場合、市場参加者によれば、ビットコイン取引によって資本を無断で海外に飛ばすことは不可能ではないが、高額の資金を飛ばすことは物理的に難しいといわれている。しかし、金融当局はビットコイン取引に対する監視を強め、ＩＣＴ技術のさらなる発展とともに、仮想通貨としてのビットコインの役割と可能性を見極めようとしている。なによりも、ビットコインを介して犯罪が行われるのではないか、と主要国の金融当局と警察が警戒を強める理由である。

中国における FinTech の伸長

２０１８年は、中国の「改革・開放」政策が実施されて40年になる。この40年間を振り返れば、中国社会はまるで別物になってしまった。そのなかで、金融サービス業の発展はその典型といえるかもしれない。30年前、中国の銀行では、ほとんどの場合、算盤《そろばん》が使われていた。銀行員になるには、算盤テストに合格しなければならない。しかし、今の中国は世界で FinTech のリーダーになっている。

２０１６年、中国のネット決済は金額的に世界の50％を占める規模だったといわれている。そして、ネットにおける資金調達は世界で実に四分の一のシェアを占めるといわれている。なぜ、中国で FinTech が飛躍的な発展を成し遂げたのだろうか。一つは優れたＩＣＴ技術の発達、もう一つは時代遅れの金融システムの存在、さらに、高い貯蓄率にある。

現在、中国の銀行はとっくに算盤の時代を終えたが、その金融サービスと金融仲介機能は実際の経済発展のニーズに応えきれないでいる。家計の貯蓄率はGDPの30％に達している。しかし、安心して投資できる金融商品が少ない。結局のところ、巨額の流動性が不動産市場に流れ、不動産バブルが引き起こされがちである。

実は、中国政府が「一帯一路」と呼ばれる大規模な対外投資を進めているのと、行き場がない国内の貯蓄を国家戦略として活用しようとしているのも同じ理由であるといわれている。一方、前に述べたように、中国では、民営企業は資金難に直面している。国有銀行は国有企業に融資する場合、政府がサポートしてくれる。たとえ融資が焦げ付いても責任が問われることが少ない。それに対して、民営企業に融資を行う場合、基本的に有担保原則である。結果的に、中小民営企業は地下銀行での調達に走っている。しかし、地下銀行での調達は違法行為である。合法的に資金を調達するスキームとして生まれたのがFinTechである。換言すれば、FinTechは中国社会のこうした矛盾を見事に解決しているということである。

2015年現在、中国の小売売上高は6720億ドルにのぼり、アメリカを遥かに凌駕する規模だった。そして、19年には、中国の小売売上高はさらに2000億ドル近く成長し、アメリカの4倍近い規模となる。中国は世界のトップであり、15年にその割合は約16％だったが、このままいけば、19年に33・6％に拡大するとみられている。

FinTech発展の条件

いつの時代も同じことだが、新しい技術は必ずや既存の技術状況に対する不満から生まれるものだ。算盤に不満を持たなければ、電子計算機（電卓）は生まれてこない。算盤は脳の体操として役に立つものだろうが、それを電卓の開発を阻止する理由にしてはならない。今日、パソコンが普及し、Emailは一般的に使われているが、最初は「電話があるのに、なぜメールを送らないといけないか」といわれていた。

現在、世界中でFinTechは流行語のように広くいわれているが、本節はじめに述べたように、中国以外の国、とりわけ先進国では、FinTechの広がりは意外にも限定的である。それらの国々では小切手やクレジットカード、プリペードカードなどの支払い・決済手段がすでに十分に定着し、消費者の間で不可欠な手段となっているからだ。また、偽札がほとんどない日本では、現金の使用は先進国でも最も多いといわれている。

たとえば、中国では、ピザなどの宅配はスマホで予約するときに、ネットでの支払いを事前に済ませてしまうケースがほとんどである。それに対して、日本は宅配のピザを電話で注文する人が多く、その支払いは配達されるときに、現金で払う人が多いように思われる。最近は、一部の宅配ピザ店は、人件費を抑制するため、店にピザを買いに来る客に、ピザを半額にして販売している（一枚の値段で二枚買える）。これでは電子商取引（E-commerce）が発達しようがない。

日本では、FinTechの発達が限定的になる背景の一つは、既存の支払い・決済手段がすでに定着しているほか、FinTech特有のネットワーク化が日本の各業界のバリア（参入障壁）に妨げられていることも事実であろう。その典型的な例がタクシー業界である。日本人はタクシーを予約するとき、電話での予約がまだ多い。その支払いも長距離の場合、クレジットカードが使われる場合があるが、中短距離の場合、現金が多い。アメリカで生まれたUberタクシーは日本では正式には認可されていない。タクシー業界が大反対しているからだといわれている。

それに対して、中国では「滴滴出行」（滴滴タクシー）はスマホアプリを使って呼ぶシステムを採用しており、確実で安いので、使い勝手がよいと評判である。中国にはUberも進出したのだが、今や、滴滴出行に買収された。

日本では、何かの技術を開拓しようとすると、基本は企業と産業の目線から出発するが、中国のタクシー業界の進化は消費者が主役だったように思われる。日本では、行政が新しい技術の導入に慎重な態度を取る理由はいつも安全性が担保されないからというが、中国の場合は、新しい技術だから、リスクがあるのは当然であるという考え方をとっている。そのリスクを消費者に周知させ、走りながら改善していく。

繰り返しになるが、中国では、新しい技術の開拓において一番の妨げは国有企業の存在である。幸いにも、ＩＣＴサービス業には、国有企業が参入していない。国有銀行は古いサービス形態を維持し、進化が遅い。一般的に、新しい製造業を振興するには、政府の産業政策のサポートが求められるが、サービス業が発達するきっかけは、行政の助けというよりも、規制緩和が鍵となる。

日本社会は縄張り意識の強い社会である。同じタクシー業界の事例をみればわかるように、駅前のタクシー乗り場でどの会社のタクシーが入場して客待ちできるかがだいたい決まっていて、よそのタクシー会社の車はそこに入ってはならないことになっている。FinTech のような新しい技術とサービスにとって、日本社会の縄張り意識と既得権益こそ高い障壁になっている。

一方、中国にも障壁はあるが、それは基本的に国有企業が独占する領域である。民営企業は国有企業の縄張りに入ろうとすると、当然、失敗に終わる可能性が高い。仮に、国有企業が独占しているのは中国の基幹産業だとすれば、民営企業はそのニッチ（隙間）を埋めるような産業に集約している。FinTech は共産党のイデオロギーに抵触しないうえ、国有企業とも競争しない。それよりも、消費者に今までなかった利便性を提供するため、消費者に広く受け入れられ支持されている。したがって、ビジネスモデルは往々にして技術の議論ではなく、消費者にどのような利便性を提供するかからスタートするものではなかろうか。

むろん、FinTech は中国で飛躍的な発展を遂げているが、リスクも潜んでいる。FinTech のリスクはそのシステムの安全性をいかに担保するかにある。消費者と利用者の金融資産と個人情報が犯罪者に乗っ取られる心配はないわけではない。その安全性を担保するのは技術の進化であり、法制度の整備である。ただし、クラウドファンディングのように、ネットで資金を募ったり、投資を行ったりする場合、詐欺に会う可能性は当然あるが、それは FinTech の問題というよりも、古典的な金融詐欺そのものであるため、金融当局と司法当局の法の執行に期待することになる。

最後に、FinTech が始動してからまだ歴史が浅いが、これから飛躍的に発展を遂げていくものと予想される。繰り返しになるが、その主役はあくまでも消費者であり、利用者であるべきだ。

第9章　制度論からみた「改革・開放」政策の行方

古典派経済学は市場メカニズムの重要性を強調するが、ケインズ経済学は市場が失敗することもあるので、政府の役割を強調する。日本でも1990年代、バブル崩壊以降、壊れた政府のバランスシートと企業のバランスシートを修復するために、政府は毎年のように巨額の補正予算を組み、財政出動した。それでも日本は「失われた20年」を喫した。

東アジア経済について、90年代半ば、世界銀行は奇跡的な経済成長と称賛した。それに対して、ポール・クルーグマン教授は「もっぱら政府主導の投資に依存する成長は持続不可能」と指摘し、東アジア経済成長はまぼろしだと揶揄していた。そしてたしかに1997年、アジア通貨危機が勃発し、各国経済は大きく落ち込んでしまった。

しかし、大半の予測とは正反対に、東アジア経済は短期間のうち、ふたたびV字型回復を果たした。その背景に、東アジア諸国の金融制度の欠陥があるが、モノづくりの技術は失われていなかったうえ、消費市場も徐々に育ってきたことがある。

東アジア通貨危機をきっかけに、経済学研究において比較制度分析が盛んに行われた。要するに、経済が持続的に成長するには、良い制度の枠組みが必要であるということである。

この点は中国経済についても同じことがいえる。「改革・開放」政策以降、外国企業を誘致し海外から優れた技術を投入したが、良い制度の構築は大幅に遅れた。技術の導入は経済成長にとり近道となる。外国は数十年かけて模索して技術を開発したが、後発してきた中国はその技術を導入することで一気にキャッチアップできる。いわゆる後発の優位性というものである。しかし、こうした技術のさらなる進化を進めるには、中国自身はより優れた制度を構築しなければならない。制度の欠陥は今、中国経済のさらなる発展を妨げているのである。

1　中国経済・発展の「謎」

何がややこしいといって、世界経済に関する洞察のなかで中国経済ほど理解に苦しむものは、ほかになかろう。アメリカ経済は金融とＩＴなどのニューエコノミーの支えによって堅調に推移している。日本経済は１９９０年代以降、「失われた20年」を経験したが、それでも製造業の技術力は依然として世界のトップレベルにある。ヨーロッパ経済はすでに成熟して、高成長こそ見込めないが、安定した成長を続けている。それを支えているのは伝統的なブランド品のデザインや高付加価値の装飾品（時計など）に加え、ドイツ、スウェーデン、イタリアなどの自動車なども底堅い競争力を示している。

それに対して、中国は１９７８年の「改革・開放」以降に本格的な近代の経済発展が始まったことはわかっているのだが、では中国経済が「なぜ」奇跡的な成長を成し遂げたのかは、いまひとつはっきりしていない。近代経済学の理論では、中国経済の発展過程を整合的に説明するだけの十分な論拠が思い浮かばないのだ。

近代経済学の基本的な考えは、需要と供給の概念を用いてその均衡関係を測定し、経済の発展や停滞のトレンドを説明しようとする。この需要と供給、すなわち経済発展を説明する変数として「物価」は重要なシグナルを送り、経済発展をリードする市場メカニズムとして重要視されている。これを一国レベルの経済に当てはめ、さらに時間の要素も加えて分析するのが「経済発展論」といえる。

この観点から見ると、同じ資本主義の国でも、各国の制度を形成するパーツによって、発展過程と発展の形態は大きく異なっていることがわかる。

ひるがえって、資本主義とは異なった体制、つまり社会主義をベースに国を築いてきた諸国はどうなっているのだろうか。中国とロシアについて簡単に触れておく。

２０１６年は中国の文化大革命（１９６６―76年）が発動されてから50年経過する記念すべき年であり、同時に文革が終了してから40年という年でもあった。中国では、文革に対する批判は依然としてタブーである。しかし、事実として、文革が終了して「改革・開放」へ路線が転換されたから、中国経済は成長軌道に切り替わったのだということを忘れてはならない。

そして、２０１７年はロシアで起きたボルシェビキによる「十月革命」の１００周年にあたった。１９９０年代初頭、ソビエト連邦が崩壊してから、ソ連共産党の多数の機密文書が公開された。それによると、そもそもレーニンがボルシェビキ革命を引き起こしたのは、ドイツの支援（当時）を受けてのものだったという。すなわち、ソビエトのための革命とは言い難いのだ。そして、革命のすべてのプロセスを検証した歴史家たちは、「十月革命」は血まみれの革命であったと指摘している。血まみれの革命とは、レーニンやスターリンに異論を唱える同志のほとんどが粛清され、処刑されたことからこう呼ばれる。ロシア皇帝ニコライ二世一家は、革命を容認したにもかかわらず、レーニンの指示で殺害されたといわれている。それだけではない。レーニンが死去したあと、スターリンが実権を握り、大規模な粛清が行われた。歴史家たちの集計によれば、300万人ないし700万人が処刑されたといわれている。ロシアでは、ボルシェビキによる「十月革命」の100周年を記念する大規模な行事は行われなかったが、なぜか中国では「十月革命」を記念する大規模な行事が執り行われた。

これまでの100年の歴史を振り返れば、ロシアと中国は同じ社会主義国家として、血まみれの惨憺たる歴史を歩んできたが、今やこの二大国は、それぞれ「帝国」としての復活を夢見ているようだ。

さて、日本にとって、2018年は忘れてはならない重要な年であろう。明治維新から150年という記念すべき年だからだ。150年前に、日本は明治維新により近代化の道を歩み始めた。それから40年足らずで日本の国力は予想以上に強化された。1894年の日清戦争はもとより、1904年に起きた日露戦争は日本軍の勝利となり、中国東北地方（旧満州）と朝鮮半島におけるロシアの利権が日本のものとなった。むろん、中国の立場からは、日露戦争は列強による自国領土への介入政策だった。

それはともかく、筆者がここで問題にしたいのは、日本の国力がなぜ短期間に強化されたのかということだ。

2　明治維新と中国の「改革・開放」

明治維新の内実と意味

一部の歴史家によれば、明治維新は中国で起きたアヘン戦争によって触発され、起きたものといわれている。歴史はある一つの事象を原因として起きたものとは思えないが、日本の歴史家による中国史に関する研究は中国人以上のものがあり、日本は歴史的に中国の文化と制度などを幅広く取り入れた。ただし、宋以降の中国史をみれば、騎馬民族に侵略され、中国の国力は徐々に低下していった。この歴史的な変化は近代以降の日本の針路に重要な影響を与えたにちがいない。

最後の清王朝の歴史を振り返れば、万里の長城を備えているにもかかわらず、中国は人数的にはまったく比較にならないはずの満州族に完敗してしまった。中国の歴史家は、「われわれは満州族に負けたが、時間をかけて満州族を同化したのだ」と自嘲する。過去、中国は満州族に負けただけでなく、その前にはモンゴル族にも負けている。なぜ中国は外族からの侵略を防げなかったのだろうか。

清王朝の末期になって、国力はいっそう弱体化していった。それが露呈したのは、アヘン戦争（1840年）で清王朝がイギリスに完敗して、南京条約（1842年）という不平等条約を締結せざるを得なかったことである。そもそもアヘン戦争とは、イギリスが清朝との国際貿易不均衡を穴埋めするため、インドで栽培されたアヘン（阿片）を中国に密輸し、莫大な利益を上げたことから始まった。清王朝はアヘンの流入を取り締まったが、輸入を強行するイギリス海軍の近代的な軍事力に屈し、大敗を喫したため、講和条約締結に至ったのだった。

当時アジアの強国にみえた清王朝が近代文化を擁したイギリスに負けたことを、鎖国中に中国とともに唯一付き合いのあったオランダから知らされ、中国の文化や制度を取り入れた日本は大きなショックを受けた。中国と同じ轍を踏まぬよう、そこから日本は改革をスタートし、近代化の道を歩み始めた。その起点が、まさに明治維新だった。

筆者が日本人読者の方々に明治維新史を説明することは「釈迦に説法」の喩えのように無謀と思えるので、要点だけ確認しておきたい。

江戸末期の「黒船来航」以降、日本は開国を是認する。明治政府は封建制を破棄し、対外貿易を行い、立憲君主制を確立し、議会制度を取り入れる。１８７１年、政府は欧米へ岩倉使節団を派遣し、教育や司法、徴兵制度、土地制度などを視察した。とくに注目されるのは「四民平等」の平等の精神が日本社会で徐々に定着していったことだ。それに加え、教育改革により基礎教育が普及し、その後の種々の社会変革を支えることができた。

その後何度も派遣された欧米への使節団は多くの制度に関する調査と考察を行ったが、技術の勉強はそのあとに行われた。つまり、明治維新はその後の１５０年間の近代化への土台をつくったが、性急に上辺の技術などを取り入れなかったのだ。ここが明治時代の日本の先達の優れたところだと筆者は考える。技術は日進月歩するものだが、制度や文化と価値観は国家を形成する基礎であり、容易には変化しない。古代日本は、遣隋使と遣唐使を中国に派遣し、中国から文化（漢字など）と制度（土地制度と行政システムなど）を学んだ。古代中国文化が凋落したあと、日本は速やかに西洋から新しい文化と制度を取り入れて、その後の近代化を築いたのだった。

洋務運動と戊戌の変法

日本で起きた明治維新とほぼ同じ時期に、中国では「洋務運動」が起きた。洋務運動は、アヘン戦争での失敗を喫した清王朝が西洋から優れた技術を学ぼうとした動きである。曽国藩、李鴻章らが中心となって推進した。

この運動の基本的な考えは「中体西用」だ。すなわち、中国の固有の制度は維持したまま、その上に西洋の機械文明を利用するという意味である。一部の歴史家はこの「中体西用」を日本の「和魂洋才」と同意語と述べている。しかし、文字通りに理解すれば、和魂洋才は日本の固有の精神を大切にしつつ、西洋の学問や思想と文化を受け入れる考えである。隋と唐の時代も、日本は中国から文化と文明を受け入れたが、日本の精神を日本人は忘れたわけではない。したがって、和魂洋才と中体西用は大きく異なるものであると筆者は考える。

洋務運動は、基本的には軍事力の強化を目的としたものである。しかし、朝廷（政府）の改革はほとんど行われなかったため、うわべだけの技術を取り入れても、真の意味で国力を強化することはできなかった。その結果、日清戦争（１８９４―95年）のとき、清国海軍の軍艦の喫水量は日本の海軍を遥かに凌駕する規模だったにもかかわらず、清朝は日本に負け、日清講和条約を結ばざるを得なかった。おそらくアヘン戦争以上に、日清戦争は当時の中国に大きなショックを与えたにちがいない。華夷秩序を維持していた清朝は、自分の弟分とみなしていた日本との戦争に完敗してしまったからだ。

当時の有識者や一部の官僚は、なぜ洋務運動が国力を強化できなかったかをまったく理解していなかったわけではない。とくに、日清戦争になぜ負けたかの反省に立脚して、朝廷に最も近い有識者と官僚は「戊戌の変法」を試みた。「戊戌の変法」は軍事技術の強化だけでは、国力を強化できないと悟ったため、康有為を中心とする改革派は光緒帝を説得して大胆な教育改革と行政改革などを推進した。しかし、あまりにも急進的な改革を強引に進めようとしたため、政府内部で混乱を来し、改革派と保守派の対立が先鋭化してしまった。西太后を中心とする保守派のクーデター（戊戌の政変）によって改革は挫折し、改革に賛同した光緒帝は監禁され、改革派の中心人物の多くが処刑された。

戊戌の変法は失敗に終わり、清王朝の腐敗はいっそう深刻化した。列強に侵されても、それに対抗できる体制は整わない。一方、国内では義和団の乱（１９００年）が起き、清朝の統治をさらに揺るがすことになった。

明治維新は日本を近代化へと導いたが、洋務運動と戊戌の変法は結果的に中国をさらなる混乱に陥れた。中国では長い間、この歴史的変化と社会の移り変わりに関する反省と考察はほとんど行われず、ただ単に、清王朝の無能と列強に侵略されたから国民が蹂躙されたのだと、ナショナリズムが煽られただけであった。

しかし、いくらナショナリズムを台頭させても、国力は強化されない。歴史を前にして謙虚な姿勢でそれを反省しなければならない。また、歴史の事象を単純化して総括することは歴史認識を間違えてしまうおそれがある。史実を客観的に認識してその中から学び取るエッセンスこそ、これからの国造りの指針になる。

「第二次洋務運動」の「改革・開放」の行方

ある意味では、1978年から始まった「改革・開放」は「第二次」洋務運動といえる。鄧小平によって推進された「改革・開放」も、政治改革を行わずに、経済の自由化と外国企業の投資の受入れが中心だった。もちろん「改革・開放」が決断される背景と清王朝末期の社会背景とは、状況が大きく異なるものだった。「改革・開放」が決断されたのは、列強に侵略される危機に直面しているわけではなく、毛沢東時代（1949─76年）の失政により、国民生活が極度に困窮していたからだった。

洋務運動は列強侵略の脅威から国を守るために、軍事産業の増強に軸足が置かれた。それに対して「改革・開放」は、国民の不満を和らげるため、経済の立て直しに軸足が置かれた。洋務運動は朝廷によるトップダウンの改革だった。「改革・開放」も共産党の公式見解では、鄧小平を核心とする共産党中央委員会の推進によって改革が大きく前進したといわれているが、実際は草の根のボトムアップの力によって改革が進められたといって過言ではない。

「改革・開放」は農業改革から始まったといわれている。しかし、農業改革は共産党のグランドデザインに基づいて推進されたものではない。

振り返れば、1978年、中国中部の安徽省で農業改革は大きな転機を迎えた。歴史的に安徽省は明王朝の皇帝・朱元璋の故郷であり、習近平政権の前の胡錦濤国家主席も同省の出身である。しかし、安徽省は歴代、極端に貧しい地域であり、同省の農民は旱魃や洪水など天災に見舞われたとき、いつものことだが、上海や南京などの大都市へ物乞いに出かけるのが常だった。パール・バックは小説『大地』で、その姿をリアルに描いている。

安徽省は山が多く、平らな農地は少ない。それに昔は道路などが整備されていなかったため、流通は極端に不便だった。せっかく収穫した農産物などを上海や南京などの大都市に運ぶことができなかった。社会主義中国になってから、人民公社が形成され、一旦は農民に分配された農地は再び人民公社に返納され、公有制が復活した。農民は人民公社の一員として農作業に従事するが、「社会主義」の宿命か、計画の達成が重視されたためさらなる増産への積極性が失われ、生活はますます困窮していった。

毛沢東が死去したあと、安徽省鳳陽県の小岡村という小さな村の11の農家が密かに人民公社の農地をそれぞれ請け負った。当然、彼らはこれが法を侵す行為であると知っていたが、それでもほかのオプションはなかった。11人の農民はたばこの箱の白い裏地にそれぞれの名前を書いて、親指で押印した。彼らは決死の思いで生を追い求めて、自主的に改革を試みたのだ。結果的に、この小岡村の改革は結実し、責任を問われることなく、農地の生産請負制は急速に全国に広がった。要するに、小岡村の改革は農民による自主的なもので、それを共産党がのちに追認したものだった。

逆に、共産党が主導した改革の多くは失敗に終わった。その一つは国有企業改革だった。中国共産党は、農業の生産請負責任制を国有企業改革にも適用させようと考えていた。しかし、製造業を中心とする国有企業に生産請負責任制を導入しても、生産過程を細分化し、それを労働者に請け負わせることは現実的に難しかったため、この計画は水泡に帰した。その後、政府共産党による国有企業経営への関与は業績悪化をもたらしているとされ、「政企分離」すなわち政府機能と企業の経営機能を分離するなどの改革が試みられた。鄧小平が主導する「改革・開放」は渡り石を叩いて川を渡るという性格のものと描写されていることは前にも述べたが、なぜ先進国で成功した市場経済のモデルを謙虚に受け入れないのだろうか。わざわざ渡り石を叩くというリスクを冒すほどの意味はどこにあるのだろうか。

あらためて洋務運動が失敗した原因を考えてみよう。要するに、朝廷の改革をいっさい拒んで、海外から優れた軍事技術を誘致することで国力を強化しようという安易な考えを優先させた点に問題がある。朝廷内の構造・機構を変革する必要があったのだ。同様に「改革・開放」は共産党による一党独裁の政治を変えなければならないが、そこを温存して、経済の「部品」の部分だけ変えようとしても、根本的にはよくならないのである。

3 「改革・開放」を制度論から考える

制度とは何か

一般論として、制度および制度論に関する研究は、すでに多く行われている。だが、実際のところは、経済学のゲーム論の観点から制度を捉え、その役割などを解説するものがほとんどである（実際の制度について良い制度と悪い制度という比較制度分析も散見される）。

実際、制度とは何なのだろうか。簡潔にいえば、それは社会の行動規範あるいは人々の行動を規定するルールである。制度の設計はルールづくりである。

ここで一般論としての制度および制度論に関する議論を広く展開していくことは、やめておこう。重要なのは、「改革・開放」政策は現時点では「成長至上主義を堅持し、市場メカニズムを徹底する制度の枠組みが構築されていない」ことを認識することである。

故・青木昌彦教授らによって提起された「比較制度分析」は、日米の企業制度のちがいを解明したように思われる。日本企業内部では、各部署は相互に助け合い、情報を共有しているといわれている。日本企業の従業員は経営の意思決定に直接影響を与えると考えられている。それに対して、アメリカでは、従業員はその所属の部署に関する専門知識を有するが、企業全体の意思決定に直接影響を及ぼすことができないという。

一方、同じ日本企業でも、その規模と業種によって情報を共有する企業もあれば、情報が分散する企業もある。近年、日本の大企業において製品技術に関するデータ改竄が露見しているが、データが改竄されたときの経営者（元社長）は記者会見で、自分は事実関係を知らされていなかったと強調する。むろん、元社長が自分は事実を知っていたと認めれば、データ改竄は会社ぐるみのスキャンダルとなるため、否定せざるを得ないかもしれない。だが、それでは、仮に元社長の記者会見の説明が正しいならば、日本企業において、経営にかかわる意思決定はいったい誰が行ったのだろうか。

企業組織論の重要な役割は経営者の経営責任を明らかにすることである。アメリカのエンロン破綻やリーマン・ブラザーズの経営者の背任行為は、アメリカ企業の内部統制が徹底されていない典型例といえる。経営者が放漫経営できないようにするには、それに対するガバナンスを徹底していかなければならない。そこで問われるのは、誰がガバナンスを行うかである。アメリカのアナリストは、アメリカではシェアホルダー（株主）によるガバナンスが最も効いていると自画自賛する。それに対して、日本では、メインバンクによる借入企業に対するガバナンスが有効とされている。

シェアホルダーによるガバナンスの有効性は否定できないが、そもそも株主の目的は、保有株のキャピタルゲインを最大化することにあるのではないだろうか。しかも、株主は利益を確定するために株式を売却すれば、ガバナンスを行わなくなる。そこで、個人株主よりも、機関投資家（安定した大口株主）の役割が期待される。むろん、機関投資家は経営に直接かかわることが多く、必ずしもガバナンスの役割を果たせないかもしれない。

メインバンクによるガバナンスの有効性を論理的に証明するのは難しい。メインバンクはプロの銀行員を派遣して、借り手企業の経営を毎日のようにチェックする。しかし、規制の経済学で実証されているように、規制者はしばしば非規制者の虜になることがある。両者は、時間が経てば、癒着してしまう可能性が高い。したがって、企業経営に対するガバナンスの組織体系はいまだに確立していないのだ。

一方、中国では、企業に対する監督は政府が行うことになっている。国有企業は政府の所管であり、「改革・開放」以降、行政部門による国有企業経営への関与をいくぶん撤回したが、監督責任と監督権限は依然として政府にある。長い間、政府は経済成長率を高い水準に維持するために、国有企業に採算を度外視して設備投資の増額を強要してきた。したがって、政府による国有企業の監督はその経営の健全化と順法精神の徹底というよりも、経済政策の手段だった。

「改革・開放」以降、経済自由化により、数多くの民営企業が設立された。中国の民営企業は家族経営が基本である。その内部統制は他の主要国の株式会社と大きく異なるものである。ただし、中国では、民営企業を含むあらゆる企業は政府の買付けを受注するには、政府部門の担当者と仲良くすることが前提であり、贈賄はビジネス文化になっている。だからこそコンプライアンスという言葉とその概念は中国で定着しない。

あらためて制度とは何かを考えれば、要するに、社会のなかのさまざまなルールの集合であり、ルールとは人々の行動を決定する規範である。ルールは誰でも絶対に守らないといけないものである。中国では、ルールの権威が十分に確立していないのは問題である。

人治と法治

研究者によっていつも指摘されるのは、中国は法治国家ではなく、人治中心であるということだ。しかし、中国でも法律は整備されている。問題はその法律がきちんと順守されていないことにある。最も顕著な事例を挙げれば、憲法第35条で「言論、出版と結社の自由が保障される」と規定されているが、現状を照らせば、こうした自由が保障されているとはいえない。そして第41条では「国家機関に対する批判と建議の権利が保障される」と規定されているが、実際に国家機関を批判すれば、文革時代の「百花斉放百家争鳴」がよい例だが、政権転覆罪に問われることがある。言い換えれば、憲法に規定されている人権や自由は努力目標であり、現実的にそれを実施する法律ではない。だからこそ、今の中国では、憲政という言葉自体はタブーとなっている。

なぜ中国は法治国家になれないのだろうか。

原因は共産党指導部が法を凌駕する存在になっているからだ。党は絶対的に正しい存在であり、党の決定は絶対的に順守されなければならない。要するに、党の権威が脅かされてはならないということだ。しかし、党がいつも正しいとは限らない。

「改革・開放」以降、中国は先進国から優れた技術を受け入れたが、法治の精神と価値観の受入れは拒否し続けている。立法、行政と司法の三権分立は人類共通の価値観であるはずだが、中国共産党はいまだに三権分立を拒否している。最高人民法院院長の周強は「われわれは絶対に、三権分立、憲政と民主、司法の独立に断固として反対しないといけない。司法は党の指導を受けなければならない」との談話を発表している。

周強自身は西南政法大学の卒業生であり、法律のプロである。この談話を発表したのは、憲政と民主の重要性を知らないのではなく、自らの政治生命を考えたうえでの発言だったと思われる。

しかし、人治国家は冤罪をもたらし、社会が不安定化する原因でもある。人権を無視する人治こそ、共産党統治にとっての最大の脅威であるはずだ。

考えてみれば、人権を尊重しなければならないといったとき、「誰の」人権を意味するものだろうか。中国では、草の根の庶民はそもそも人権などない存在となっている。したがって、人権の重要性を人一倍強く感じるのは、投獄されている（元）共産党幹部であるはずだ。投獄される前に、彼らは特権を味わっていたが、投獄されたあとは、基本的な人権さえ完全に失ってしまっている。だからこそ、共産党幹部は特権を失うのを誰よりも恐れている。また、中国の庶民は人権尊重について、ほとんどその重要性を理解していない。人権の大切さを感じたことのない人が多いかもしれない。人権とは、侵害されてはじめてその大切さを感じるものである。

振り返れば、毛沢東時代の中国では、毛沢東一人の特権を守るために、すべての中国人の人権が踏みにじられた。国家主席だった劉少奇は毛沢東によって追放され、何の司法手続きも踏まえず、紅衛兵たちに迫害された。そのとき、劉少奇は手に憲法を持って、紅衛兵たちに「私は国家主席だが、同時に中華人民共和国の公民であり、基本的人権は憲法によって保障されている」と反論した。しかし、普段から憲政教育をいっさい受けたことのない紅衛兵たちは、それをまったく理解できず、劉少奇の手に握られていた憲法を奪い取って、暴行を続けた。この一幕は中国が人治国家であることの象徴である。また、人治国家の怖さを示すものでもある。

鄧小平自身も人治制の被害者である。しかし、皮肉なことに鄧小平は法治国家を構築しようとしなかった。鄧小平は生前、四人の後継者を指名した。胡耀邦、趙紫陽、江沢民、胡錦濤である。そのうち、胡耀邦と趙紫陽は正当な手続きを踏まえることなく、鄧小平によって失脚させられた。

人治国家は統治者にとって都合のよいシステムである。権力者は権力を最大化することができ、それを恣意的に行使できる。しかし、人治国家は同時に極端に不安定なシステムでもある。権力者は権力以外に、自らの権威を確立させるものなどない。彼らは特権を放棄するつもりなどさらさらないが、もしひとたび権力の座から転げ落ちようものなら、あとは崩壊へまっしぐらとなるのだ。毛沢東はあれだけ強い権力を手にしていたにもかかわらず、彼が死去してからわずか1カ月で、夫人の江青がクーデターで逮捕された。

いま、鄧小平の「改革・開放」路線さえも、しっかりした制度的枠組みによって支えられていないため、大きく方向転換されようとしているようにみえる。

格差が拡大する社会主義国の内実

本来ならば、社会主義ないし共産主義は人類が構築する最高傑作の社会制度であるはずだが、レーニンが引き起こしたボルシェビキ革命によって樹立されたソビエト連邦はやがてスターリンによって極端な独裁国家となり、革命に参加した幹部の多くや革命に賛同した知識人の一部は、地主や資本家とともに惨殺・粛清された。スターリンはロシアの歴史上、最悪の独裁者となり、暴君だった。

中国にも歴史上、暴君は少なくなかった。焚書坑儒を徹底した秦の始皇帝の暴政は、農民一揆によって終止符を打たれた。則天武后も史上稀な暴君だったといわれている。しかし、毛沢東ほどの暴君は歴史上どんなに探しても見つからない。革命のためにともに戦ってくれた同志の多くが毛沢東によって打倒された。毛は生前、劉少奇国家主席と林彪軍事委員会副総帥を自らの後継者と指名したが、そのいずれも自らの手で失脚させ、死へと追いやった。

なぜ社会主義体制は独裁政治になるのだろうか。

ほぼすべての社会主義国は野党の存在を認めない排他的な政治システムを構築している。そのうえで党内でも最高指導者への忠誠を誓い、党内民主主義も試みることがない。共産党の統治は権力者への権力集中と個人崇拝によって成り立っている。党や権力者への批判は党の分裂を企てる行為として禁止されている。たとえ権力者はどんなに間違った決定を行っても、それに対する批判は許されない。独裁は社会主義体制の当たり前の産物といえる。

「改革・開放」以降、鄧小平は独裁の弊害を避けるために、党内で集団指導体制を提唱した。しかし、真の民主主義を実現しなければ、集団指導体制は定着しない。最高権力を握る権力者は自然と独裁へと走りがちである。

それだけでなく、社会主義体制は本来の政治理念として、人民を解放し、資本家階級をすべて打倒するとしているが、社会主義体制の中国の現状を考察すると、じつは格差が世界のどの主要国にも増して拡大していることがわかる。なぜ社会主義中国で格差が拡大するのだろうか。

一つは、権力=富の方程式がとっくに定着していることだ。毛沢東時代の共産党幹部は権力のみを追求していたが、今の共産党幹部は権力を追求するだけでなく、富、すなわち財産の最大化を追い求めている。毛沢東時代の中国人は出国の自由はなかった。今の中国人は基本的に出国の自由がある。共産党幹部はあの手この手で蓄積した富を海外に送金する。

中国で所得格差が拡大することは、単なる所得分布の問題だけでなく、その権力の分配の不均衡によって生じた結果である。とくに「改革・開放」以降、許認可権を握る共産党幹部は企業の経営者にライセンスや事業許可を出す代わりに、さまざまなかたちのコミッションを手に入れることができる。政府の買付けを発注する際、担当の政府幹部は受注する企業からリベートをもらうことが、もはや〝文化〟になっている。要するに、富の分配は権力の分配によって決まるという状況下で、所得格差の拡大は避けられないものと成り果てたのである。

BOX　厳慰氷事件からみた中国の人治

今日では、中国人でも厳慰氷を知らない人が多い。彼女の夫の陸定一であれば、50歳以上の人ならば、聞いたことがあるはずである。陸定一は毛沢東時代、国務院副総理を務めたことがあり、のちに反革命集団の一員として打倒され、13年間も投獄された。「改革・開放」後、名誉回復した。

妻の厳慰氷も共産党高級幹部だったが、文革のときに、繰り返し当時の共産党中央委員会副主席・軍事委員会副主席の林彪宛に匿名の手紙を送った。手紙の内容は、林彪と夫人叶群の娘は林彪の子どもではなく、叶群とほかの人との不倫の産物と告白するものだった。

当時の中国では、国家のナンバー2にこのような匿名の手紙を送ること自体、罪に問われることであるため、共産党中央はこれを「反革命事件」と断定し、犯人を捜査した。匿名の手紙の筆跡と投函された郵便局の周辺住民などを調査した結果、これらの手紙を書いたのは陸定一の夫人・厳慰氷であると断定した。当然の結果として、厳慰氷は逮捕され、投獄された。

しかし、投獄前から、厳慰氷は更年期障害など精神的に不安定だったため、通院歴があった。彼女が精神的に不安定になった背景には、1950年代、夫の陸定一が迫害されたときに夫人も迫害を受け、精神的に蹂躙されたため後遺症が残ったとの医者の指摘がある。だが、こうした事実はいっさい無視され、彼女は投獄された。

1971年9月、林彪は夫人の叶群および息子とともに飛行機で海外に逃亡を企てたが、途中で燃料切れとなり、モンゴルの砂漠に墜落した。それを受け、毛沢東の後継者と共産党の文書に書かれた林彪は、反党集団の首魁と訂正された。そこから奇跡的にも、林彪集団が逃亡する前から林彪の悪徳を告発したとして、厳慰氷は釈放され名誉回復した。

おそらく厳本人でさえ、なぜこういう結果となったかについて理解できなかったにちがいない。個人の運命は何によって翻弄されているのだろうか。匿名の手紙を書いたことは、名誉棄損として告発されれば、法的手続きを取ればよい。精神障害のための通院歴があれば、法的には免責されるはずである。しかし、政治の渦に巻き込まれた厳慰氷の運命は、最後まで政治から逃れられなかったのである。

4　経済発展と「改革・開放」のあり方

問われる共産党統治の正当性

1949年、毛沢東は列強の侵略から中国人民を守り、自由と民主主義を約束して、国民からの支持を得て、蔣介石が率いる国民党軍を台湾島へ追いやり、中華人民共和国を樹立した。建国式のときに毛沢東は天安門の上から世界に向けて「中国人民はこれより立ち上がった」と宣言した。それを耳にした中国人は誰もが実際に解放されたと思ったにちがいない。当時の写真やドキュメンタリー映画は中国人の幸せな表情を記録している。アヘン戦争から数えれば、100年以上の長きにわたって中国は列強に侵略され、軍閥や匪賊の略奪を受け、誰もが平和な生活を待ち望んでいた。その国民の要望に応えたのは偉大なる毛沢東の号令だった。

たしかに毛沢東は列強を追い出した。しかし、最初に「自由と民主主義」が約束されたにもかかわらず、国民生活は幸せとは程遠かった。毛沢東の心のなかでは、国民を幸せにするよりも、自らが社会主義陣営のリーダーになることのほうが強かったのだ。とくに1953年にスターリンが死去したので、毛沢東は自分よりも影響力の強い共産党指導者はもはや存在しないと考えた。毛沢東にとって、中国の社会主義革命の成功を示すものとして、鉄鋼生産はイギリスを追い越し、将来はアメリカさえ追い越せると思ったようだ。

毛沢東は中国の古典には長じていたかもしれないが、残念ながら経済や技術については、まったくの門外漢だった。否、門外漢というだけでなく、謙虚な気持ちをまったく持っていない横柄な指導者だった。毛沢東は幼稚にもすべての国民を動員して、鉄鋼の製錬を呼びかけた。鉄鉱石がなければ、人々はノルマを達成するために、家にあるフライパンなどを溶炉に投げ込んだほどだった（第6章参照）。結果的に、鉄鋼生産量は増えることなく、農民が鉄鋼生産に駆り出されたため、食糧生産量は激減し、農村部を中心に深刻な飢饉に見舞われた。

この失敗をうけて、当時、共産党内部でも毛沢東の過ちを批判する動きが現れた。その急先鋒だったのが劉少奇国家主席や彭徳懐国防大臣などの実力者だった。毛沢東は自らの権威が脅かされるのを心配して、文化大革命を引き起こし、若者を動員して、共産党内の反動分子を打倒させた。そのなかで迫害を受けた劉少奇や彭徳懐は、死へと追いやられ、鄧小平も追放された。

しかし、共産党の公式文献では、文革の過ちは毛沢東の責任もあるが、主に江青女史をはじめとする四人組の責任が重いと総括されている。鄧小平によって追放された江青は公開裁判で「私は毛主席の飼い犬のようなものであり、毛主席に言われるがままに、人に噛みついただけだった」と自己弁解した。むろん、こうした弁明は裁判の判決に何の影響も及ぼすことなどなかった。

なぜ鄧小平は自らを迫害した毛沢東を清算しなかったのだろうか。

鄧小平は自分が毛沢東に取って代わるほどの権威がないことを十分に承知していた。そうであるにもかかわらず毛沢東を清算すれば、１９４９年以降の共産党の歴史は全否定されることになり、場合によっては共産党が下野する可能性すらあった。すでに死去した毛沢東は親族に後継者もないため、偶像として掲げても、鄧小平にとって不都合はなかった。この点は政治家としての鄧小平の知恵といえよう。

ただし、問題は残っている。すなわち、共産党の正当性を国民に向けて実証しなければならない。鄧小平の論理は、貧しさにこれ以上耐えられない国民に経済成長の維持を提唱すれば、党の過去の過ちなど忘れてくれるというものだった。彼の言葉を援用すれば、「発展こそこの上なく堅い理屈である」ということだった。鄧が提唱した発展とは、すなわち経済成長のことである。つまり、中国人は経済成長すれば自らの生活も豊かになると期待しているのを知っていたからこそ、鄧はこのように宣言したのである。

その後の40年間、中国経済はたしかに成長を続けた。同時に、環境などを犠牲にしたが、もはや一度軌道に乗った成長を止めることはできない。今日の共産党の命運は、成長がカギとなっているのだ。

腐敗をもたらす制度的背景

中国共産党中央委員会の発表によれば、習近平政権の1期目（2013―17年）では、何らかの処分を受けた腐敗幹部は合計153万人にのぼるという。どこの国も政治家は腐敗する傾向にあるようだが、これだけの人数の幹部が腐敗するのは、幹部たち個人のモラルの問題というよりも、現行の制度そのものに問題があるといわざるを得ない。すなわち、独裁政治ゆえに共産党幹部に対する監督・監視の機能が付与されていないため、権力を握る幹部はやりたい放題になっているということだ。

前述したように、司法は党の指導を受けなければならないとされているため、党を批判する行為は政権転覆罪に問われることがある。習近平国家主席は共産党が共産党を統治・管理できると豪語している。なぜ自信をもって国民による監督を受け入れないのだろうか。

一つ考えられるのは、共産党の統治体制はいわれているほど盤石ではないかもしれないということだ。もう一つは、多様性に富んだ巨大国家を統治する共産党は、とにかく他から批判されるのに神経を尖らせ、嫌っているからにちがいない。さらに、これまでの数十年間、天安門事件のような過ちを繰り返してきた共産党は、権力の失墜後がどうなるかを熟知しているので、下野することを最も恐れているからかもしれない。

長年、共産党指導部においては、天下を取ったわれわれが裕福な生活を楽しむのは当たり前のことだという考えがあった。すなわち、かつての王朝の交替と同じように、共産党が政権の座に就いているというだけで、その統治は何も変わらないのである。

共産党軍との戦争に敗れた蔣介石は台湾に逃げたあと、それまでの統治についていろいろと反省した。それでも、蔣介石は存命中、台湾で民主主義を推進しなかった。その権力を継承したのは蔣経国だった。蔣経国は蔣介石よりもいくぶん賢明だったようだ。台湾で野党の存在を容認し、報道の自由を認めた。しかも、民主主義の選挙制度を導入した。中国大陸ではいまだに民主主義の選挙制度を受け入れていないが、同じ中国人のＤＮＡを持つ台湾の人々は民主化に成功した。このことは中国大陸の人々に勇気を与えたにちがいない。

共産党が行う腐敗撲滅策は、悪行を為した幹部を摘発し、処分するやり方である。それに対して民主主義的政策は、幹部が腐敗できないように最初から強力に監督・監視する方法だ。

中国共産党はシンガポール・モデルを模範にしようとしているようだ。シンガポール・モデルとは長期政権であり、統治者は下野しないシステムである。しかし、このモデルは中国で適用できない。中国共産党が学ぶべきモデルは台湾の民主主義である。

百歩譲って、シンガポール・モデルを学ぶにしても、公平な選挙を導入する必要がある。そして、司法の独立性も必要不可欠である。結局のところ、台湾モデルだろうが、シンガポール・モデルだろうが、国民主体の選挙を受け入れ、司法の独立性を担保する必要がある。

行き詰まる独裁政治の行方

民主主義体制では、試されるのは指導者の政治手腕ではなく、選挙民の民度である。もしトランプ大統領がアメリカの政治史上最悪な大統領であるとすれば、トランプ大統領だけでなく、アメリカの選挙民に問題があるということだ。それに対して、専制政治では、試されるのは国民の民度ではなく、権力者の人格である。国民は一票を投じる権利を持っておらず、権力者の前で奴隷のような存在になる。少なくとも一人の国民と権力者の権力に関する対比ではそうである。

中国共産党が自らの統治が脅かされると判断したときには、軍隊に対して、学生に対してだろうが、市民に対してだろうが、発砲を命じることができる。少なくとも１９８９年の天安門事件のとき、鄧小平は人民解放軍にそう命令した。このことは警察がデモの群衆に催涙弾を発砲するのと質的に異なるものである。

習近平政権では、鄧小平の過ちを繰り返さないかもしれないが、習主席は専制政治の統治理念については鄧小平以上に強権的である。青年時代に鄧小平はパリに留学したことがある。どれほど読書したかは不明だが、パリの自由な空気を呼吸したことがあるのは事実である。一方、同じ年頃の習近平青年は、父親が打倒され、自らも陝西省の辺鄙な農山村に下放され、農作業に従事させられた。

人間は、過去を振り返るとき、無意識に記憶をスクリーニングし美化する傾向がある。とくに、毛沢東時代に教育を受けた若者たちは真空パックのような状態に置かれ、毎日のように毛沢東語録を勉強させられ、ラジオのスイッチを捻ると、毛沢東を謳歌する歌曲が流れる。当時、どんなに乾燥無味と感じていても、数十年後の今から当時の記憶を辿って振り返れば、自らの青春時代を懐かしく思うにちがいない。

現在の中国共産党指導部をみると、ほぼ全員が文革の世代であり、毛沢東思想教育を受けてきた。この世代の人々に自由や民主主義などと唱えても、聞き入れてくれるはずがない。それよりも、毛沢東の権威を目のあたりにした彼らは、心のなかで無意識に毛沢東を崇拝する。要するに、毛沢東にマインドコントロールされている彼らは洗脳からいまだに解かれていないということである。

文革の世代は国際社会で壁にぶつかるが、国内で支持者が少なくない。彼らの独裁的な統治を積極的に支持しなくても、彼らの政治に対して理解を示す世代が存在する。今、60歳以上の中国人の多くは、毛沢東政治の被害者でありながらも、同時に毛沢東政治の理解者でもある。この複雑な心情は外国人には理解されにくい。

海外に留学し、その後、海外にとどまっている中国人は民主主義の哲学を受け入れ、ある種の個人的な期待をもって、祖国が一日も早く民主化してほしい願望がある。しかし、13億６０００万人余りの人口を有する大国は、一夜にして民主化することができない。中国のことだから何ごとにも時間がかかる。

筆者が思うには、中国の改革が難しいのは人口が多いからだけではない。もう一つの難題は、明治維新で日本が見事に成し遂げた国民に対する啓蒙教育だが、中国では遅々として進んでいない。毛沢東時代に行われていた愚民教育は中国社会に黒い陰を落としている。中国には独立思考のできる独立人格を持つ人間は思ったよりも多くない。中国の名門・清華大学の元学長・陳寅恪が残した訓示は「独立（之）人格、自由（之）思想」である。この八文字がいまだに同大学に刻まれている。独立な人格を持つ中国人はそれほど多くない。自由な思想ということを共産党は許さない。

愚民教育をやめないかぎり、中国は真の近代国家にはなれない。中国の古典に「愚公移山」という物語がある。そのあらすじはこうである。あるおじいさんの家の前に、大きな山が二つあり、通行を邪魔している。このおじいさんは毎日、山の土を掘って道を切り開く努力をする。すでに年を取ったおじいさんに老妻は「あなたはこの大きな山を切り崩すことができるのだろうか。まったく愚かである」と言った。すると、おじいさんは「私の代では、できないかもしれないが、私の息子の代、そして、孫の代、努力を続ければ、いつかはこの山を切り崩すことができる」と答えた――この寓話の意味は、どんな高い山やどんなに難しい困難でも地道に努力すれば、いずれ目的を達成できるということである。愚民教育を受けた開化されていない人民を啓蒙していくことは、大きな山を切り崩すような作業である。それを行わなければ、いつまで経っても愚民は愚民である。少しずつ啓蒙教育を行っていけば、いずれ人々の考えは変わるにちがいない。

明治維新は100年で日本を近代化し、150年で日本を世界の強国にした。中国の「改革・開放」はまだ40年しか経っていない。経済レベルは向上したが、愚民を独立な人格を持つ国民に教育するには、さらに数十年ないし百年かかるかもしれない。その時間を短縮できるかどうかはわからないが、ITの時代であることを考えると、愚公と同じことを行えば、中国が真の近代国家になるのもそう遠くないかもしれない。

BOX 両立できない「開放」と「専制」

専制政治は長期的に存続できないが、短期的には強さを誇示できるかもしれない。専制政治を維持する条件はクローズドな社会であれば、外部とは人的往来が遮断され、情報も入ってこない。ある意味では、真空パックに近い社会で独裁政治を維持していくことは、期間限定なら、いける場合がある。北朝鮮やカストロのキューバや毛沢東時代の中国は、その典型といえる。

旧ソ連が崩壊したのは、真空パックのような社会に情報と人が出入りしはじめたからである。同様に、中国も「改革・開放」以降、人も情報もほとんど自由に出入りできるようになった。今の習近平政権は強権政治に逆戻りしたくても、実際は無理である。

今まで、歴代アメリカ大統領は北京訪問のたびに、中国政府に人権の改善を求める談話を発表していた。それに対して、中国政府は内政干渉と反論。

しかし、最近、オバマ大統領の後期と現在のトランプ大統領は、議会からの要請にもかかわらず、中国に人権と自由について、ほとんど注文をつけなくなった。

中国の国力が弱かった時代、アメリカは人権と自由について中国に注文をつけていたが、それは国際社会におけるアメリカの責務であるとの演出であった。しかし、今、中国の国力が強くなり、中国が人権と自由を無視すればするほど、アメリカにとって有利な状況となる。なぜならば、人権が侵害される中国人のエリートは自国にとどまることなく、アメリカなどへ留学し、最終的には移民を選択するからだ。これはアメリカには願ってもないことである。

習近平国家主席をはじめとする現在の指導者のほとんどは文革の世代である。彼は毛沢東思想教育を受けて育ったものである。したがって、彼らは人権や自由よりも、毛の統制政治に共鳴する傾向が強い。中国社会を安定させるために、統制を強化しないといけないと思われている。

しかし、一度自由を味わった国民は再び統制されにくい。毎年１億２０００万人の中国人が世界を旅している。共産党幹部など勝ち組の中国人は子どもを国内で進学させるよりも、英米へ留学させ、その大半は移民するとみられている。

現在、毎年30万人の中国人学生がアメリカの大学へ留学している。中国の人権状況が悪化すればするほど、アメリカを一番利する。アメリカが実際に方針を転換し、中国の人権問題に注文をつけなくなったのは、２０１０年中国のＧＤＰが日本を追い越し、東シナ海と南シナ海などで拡張戦略を講じてからである。このままでは、中国の人材流失はますます加速していくものと思われる。

第10章　中国が「強国」になる条件

アメリカへ移民する人にとって、American dream は自由を手に入れることである。今の中国で議論されている「中国の夢」は個人の夢ではなく、国家の夢である。アヘン戦争以降、中国は列強に侵され続け、ようやく中華人民共和国が成立して、新中国を建設しようと皆が夢見ていたが、毛沢東は毎日のように反革命勢力との闘争を呼びかけ、国民生活は改善されるどころか、苦しくなる一方だったことは、ここまで繰り返し述べた。

国家の夢が国民の夢と合致するかは重要なポイントの一つである。国家が強くなっても、国民が弱ければ、何の意味もない。したがって、提起すべきは中国の夢ではなく、中国人の夢ではなかろうか。

そもそも「強国」という言葉が考えられたのは、今まで国力が弱かったので、列強に侵されてきたからであろう。しかし、今の中国を侵略できる列強は、世界でもはや存在しない。中国自身、世界二番目の経済力をつけ、核兵器も保有している。ここで問われているのは中国の国家像である。

厳しく管理されている国家を目指すならば、おそらく国民はついてこない。幸せを感じる国でなければならないが、幸せは各々の人の主観的な判断によるところが大きい。幸せには画一な尺度など存在しない。ただし、基本的なファクターとして、人々が安心して生活できるように、法治を確立しないといけない。公正な司法制度は社会の安定を維持するうえで最も重要である。そして、人々に自由を与える必要がある。

国としての魅力は、経済力と軍事力よりも、文化と文明の力が何よりも重要である。文化力の弱い国は決して「強国」にはなれない。かつて、ローマ帝国と大英帝国は、いずれも優れた文化力を有していた。遣隋使と遣唐使が長安に出向いたのも、日本が優れた中国文化を学ぶためだった。したがって、中国が再び「強国」への返り咲きを標榜するのであれば、再び、より強い文化力を育成しないといけない。文化と文明が芽生えるには、自由な環境、すなわち、切磋琢磨の議論ができる雰囲気を醸成しなければならない。厳しく統制された社会では、強い軍隊が生まれるかもしれないが、強い文化力は生まれてこないのだ。

1 始皇帝と毛沢東

ポピュリズム（大衆迎合）の政治では、指導者は選挙民に迎合する政策を実行して人気を集める。専制政治では、指導者は選挙によって選ばれるものではないため、その権力基盤を固めるためには、個人崇拝へと導く。政治指導者を偶像化し、その社会で絶対的な存在へと高めようとするのである。晩年の毛沢東は国民の間で、まるで神と同じように絶対的な存在になったことは前にも述べた。毛沢東時代、毛沢東をはっきりと批判する発言でなくても、毛沢東の言ったことに少しでも異議を唱えれば、誰かに密告される。そしてすぐに投獄され、処刑されてしまうことになる。

では、毛沢東はいかにして神のような存在になったのだろうか。中華人民共和国が成立してから毛沢東が死去するまで、彼による統治は27年間（1949―76年）続いた。この間、国民生活は年を追うごとに苦しくなり、自由などまったくなかった。専制政治の真髄である恐怖政治こそ、指導者を神のような存在に祀り上げるのだ。しかし、神として存在するには、ある種の神秘性を伴う必要があるため、専制政治の指導者は、記者会見はもとより、めったに肉声をラジオなどで流さない。

将来的に、歴史家は中国の近現代史を再び定義するとき、おそらく毛沢東時代を「毛王朝」とする可能性がある。「毛王朝」は歴史的に秦の始皇帝の秦王朝（紀元前221―同206年）とよく似ている。晩年の毛沢東は古代中国において、国家をはじめて統一したことを、秦の始皇帝の功績として称賛した。しかし、始皇帝が中国を統一してのち、その王朝はわずか16年間しか存続しなかった。中国人は自分たちを「漢民族」と自称するが、「秦民族」とは呼ばない。なぜだろうか。

第1章でも述べたように、始皇帝はたしかに中国を統一したが、同時に、焚書坑儒によって中国の文化を完全に壊してしまった。秦を讃える書物以外の本はすべて燃やされ、儒教を主張する知識人も一人残らず殺された。王朝の存在期間が短かっただけでなく、この暴挙を中国人は誇りに思うことができなかったのだ。

中国人が自らを「漢民族」と呼称するのは、秦王朝が亡びたあと、漢王朝（西漢と東漢：中国ではこう呼ぶ。日本では「前漢」と「後漢」）は合計400年も存続し、その間、土地改革や租税制度の整備などを行った。国家としての中国をかたちづくったのは、まさに漢王朝だったのだ。中国の歴史家は、秦の始皇帝を暴君と定義し、一方、漢王朝の４００年のなかでとくに「文景の治」の文帝と景帝は明君とされている。

同様に、毛沢東時代の27年間を振り返れば、焚書に相当するのは文化大革命だった。当時、封建主義の書物とされる中国の古典はすべて焚書された。そして、坑儒に相当するのは、１９５０年に展開された反右派闘争だった。こうしてみれば、毛沢東も秦の始皇帝に比類する暴君といえよう。

毛沢東が死去したあと、毛によって排除されていた鄧小平は復権したが、神のような存在にはなれなかった。なぜならば、鄧小平自身が毛沢東を完全に否定しなかったうえ、鄧と同格の長老、たとえば葉剣英、陳雲、王震などの長老が、最高権力者を牽制する勢力として、かなり強い力を発揮していたからである。結局のところ、鄧小平はリアリズムの政治を展開するしかなかったのだ。

歴史学から見た場合、中華人民共和国を１９４９年の建国から毛沢東が死去した76年までの27年間と、それ以降の「改革・開放」政策が実施された40年間とに分けたとき、明らかにその二つは同じ時代として区分されることはない。鄧小平が毛沢東路線を継続していれば、中国は間違いなく旧ソ連と同じ運命をたどることになっただろう。だからこそ『三国志』には、最初に「天下の大勢は、分かれて久しくなれば必ず合一し、合一して久しくなれば必ず分かれる」と記されている。

数千年の中国史を振り返れば、常に分と合の繰り返しだった。中国人の立場に立っていえば、鄧小平の最大の功績は「改革・開放」を推進して経済を発展させたことで、国の分裂を免れたことにあると思われる。

2　習近平政治のＤＮＡ

「大国」の夢は「強国」になること

さて、中華人民共和国の現代史は、ここに見てきたように、「毛王朝」と「改革・開放の時代」の二つの時代区分をたどってきた。そしていま、習近平による第３期が構築されようとしている。日本語では、中国が「大国」になろうとしていると表現されるが、中国は現在すでに、いや、毛沢東時代から大国になっているといえる。国土の面積をみても、人口の規模をみても、間違いなく「大国」である。したがって、中国が大国を目指しているという表現は、筆者にはむしろ、「（かつての漢や唐の時代のように）世界史的にみて、偉大な強国」の座を取り戻そうとしているというように思える。

習近平政権になってから、中国の目標について「強国」を目指すとはっきり明示された。なぜ強国にならないといけないのだろうか。アヘン戦争以降の中国近代史を振り返れば、規模が大きくても、強い国でなければ、再び列強に侵略される可能性があるというのが中国社会のコンセンサスになっているからだ。

毛沢東時代の学校教育では「中国が列強に侵略されたのは弱い国家だったからだ。共産党は人民を率いて中国を強国にし、二度と列強に侵略されない」というのが基本的な論理だった。１９６４年、食糧不足により数千万人の餓死者を出した直後に、中国は原爆実験に成功した。このことは毛沢東式教育の正当性を立証する重要な証左となった。数千万人が餓死したものの、当時の中国社会では「なるほど偉大なる毛主席は正しかった。毛主席万歳、万々歳」と毎日のように叫ばれた。

こうして強国を目指す夢は、まさに毛沢東式の愛国教育の成果、すなわち、ナショナリズムそのものである。では、どのような国が強国といえるのだろうか。

侵略されない国を強国と定義するとすれば、強い軍事力を保持する国は強国といえる。歴史的に、匈奴など北方の騎馬民族に侵略されつづけてきた中国は、秦の始皇帝の時代から、北方の国境に沿って匈奴の侵略を防ぐため、万里の長城を建設していた（現在、始皇帝の時代に建設した長城はほとんど残っておらず、北京や河北省の山で綿々と延びているのは明王朝が建設した長城である）。

しかし、大陸国家の中国にとって、国を守ることは決して簡単なことではない。とくに、農耕文化が中心の中国では北方の騎馬民族の侵略を有効に防ぐ手段はなかった。国として完全に滅びたのは、元（1271―1368年）と清（1644―1912年）の二つの王朝だった。元と清王朝はいずれも北方の騎馬民族が中国を制圧して成立した王朝だった。中国文化や諸制度の基盤が築かれたのが漢王朝だとすれば、それが成熟したのは唐と宋の二つの長期政権だった。とくに、宋は国家として十分な富を蓄積し、歴代皇帝は書や水墨画の研鑽に没頭していたが、北方の騎馬民族の侵略に対しては無力だった。

同様に、元が亡びたあと、明王朝が成立した（1368―1644年）。南京に行くと、明王朝の初代皇帝・朱元璋の墓「明孝陵」があるが、その子孫の墓はすべて北京にある。「明の十三陵」である。明王朝が亡びたとき、数百万人の兵隊を有しながらも、十数万人の騎馬兵しか有しない北方民族の侵略に完敗した。

今、習近平政権は「一帯一路」構想を主導して、巨大なユーラシア経済圏を構築しようとしている。その原型となっているのは古代のシルクロードである。なぜ古代の中国人はシルクロードを築こうとしたのだろうか。決してロマンを追い求めるために築いたわけではない。長安（現在の西安）を起点とするシルクロードは西へ西へと延伸していったが、長安の西へいけば、地形的にゴビ砂漠が広がり、ときには匈奴などの遊牧民族が出没する。したがって、当時の中国人にとって、シルクロードは決してロマンの道ではなかったはずである。

問題は、古代中国において造船などの航海の技術が発達しなかったことにある。今、北京に行くと、故宮博物館のすぐ近くに「後海」という公園や要人たちが執務する「中南海」があるが、内陸に位置する北京には海が存在するはずがない。古代の中国人にとって海は想像上のものにすぎず、歴代王朝は東へ拡大していこうと思ったことはなかった。すなわち、東部の海は中国を守ってくれる天然の防波堤であると同時に、中国人自身もそれによって足止めされたのだった。

おそらく中国史において最も有名な海洋戦略を試みたのは鄭和の遠征（１４０５―30年）である。明の宦官・鄭和は皇帝（永楽帝と宣徳帝）に命じられ、計７回南海遠征を実行したが、のちにそれに反対する勢力が当時の航海図や航海日誌などをすべて焼いたため、鄭和の遠征は内実が判明できない幻の航海に終わった。結局のところ、歴代の皇帝にとり「東海」は地の果てのような存在となった。古代中国人には海洋権益という概念はまったくなく、国土を拡張する政策は、あくまでも西へ西へと延伸していくことだった。

暴政の論理と特徴

歴代王朝のなかで、寛大な姿勢で民を包容する時代には、経済が発展し、文化も繁栄してきた。上で述べた漢王朝の文景の治や貞観の治（紀元627—649年）はその代表だった。とくに、貞観の治について『資治通鑑』によれば、当時の社会は「海内昇平、路不拾遺、外戸不閉、商旅野宿」（社会は安定し、道に物を落としても誰かに持っていかれることなく、外出のとき、戸締りしなくても、旅の商人たちは野宿しても、心配要らない）といわれるほど平和かつ繁栄した時代だった。

逆に暴政が横行する時代において、統治者は人民に対してまったく寛容的ではなく、自らに対して迎合する取り巻きを重用し、耳に痛いほんとうの話をする部下を抹殺してしまう。これについて諸葛孔明は劉備玄徳の子・劉禅に宛てた「出師の表」で「親賢臣、遠小人、此先漢所以興隆也。親小人、遠賢臣、此後漢所以傾禿也」と述べている。「賢臣に親しみ、小人（つまらない輩）を遠ざける、これは先漢が興隆した所以です。小人に親しみ、賢臣を遠ざける、これこそ後漢が傾いた原因です」という意味だ。むろん、賢臣を遠ざけ、小人に親しむ無能な統治者がすべて暴君になるということではないが、歴代皇帝のなかで政権を亡びさせた無能な皇帝はたいていの場合、孔明の指摘した通りのものだった。ただ、暴君のなかの暴君といえば、やはり秦の始皇帝といえる。人民に対する搾取と略奪、文化の破滅、知識人に対する虐殺など、あらゆる悪徳がその暴政に現れた。

中国の近現代史のなかで、とくに毛沢東時代の歴史について政府文書の多くが公開されていないため、いまだ歴史として判明されていない事象が多いが、一方で近年、歴史家の努力によって判明された史実も少なくない。その一つが１９５９―61年に起きた自然災害による大量餓死だった。これは毛沢東の「大躍進」政策の失敗によるところが大きいと歴史家は結論づけた。

総括すれば、反右派闘争は毛沢東が自らに対して批判的な知識人を弾劾するためのキャンペーンだった。大躍進は毛沢東が自らの権威を確立するための運動だったが、失敗に終わった。その後、3年間にわたり、荒廃した農業は不作となり、数千万人の餓死者が出た。毛沢東はその責任を追及しようとする劉少奇国家主席を迫害するために、文化大革命を引き起こした。劉少奇が死去したあと、林彪元帥は後継者として指名されたが、毛沢東に信任されず、自分も劉少奇と同じ運命になるのではないかと恐れて国外逃亡を企てたが、その飛行機はモンゴルに墜落した。建国後、一貫して毛沢東の女房役だった周恩来総理も完全に毛沢東の信任を得ていなかった。晩年、膀胱がんを患った周は治療のため、手術が必要と医者に宣告されたが、その手術は毛沢東が最後まで認めなかった。結局、毛沢東が死去した１９７６年9月9日に先立って、周恩来は同年の1月8日に死去した。見方を変えれば、周恩来は毛沢東に殺されたといえるかもしれない。なぜ毛沢東は周恩来を見殺しにしなければならなかったのだろうか。

毛沢東が最も恐れていたのは、共産党幹部と人民の間では、自分よりも周恩来の人気のほうが遥かに高かったことだ。周より自分が先に死んだ場合、政権は周恩来の手に渡ってしまい、死後、自分の名誉が失墜するおそれがある。これは何としても避けなければならなかったのだ。晩年の毛沢東は誰も信用しなかった。だからこそ自分といっしょに戦った戦友のほとんどを自らの手で殺したか、排除した。この点はスターリンとそっくりといえよう。

3　チャイニーズ・パワーのあり方

血縁とファミリーのパワー

日本で広く読まれている『三国志』のなかの劉備玄徳は、自分こそ漢王朝の直系であると主張する。曹操と孫権はいずれも漢王朝王室の直系ではないという。同じ例を挙げれば、中国の国内外で「孔」という苗字の人は少なくない。一部の「孔」氏は、自分は「孔子」の直系の孫だと主張する。漢王朝の末期、皇帝にはたくさんの孫やひ孫がいたのはたしかなようだが、たとえ自分がその直系であることを証明できたとしても、何の意味があるのだろうか。一番滑稽なのは、自分の苗字が孔であることを理由に、孔子の子孫と自称することである。

しかし、こうした現象の背景には、中国人社会においてファミリーを重視する考えがある。これは儒教の考えの核心たる部分といえる。華僑は世界中に散在し、貿易や飲食店経営などさまざまなビジネスを展開している。その事業の継承は、絶対に家族以外の者にはさせない。なぜならば、家族でなければ信用できないからだというのである。

映画「ゴッドファーザー」はイタリア系のマフィアに関する物語だが、その基本形は中国とほぼ同じようなファミリービジネスである。ただし、今の中国では、ファミリーパワーは急速に弱くなっている。なぜならば、中国では核家族化が進み、しかも一人っ子政策によって、標準的な家族の規模はわずか3人となったからだ。

40年前に、鄧小平は当時の食糧難を克服し、失業問題の深刻化を緩和するため、人口の爆発を抑制することを目的に、一人っ子政策を取り入れ実施した。それによって夫婦は子どもを一人しか持てなくなった。伝統的な中国社会はファミリーによって支えられていたが、この政策により大家族制が崩壊し、核家族化が進んだ。今の40歳以下の中国人のほとんどには兄弟がいない。兄弟がなければ、ファミリーパワーは弱くなる。鄧小平は一人っ子政策の実施を決めたとき、明らかに足元の問題に気を取られ、将来のデメリットまで考慮に入れなかった。

中国の民営企業は、その規模はともかく、たいていの場合、後継者問題を抱えている。創業者が徐々に高齢化し、後継者不足が深刻化しているからだ。たとえたまたま子どもが男の子であるとしても、事業を息子に引き継ぎ、息子をバックアップするファミリーメンバーがいないという現実に直面する。とくに、ビジネスの規模が拡大し、業務内容が多角化していくにつれ、直系のファミリーがいないのが課題である。一人っ子政策は中国社会の形態そのものを根本から変えてしまった。

チャイニーズ・パワーの源泉

２０１８年は「改革・開放」の40周年にあたり、40年前に比べれば、今の中国はまるで別の国になっている。40年前を想起すれば、大都市の繁華街で自転車が溢れるように往来していた。今日のようなモータリゼーションが到来するとは、誰が想像できただろうか。

中国の経済発展は少なくとも三つの波に乗って成し遂げられた。最初の波は１９８０年代の農村部の郷鎮企業と都市部の個人経営の繁盛だった。第二の波は90年代半ば以降の不動産開発ブームだった。第三の波は90年代末のＩＴブームだった。この三つの波の主役はいずれも個人である。

アリババやテンセントなどの大型企業の資本関係は今となっては複雑になり、政府からの影響も強く受けているが、その設立当初は数人の若者の起業によるもので、経営そのものは国有企業と根本的に異なるものである。

２０１０年代中ごろから中国経済が減速し、「新常態」と表現されているが、実際に中国企業を考察すれば、不景気の印象はまったくない。いわゆるチャイニーズ・パワーの源泉はどこから来るものだろうか。

中国経済の主役は民営企業であり、個人である。この現実を考えれば、民営企業と個人が巨大なエネルギーを放出できたのは、政府による関与が40年前に比べて弱くなり、今日では、政府は民営企業に影響を与えることはできるが、それをコントロールすることはできなくなっている。すなわち、チャイニーズ・パワーの源泉は「自由」である。

これまでの40年間を振り返れば、中国社会で大きな変化が生じたと思われる。40年前の中国では、若者の就職は基本的に政府部分に依存していた。40年前から経済の自由化が進み、若者は政府に対する依存が弱くなり、今や政府に職を分配してもらおうと思う若者はほとんどいないはずである。今の中国では、さまざまな制限は残っているが、基本的に起業の自由が与えられている。

自由が与えられ、それが力と化す触媒は中国人のハングリー精神である。今の中国人若者は政治に対する関心が極端に低く、ビジネスに成功したい欲望のほうがよほど強い。むろん、金銭欲が強すぎると、拝金主義が横行することになる。それは中国経済発展の影となって表れている。

一般的に景気を押し上げる経済政策は政府が主導するものと思われている。しかし、中国経済を持続させるには、政府はその出番を極力控えたほうがよかろう。中国人の特質といえば、利益を追求するために、リスクを恐れないところにある。

40年前に「改革・開放」が推進された当初、北京などの大都市の若者は親戚や友人から借りたわずかなお金をポケットに入れ、夜行列車に乗って、香港に近い深圳に出向き、内陸で手に入らないジーンズやラジカセを仕入れて、また列車に乗って帰って行った。彼らはいわば問屋のような役割を果たしていた。こうしたビジネスは誰かに教わったものではなく、中国人のＤＮＡに潜んでいたものである。計画経済の時代、そのＤＮＡの活性化が完全に抑制されてしまったが、「改革・開放」に伴う経済の自由化により、その細胞は一気に活性化した。これがチャイニーズ・パワーの源泉である。

チャイニーズ・パワーの持続可能性

研究者の間では、最近中国をインドと比較して論じることが多い。インドは古代文明発祥国のなかで唯一、民主主義が定着している国であるが、民主主義は必ずしもその国を経済発展へと導くとは限らない。40年前の中国経済と当時のインド経済と比較した場合、さほど大きなちがいはなかったが、それから40年経過して、今日の中国経済はインド経済を遥かに凌駕している。たとえば２０１７年、中国で販売された自動車は２８００万台を超えているが、インドでの自動車販売は４００万台にとどまった。

中国がインドを引き離したのは中国人の上昇志向によるところが大きい。中国人の上昇志向の源泉は上述した経済の自由化と中国人固有のハングリー精神のほか、中国人社会に根強く存在する個人主義にある。もともと、中国の漢民族は農耕民族であり、日本人と同じように、チームワーク、すなわち村社会の協力が求められる。しかし、数千年の歴史のなかでたび重なる北方の騎馬民族に侵略を受け、その間、さまざまな民族の血が混じるようになった。農耕民族と異なり、狩猟主体の騎馬民族は基本的に個人プレーが多い。

今の中国人社会で個人主義は完全に定着している。企業の業績評価も完全に個人主義になっており、同期入社の者同士でも、数倍の開きがあってもおかしくない。この点は、日本社会ではまず考えられない。かつて筆者が日本で銀行系のシンクタンクに入社したときに受けた説明では、「日本の会社で同期入社の者同士の給与の差は数百円程度」といわれたことがある。この説明は極論かもしれないが、日本人社会の格差が中国人社会に比べて小さいのはたしかなことであろう。従業員同士の業績の格差はどんなに大きくても、処遇について大きな開きをつくらないのは日本人社会の特質といえる。むろん、このシステムにおいては、優れた業績をあげた者にとって十分に報われないという不公平感が現れてくる。その結果、よく働く者の意欲を減退させる結果になるというデメリットも併せ持つ。

一方、中国人社会においては、行き過ぎた個人主義ゆえに、往々にして従業員同士の協力体制は構築されない。たとえば、製造業でいうと、個人プレーを基本とするセル生産方式に中国人は適しているが、摺り合わせに弱いのは問題である。自動車の組立てはその典型である。部品の数が多いのは自動車組立産業の特徴だ。各々の部品の摺り合わせをきちんと行うことが、高品質な車をつくるコツである。中国の地場完成車メーカーは政府の種々の保護策にもかかわらず、先進国メーカーとの技術の格差を縮めることができていない。誤解のないように述べれば、個人主義はチャイニーズ・パワーを生み出すはずだが、チームワークが阻害されているため、本来強く発揮されるチャイニーズ・パワーの一部が消耗されているということだ。産業によってセル生産のように個人プレーに細分化できる業種であれば、個人主義は相当強い力を発揮するが、どうしてもチームワークで仕事を進める業種については、なかなか十分に力が発揮されないのだ。

個性の強い個人を束ねるには、強いリーダーシップの発揮が求められている。たとえば、シューズや玩具の生産については、ハイレベルの専門技術が求められるわけではないので、工場長にとってはリーダーシップを発揮しやすいうえ、各々の従業員に対する評価を明確にすれば、生産体制は思う通りに機能すると思われる。かつて、大連に進出したあるアメリカ系企業を視察した際、全従業員に対する評価の結果が、すべて工場の壁に張り出されていた。しかも、成績の優れた従業員については大きなサイズの写真が張り出されていた。成績の一番末端の従業員については写真はなく、名前が小さく描かれていただけだった。優れた業績を収めた従業員にとっては、励みとなる一方、プレッシャーにもなる。それが同時に、業績の悪い従業員を刺激する効果もあると考えられる。結果的に、個々の従業員は一生懸命頑張るが、協力しなくなる心配がある。あらゆることに一長一短がある。

4　問われる習近平政権の国家像

統制された国家への回帰とそれに対する抵抗

「中国人は自由が与えられていない」といわれると、それは明らかに極論すぎると思う。繰り返しになるが、毛沢東時代の中国では、当時、身分証明証（ＩＤ）が発行されていなかったため、どこかへ出かけるときに、汽車の切符を買う場合、勤務先あるいは所属先の「紹介信」が必要であった。政府機関や国有企業などの「単位」と呼ばれる組織は、自らの職員と従業員をきちんと管理する義務があり、自由に外出できないようにすることで、社会の安定が維持されていた。むろん、出先で旅館などに宿泊しようとしても、「紹介信」がなければ泊めてもらえない。ちなみに、標準的な「紹介信」には、「右の者はたしかにわが組織の職員（あるいは従業員）であり、貴社においてご協力のほど、よろしくお願いする」といった文言が書かれている。この「紹介信」は日本流でいえば、「身元保証書」に近いものといえる。

そして、当時、普通の中国人の家にはテレビなどほとんどなかった。ただし、多くの家にはラジオがあった。しかも、当時のラジオはたいていＦＭ放送こそないが、短波ラジオがほとんどだった。普通のラジオは人民日報に書かれていることしか放送されないため、若者は密かに短波ラジオを使って海外のラジオ放送を聞いていた。最もよく聴かれていたのはアメリカのVoice of America（ＶＯＡ）の中国語放送だった。むろん、ルール上では、海外のラジオ放送を無断で聞くのは違法であり、検挙されれば、投獄される可能性があった。それでも、若者たちは中国でいったい何が起きているかを知るために、海外のラジオ放送を傍受していた。

「改革・開放」以降、IDカードが発行され、電車や飛行機に乗るとき、勤務先発行の「紹介信」は必要でなくなり、国内における移動の自由が実現された。それだけでなく、公式統計によれば、毎年1億2000万人の中国人が海外旅行をしているといわれている。

そして、本書でも前に触れたように、短波ラジオでしか海外の情報に接することができなかった中国人は、今やインターネットを使って、海外の情報を入手できるようになった。しかも、インターネットのSNSサイトに投稿できるようになっている。以前に比べれば、言論統制は完全には撤廃されていないが、大幅に緩和された。毛沢東の時代、見知らぬ人に毛沢東や共産党を批判すると、密告されれば間違いなく検挙され投獄された。しかし、今、少々批判や不満をもらしても、密告する人もいないし、たとえ密告されても、検挙されるほどのことはないだろう。中国人は知らず知らずのうちに、自由を味わっているのである。人間はいったん自由を味わうと、その「旨み」を忘れることはできない。

ひるがえって、あらためて今の中国社会を鳥瞰してみよう。上述の自由とは裏腹に、習近平体制になってからの過去5年間、ネット統制と言論統制および報道規制が異常なほど厳しく行われている。政府批判の書き込みはもとより、ある政策に異議を唱える書き込みは、すぐに削除されてしまう。しかも、司法の独立や民主化を主張する知識人などのSNSのアカウントが強制的にキャンセルされてしまう。なぜここまで統制を強化するのだろうか。世界の潮流はさらなる自由化と規制緩和であり、統制の強化は明らかに時代に逆行する動きである。しかも、どんなに統制を強化しても、その効果はおそらく限定的である。

まず、すでに自由を味わった国民は、政府の統制に強く抵抗するはずである。そして、毛沢東時代の完全な鎖国状態と異なり、毎年1億2000万人の中国人が海外で旅行していることを考えても、情報を遮断することは実質的に不可能である。さらに、短波ラジオしかない時代と異なって、今日では、ネット中心の時代になっている。若者は自作のソフトウェアを使って、政府が設けるファイアウォールを潜り抜けることができる。重要なのは統制を強化するのではなく、国民に自由を法治のもとで認めていくことである。

個人崇拝と指導者偶像化の弊害

中国人は毛沢東時代に喫した惨禍を反省すれば、個人崇拝を戒めるはずである。指導者への個人崇拝とは、指導者の言論を疑うことをせず、それに絶対的に従うことである。独立思考能力を持たない愚民は指導者を絶対的に信奉する。その結果、文革のときのように、紅衛兵たちは毛主席を擁護するため、頻繁に、自分の先生を殺害するなどの暴挙に走った。

個人崇拝に伴う指導者の偶像化と専制政治体制の絶対化によって政治は宗教化し、国民が洗脳されてしまう。あらゆる政治システムのなかで指導者の過ちを修正できなければ、指導者は偶像化する。社会主義中国が成立する前から、個人崇拝と偶像化の歴史が繰り返されてきた。

皮肉なことに、毛沢東時代の中国人のほぼ全員が毛沢東に対して崇拝の念を抱いていたが、同時にその思想の被害者でもあった。それに懲りず、それからわずか40年しか経過していないにもかかわらず、指導者への権力集中が再び進んでいる。習近平国家主席の周りの幹部は官製メディアを駆使して、「習主席は偉大な、光栄な、正当な指導者である」と讃えているのだ。

中国の古い言葉に「傷が癒されれば、その痛みを忘れてしまう」という言い方がある。中国人は、毛沢東時代の傷はほぼ癒されているが、同時に当時の痛みを忘れているようにみえる。こういう奇妙な現象が起きる背景には、おそらく数千年の歴史において、中国人の体のなかに指導者を崇拝するDNAが知らず知らずのうちに埋め込まれているにちがいない。

どんな偉大な指導者でも絶対的に正しいということはあり得ない。しかし、独裁政治においては指導者の権威を最大化するために、どうしても偶像化しようとする。かつてヒトラーやスターリンがそうであった。中国でも、毛沢東の偶像化は極端に進んだ。個人崇拝と指導者の偶像化を図るために、必ず恐怖の政治が伴うことになる。すなわち、指導者の言論に対して、異議を唱える者を投獄するなど締め付けを行う。同時に、群衆を集団化して指導者への個人崇拝の宣伝を行う。実現ができそうもないプロパガンダをもって群衆を引き付けることによって、権力の集中が図られる。

近年、中国で人権侵害の被害者の裁判で、その弁護を担当する弁護士が多数拘束され、投獄された。そして、政府の愚行を批判するジャーナリストや作家も、何人も拘束された。そのなかで拘束された一部の弁護士、ジャーナリストと作家は、正規な裁判手続きを経ずに、マスコミで罪状認否をさせられた。まるで文化大革命が再来したような光景である。

かつて、鄧小平が言い遺した有名な言葉の一つに「中国経済は十分に発展していないため、西側諸国の民主化を導入してはならない」というのがある。しかし、人民は愚弄されてはならない。40年間も「改革・開放」政策が進められてきたにもかかわらず、なぜ統治者は依然として毛沢東時代の古い政治を推進しようとするのだろうか。

おそらく一つの誤解がある。すなわち、統治者およびその周辺の幹部は自分たちの権力をもって国を力で統治できると錯覚しているのではなかろうか。そして、共産党の政権を転覆させないことは自分たちの使命と感じているにちがいない。言い換えれば、「紅二代」と呼ばれる太子党にとって、今の天下は既得権益になっているため、それを放棄したり誰かに譲るというのは考えにくいことのはずである。

習近平国家主席は「二つの百年」という目標を掲げた。一つの百年は、共産党が建党から百年にあたる2021年に「小康社会」、すなわち生活水準がまずまずのレベルに達するということである。具体的には2021年の一人あたりGDPを2010年の二倍にする「所得倍増計画」である。もう一つの百年は、中華人民共和国の成立から100年にあたる2049年に「富強、民主、文明、和諧（調和）」の理想が叶った近代国家を建設し、中国を世界で中等先進国の経済水準に到達させるという夢物語である。このなかで「民主」も目標として掲げられていることを注目したい。独裁政治と民主をいかに両立させるかがポイントである。

習近平国家主席の国家像

現在、60歳代の中国人は文革のときに農村へ下放された世代である。前にも触れたように、彼らが受けた小中学校の教育は、いわゆる「毛沢東思想教育」であり、徹頭徹尾、毛沢東思想にマインドコントロールされていた。彼らが毛沢東を守るために、毛沢東の指示に従い、ブルジョワと決めつけられた知識人や学校の先生を「正義」のために迫害した。あとでわかったことだが、毛沢東は無知な若者を利用して政敵を倒したのだった。

毛沢東は目的を達成してから、これらの若者を農村へ送り込み、農民から（社会主義的生活の）再教育を受けるよう呼びかけた。彼らは文革の被害者でありながらも、自分の先生などを迫害したりした加害者でもある。また、「改革・開放」政策が始まったとき、文革世代の若者の一部は、ぎりぎり再開された大学受験（１９７７年と78年）に間に合って大学に進学し、のちに共産党幹部にも抜擢された「改革・開放」の受益者でもある。

これら文革の世代に、平民の子どもだけでなく、習近平のような高官の子どもも含まれていた。下放については高官の子どもも平民の子どもとはほとんど区別されず、辺鄙な農山村へ行かせられている。当時の高官たちは自らも打倒され、立場上大きく揺らいでいたからである。したがって、下放を免れた者は皆無ではなかったが、少なかった。

ただし、文革の末期、農民から再教育を受けるはずの下放青年たちは、徐々に故郷の大都市へ回帰し始めた。とくに、毛沢東が死去したあと、迫害された共産党幹部が再び自由な身となり、彼らはまずわが子を取り戻す工作を始めた。平民の子どもの多くはそのまま農村にとどまったが、高官の子どもは優先的に大都市へ凱旋した。このプロセスをみても、中国が特権階級優勢国家であることは明白である。しかも高官たちは自らの特権を証明する論理として、「俺たちは命をかけて敵軍と戦ったので、これぐらいの特権を得て何が問題か」というのである。

仮に習近平国家主席が描いている国家像がこのような特権国家を維持することであれば、言語道断であり、国民に反対され、持続不可能と思われる。そもそも毛沢東が一揆を起こしたときに掲げた理想は「人民を解放する」ことだといわれていた。しかし、特権国家では、共産党幹部だけが解放され、人民が解放されないのだ。

ところで、英語には「国家」を表す言葉として nation、country、state、homeland など種々の表現があるが、中国語の場合、国（クニ）と家（イエ）を合わせて国家となる。そこで問われるのは国が優先されるのか、家が優先されるのか、である。

中国では、近年、愛国教育を強化するために、無数の愛国ドラマが製作されている。これらのドラマのストーリーはどれもほとんどそっくりである。そのなかの一つを紹介しておこう。

「風箏」（凧）という連続ドラマがある。そのあらすじはこうである。毛沢東が率いる共産党軍と蒋介石が率いる国民党軍との抗争のときの物語だが、主人公の二人は、男性は国民党情報機関に潜入した共産党の工作員であり、女性は国民党の情報工作員である。互いに情報を取り合うのが任務だが、二人は付き合うなか、愛情が生まれた。そこで、二人の工作員は自らが属する組織（政党）の利益を重んずるのか、それとも家族愛を重んずるのか、究極の選択を迫られる。結論は、共産党の情報工作員は個人の愛情を顧みず、自らの奥さんを検挙したのだった。きわめて単純なストーリーだが、このドラマが説教しようとしているのは、共産党への忠誠を呼びかけ、そのためには自らの人間性を犠牲にしてもよいということではなかろうか。このようなドラマはフィクションだが、文化大革命のとき、毛沢東への忠誠を誓うため、妻が夫を密告した事例は多数あった。人間性が砕け散る社会とその価値観こそ、一番の恐怖である。

共産党が唱える社会主義の基本理念はいつでも国が優先にされる。言い換えれば、国は大きな家であるが、「大きな家がなければ、どこに小さな家があるのか」というのが社会主義中国の基本的な社会通念になっている。

それでも、今の中国では、毛沢東時代と同じように国益が優先にされている。日本では、地震や台風などの自然災害に見舞われたとき、個人の私有財産の保全は担保される。それに対して中国では、いかなる自然災害に見舞われても、個人の私有財産よりも国有資産の保全が優先され、個人の財産が犠牲にされることがしばしばである。習近平国家主席が描く国家像が毛沢東時代のものと同じかどうかが問われている。

BOX　習近平の改憲と法制から法治への転換

2018年3月、中国では、年に一度の全人代が開かれた。全人代は国会に相当するものだが、共産党一党支配のもと、立法府としての役割はほとんど果たされない。全人代の代表は中央政府と地方政府の幹部に加え、各界の代表が多い。彼らのほとんどは兼職の代表である。

日本の国会答弁を見慣れた日本人にとって、3000人あまりの代表が人民大会堂に集まり、一斉に拍手したりする光景は異様にみえるかもしれない。これはスターリン時代のソ連をモデルにした政府運営である。要するに、全人代は政府を監督する役割よりも、共産党が施政方針を貫徹するために、3000人あまりの代表にそれを伝達する場である。全人代の代表は政府共産党に代わって、人民に政策などの施政方針を伝達する役割を果たす。

２０１８年の全人代はいつもより重要な会議となった。なぜならば、憲法が改正されるからである。そもそも憲法が十分に履行されていない中国では、それが改正されようとされまいと、ほとんど意味がないのではないかと思われるかもしれない。

たしかに、憲政が確立していない中国で、憲法の重要性は民主主義の国と比べものにならないほど軽いものだ。だが、それでもまったく無意味ではない。今回の憲法改正で内外のメディアで最も注目されているのは、国家主席の任期が二期までと制限されている条項が撤廃されたことである。

かつて、毛沢東時代、毛に対する崇拝が文化大革命を招いた教訓から、指導者の終身制度を改めるべく、鄧小平などの長老は国家主席が二期までとする条項を憲法に盛り込んだ。しかし、それからわずか40年足らずで、今回この条項が撤廃されたのである。

このように憲法が改正されることは、中国を毛時代に逆戻りさせるのではないかと懸念される。有能かつ開明的な指導者であれば、長く権力の座にとどまったほうが国民にとってもよいことだが、単なる独裁者だと、その統治が長ければ長いほど国民にとっては悲劇となる。

中国では、このままでは、指導者をころころ替えても、開明的な指導者が現れる保証はない。次善策として指導者の任期を延ばしてもやむを得ないとの論調がある。

一方、習近平国家主席の立場に立って考えれば、任期を延ばさざるを得ない事情がある。一期目（２０１３—17年）の５年間、１５０万人以上もの腐敗幹部が追放された。このまま、二期目が終わったところで引退するわけにはいかない。かなりの確率で報復される心配があるからだ。だからこそ、今回の憲法改正で国家主席だけでなく、副主席の任期制限も撤廃されたのだ。副主席には２０１７年秋に定年で一度は引退した王岐山が復帰・就任した。

今回の憲法改正において、筆者は国家主席と副主席の任期制限撤廃よりも、一番注目しているのは「法制」から「法治」への改正である。法制とは、the rule by law（法による統治）であるが、法治は the rule of law（法の支配）である。たった一文字のちがいで意味はまったく異なってくる。すなわち、法制では、政府共産党も法の支配の下に置かれるのに対して、法治では、政府共産党が法を凌駕する可能性があるからだ。だからこそ、全人代では、共産党の指導体制は絶対不動のものと強調されている。中国の明日はどうなるのだろうか。

5　中国は「強国」になれるか、その条件とは

大きな経済を強い経済にする必要性

日本人はなぜモノづくりに強いのか。モノの細部まで精密につくろうとする国民性だから、品質の良いモノがつくられる。日本人に対する批判の一つに、木を見て森を見ないというのがあるが、モノの細部を精密につくる人にマクロ的に見ることを求めても、そもそも難しいかもしれない。

一方、中国人の国民性は正反対かもしれない。この二十年来、中国のほぼすべての都市の列車の駅が再開発され、新しく建設された駅も多い。しかも、これらの駅はいずれも、とてつもなく大規

模なものである。しかし、規模こそ大きいが、その細部の設計がお粗末であるため、利用者にとって、たいそう利用しにくい駅といえる。タクシーを降りて、駅に入るまでの距離が遠く、バリアフリーになっていないうえ、飛行機に乗るのと同じようにセキュリティ・チェックもある。ようやく駅に入ったと思ったら、自分が乗る列車がどのプラットフォームに到着するかを確認するが、すぐにプラットフォームには行けない。たいていの場合、列車が到着する10分か15分前にようやく改札が始まり、改札を通過したと思ったら、列車が止まるプラットフォームまで、まだ遠いのだ。中国の高速鉄道（新幹線）の乗り心地は悪くないが、駅に到着してから列車に乗り込むまでの苦労を考えて、筆者はやむを得ない場合を除いて、移動には飛行機を利用する。したがって、中国人に対して提言するなら、森を見てもよいが、木も見てください、ということである。

習近平国家主席は経済建設と国有企業改革について「既存の国有企業を、より大きく、より強く建設する」と提言している。文化大革命のときに育った世代だからこその提言といえるが、これまでの40年間の「改革・開放」と自由化の潮流に逆行する発想といわざるを得ない。国有企業を大きくすることはできるが、それによって国有企業を強くすることはできない。仮に政府が国有企業を大きくすることによって強くすることができるならば、40年前に「改革・開放」政策を実施する必要はなかったはずである。

あらためて中国経済を概観することにしよう。雁行発展モデルに基づく輸出製造業の飛躍的な発展により、中国経済は伸長し、２０１０年にドル建てのＧＤＰは日本を追い抜いて世界二番目の規模となった。１９７８年から始まった「改革・開放」政策からわずか30年あまりで世界主要経済に躍進した中国経済は、まさに奇跡的な発展を遂げたといえる。

しかし、冷静に考えれば、半導体などハイテク産業の輸出の60％以上は、中国に進出している日米欧と韓国など先進国企業によるものである。中国の地場企業は技術について劣後であり、さらなる努力が求められている。したがって、現在の中国経済は「大きな経済」ではあるが「強い経済」ではないのだ。習近平国家主席は強い国有企業ではなく、強い経済を構築しようとするのであれば、民族系企業に技術革新を促す必要がある。それを実現するには、共産党による号令ではなく、特許などの知的財産権を保護し、地道に研究開発を行う企業が報われる環境を整備していく必要がある。

中国経済は低付加価値の経済から高付加価値経済へ脱皮する転機を迎えている。なぜならば、人件費の安い時代は、企業は廉価な労働力を活かして安い製品と商品を大量に作り、輸出できる。しかし、今、中国企業にとり、毎年のように人件費が上昇している。コスト面の優位性を失いつつある中国企業は中国にとどまるならば、技術の優位性を手に入れなければならない。外国企業から技術をコピーすることは決して簡単なことではない。技術革新を怠る中国企業は大量に倒産する時代が到来する半面、地道に研究開発に取り組む企業が生き残る。まさに分水嶺である。ここで、中国政府は景気の減速を恐れて、研究開発に消極的な企業まで温存しようとすると、逆効果となり、中国経済は「中進国のわな」に嵌る可能性がある。市場に任せて市場の力で企業の経営ビヘイビアを変えていくことが重要である。とにかくこのままでは、中国経済は強い経済にはならない。

軍事大国になれるのか

中国が最初に核実験を行ったのは1964年のことだった。その前の3年間で数千万人が餓死したにもかかわらず、なぜ多額の費用を核実験に使ったのだろうか。当時の中国政府の公式見解によれば「中国は核爆弾を保有しているので、二度と帝国主義の侵略を恐れる必要がなくなった」ことを優先したのだった。ある意味では、当時の中国が核実験を行ったのは、今日の北朝鮮の核実験と同じような背景といえる。

それから50年以上経過し、中国経済は世界二番目の規模となり、軍事力も大きく躍進した。現在では、航空母艦を建造しているうえ、原子力潜水艦も保有している。だが、中国は本当に軍事大国になれるのだろうか。さらに、軍事大国になる必要はあるのだろうか。

毛沢東時代の末期、周恩来首相は「四つの近代化」を提唱した（それを鄧小平がスローガンとした）。そのうちの一つが「国防の近代化」だった。それ以降、経済発展とともに、国防予算は年々増額されてきた。海外の軍事専門家は中国の国防予算の増額を理由に、軍事力が増強していると指摘している。軍事予算が増えれば当然、軍事力も強化されているはずだという、きわめて単純明快な論理だ。

ちなみに、中国人民解放軍の規模について、現役兵力に予備兵と武装警察を加えて、おおよそ300万人の規模になるとみられ、世界最大規模になる。そして軍事予算は、2017年現在、約1兆元になっているといわれている。軍事予算はアメリカには遥かに及ばないが、世界で堂々の二位である。

しかし、兵力と軍事予算をもって中国の軍事力の強弱を測ると、事実誤認に陥りがちとなる。軍事については門外漢である筆者でさえ、現在の人民解放軍の兵士のほとんどは一人っ子であり、それぞれの家でちやほやされ育った若者なので、そんな甘ちゃんが実際の戦力として本当に強いのだろうか、と疑ってしまう。少なくとも未知数というべきであろう。

そして、軍事予算も、近年の反腐敗のなかでたくさんの軍幹部が拘束されている。その腐敗の金額はもはや天文学的数字に達している。人民解放軍の買付けは終始ブラックボックスのなかで行われているため、腐敗しやすい。結論からいえば、軍事予算の一定割合が食い物にされている可能性が高く、軍事力の増強に寄与していない。

かつてに比べれば、中国の軍事力は大きく強化されているが、実際にはいわれているほど強くないかもしれない。しかも、今の中国の国づくりと街づくりをみると、毛沢東時代と異なって、戦争に備えていない。北京や上海などの大都市の街づくりはもとより、物流システムなど経済の生命線も戦争どころか、テロにも弱い構造になっている。習近平国家主席の言葉を援用すれば、中国の経済発展には平和なグローバル環境が必要であるとのことだ。正しい認識である。中国は軍事力をもって世界で覇権を誇示する選択肢は、ほとんどないといえる。

中国共産党にとり、外国から侵略を受けるリスクはそれほど大きくない。軍事力を強化する必要性があるとすれば、拡張的な海洋戦略を支えるためであろう。そして、共産党にとって最大のリスクは、国内の社会不安によるものである。したがって、現在、武装警察が人民解放軍に組み入れられており、毎年の治安維持費は国防費に匹敵するほどの規模になっているといわれている。

要するに、中国の名目軍事力はその規模の拡大により強くなっているようにみえるかもしれないが、実質的な軍事力は予想よりも弱い可能性が高いのだ。

強国には強い文明力が不可欠

中国には輝かしい古代文明がある。秦の始皇帝が中国を統一したのち、漢王朝の400年あまりにおいて、中国文化はほぼ、かたちとしてできあがった。中華文明が最も輝かしかったのは、何といっても唐の時代であろう。当時、日本からは多数の遣唐使が長安の都を訪れ、それに関する詳細な記録が数多く残っている。

強い国には、強い文明力が必要である。軍事力は国家を敵から守るための力であるとすれば、文明力は文化の魅力をもって世界から友を引き付けるための力である。日本からの遣唐使は、まさに中国文化を学ぶために長安を訪れたのだった。

近代になってから、中国の国力が低下したのを受け、一部の知識人は中国の古代文化が鎖国を助長し、産業の近代化を邪魔していると主張した。これまでの200年の間、中国人は何度も中国の古代文化を改革しようとした。その目玉は孔子が代表する儒教を否定しようとしたことだ。すなわち、中国人は迷信深いので、儒教の教えは人々の精神を毒するアヘンのようなものといわれていた。

社会主義中国が成立したあと、とくに文化大革命のとき、「破四旧」という運動が繰り広げられた。四旧とは、旧思想、旧文化、旧風俗、旧習慣のことで、それら古い文化が次々と破壊された。たとえば、日本では、夏や秋になると、日本の津々浦々で祭りが執り行われる。祭りの意味は、豊作を祝って翌年のさらなる豊作を祈願するための行事である。しかし、中国では今、伝統的な祭りはほとんど行われない。なぜならば、迷信といわれたからである。

日本を訪れる中国人は、最初に日本のテレビ番組をみると、朝の番組のなかで占いのコーナーがあることに若干びっくりするかもしれない。なぜならば、毛沢東時代の中国では、占いが完全に禁止されていたからである（むろん、本当に占いに従って行動する人などほとんどいないはずであるが）。テレビの占いコーナーは単なるエンターテインメントにすぎない。

逆に、中国のテレビなどをみると、乾燥無味な内容になっており、少しのダイナミズムも有していない。これでは唐の時代の李白の「白髪三千丈」のような自由奔放な発想を有した詩人など、とうてい生まれてこない。

では、文明力はどのような環境において芽生え、成長するのだろうか。

自由のないところでは、文明と文化は生まれない。今、中国では、あらゆる創作活動はすべて政府の審査を受けなければならない。しかし、政府が指導する創作活動では、魅力のある文化が生まれにくい。これまでの40年間、中国経済は大きく成長した。軍事力もそれ相応に強化されているかもしれない。しかし、文化力と文明力はほとんど強化されていないのが問題である。とくに、過去5年間、インターネットに対する規制が強化され、中国で検索エンジンのgoogleは使えない。その結果、中国では、海外のニュースサイトのほとんどにはアクセスできない。

秦の始皇帝は騎馬民族の侵入を防ぐために、万里の長城の建設を始めた。今、中国では、自国民が外国のニュースサイトなどにアクセスできないように、インターネット上のグレートウォール

（ファイアウォール）を設置している。しかし、万里の長城は騎馬民族の侵入を防ぐことができなかった。おそらくグレートウォールの設置もほとんど意味はなかろう。毎年1億2000万人の中国人が海外で観光している。彼らは全員スマホやタブレット端末を持って旅行するため、海外では、自由にあらゆるサイトにアクセスできる。情報を遮断しようとする考えは時代遅れであるうえ、ほとんど意味はない。

なぜ共産党は自国民にもっと自由を与えないのだろうか。

最大の問題は自らの統治について自信を持っていないからであろう。本来ならば、政府は国民に行政サービスを提供する役割のはずだが、今の中国では、依然として政府は国民を管理する立場になっている。国民の行動を律するのは法律のはずである。しかし、真の意味での法治を徹底すると、共産党も法の下に置かれることになる。法を凌駕するのは、共産党指導部の最大の特権である。この特権を自らが手放そうと思う指導者は少ない。その結果、政府による管理をもっともっと強化しようとする。政府自らが国民との対立軸に位置するため、国民に自由を与えようとしない。こうした状況下で、文化力と文明力は強化されにくい。ある意味では、共産党にとって、今は深刻なディレンマに陥っているといえる。

習近平政権は中国を強国にしようとしている。中国人からみると、非常に魅力のある構想といわざるを得ない。しかし、実際に、強国になるかどうかについて、これまでに述べてきた通り、まだまだたくさんの課題を抱えている。その最大の課題は、共産党自身の改革を早急に進めることであろう。

あとがき――強国になろうとする中国と日本の対中戦略

歴史的に中国が最も強かった時代、たとえば隋・唐代に、日本から多くの遣隋使と遣唐使が長安（今の西安）へ赴き、優れた文化と制度を学んだ。その後、中国の王朝は徐々に弱体化し、元と清においては、漢民族からみると、国家として完全に亡びた。さらに、清朝の末期、西洋列強が中国を侵略したとき、清朝はなすすべもなかった。その大きな流れのなかで日清戦争が起き、その後、日中戦争へと続いた。

日中戦争の結末は、太平洋戦争とともに日本の無条件降伏によって終止符が打たれた。しかし、中国国内情勢は安定しなかった。数千年にわたって栄えた文明国は、このまま再び十九世紀と同じく〝眠れる獅子〟になっていくとみられた。聯合政府の構築を約束した毛沢東の人民解放軍は、呉越同舟で手を組んでいた、蔣介石が率いる国民党軍を一気に殲滅した。毛の人民解放軍が勝利を収めた背景には、国民党軍を打倒すれば、農民に農地を分配するなどと約束をしたからだ。農民に幅広く支持された毛の人民解放軍は、破竹の勢いで国民党軍を撃退した。

現代史において中国人が最初に夢を見たのは、毛沢東が天安門の上から「中国人民は今から立ち上がった」と宣言したときだった。中国人は自分たちがようやく主人公になれたことに心から喜んだ。しかし、実際に解放されたのは人民ではなく、毛沢東自身だった。主人公になれたのも人民ではなく、毛本人だった。毛と一緒に命を懸けて日本軍や国民党軍と戦った戦友・同志でさえ、立ち上がるどころか、次から次へと打倒された。こうした例は枚挙に暇がなかった。

毛沢東は、マルクスの唱える理想の社会主義・共産主義社会を本当に目指していたのだろうか。否、彼の権力基盤を維持するには、一党独裁のもと、そのトップとして君臨する方法が最も安泰だと考えたからであり、中国が共産主義の旗を振り続けるのは、イデオロギーに対する信奉というよりは、自己の権力基盤維持のための〝隠れ蓑〟として利用したにすぎない。この点は鄧小平も同様で、「改革・開放」がやや〝行き過ぎ〟、民衆が自由化を求めたとなると、すぐさまこれを弾圧し(第二次天安門事件)、一党支配の枠組みを死守した。

現代史において中国人が二回目の夢を見たのは、毛主席が死去し、その夫人の江青をはじめとする四人組が追放されたときだった。当時、復権した鄧小平は政治運動(権力闘争)を封印し、「改革・開放」を宣言した。しかも、鄧は「先富論」を提唱した。飢餓と貧困にあきた中国人は、今度こそ豊かな生活を手に入れることができると夢想した。しかし、鄧小平が提唱したのは一部分の人が先に豊かになれるということだった。「改革・開放」が40年経過した今、たしかに一部の人は豊かになった。世界で最もリッチな人は中国の富豪といわれている。それに対して、多くの人にとって、鄧が唱えた夢は現実とはならなかった。

行き過ぎた「開放」は、中国の拠って立つ共産党支配の根幹を揺るがしかねないという矛盾を、この国は常に孕んでいることを忘れてはならない。

鄧小平はなぜ、自分をかなり痛めつけた毛沢東を批判しなかったのか。それは、建国の祖である人物を否定すれば、その拠って立つ国家基盤さえも揺らぐおそれがあるからだ。さらに、毛がソ連のスターリンが死去したあと、フルシチョフに批判されたことを受け、自分の死後、自分も批判に晒されることを極端に恐れていたことを知っており、もし同様に鄧が毛批判を行えば、次に自分の死後、誰かによって自分の権威も失墜してしまうと考えたからだ。そこで文革などの失政を毛のせいではなく四人組の罪として裁き、以後、権力闘争を封印した。結局は指導者の自己保身にほかならないのだ。

習近平政権になってから、習国家主席は再び、国民に中国の夢の実現を提唱した。今回は、これまでの二回ほどの感動と感激はない。なぜならば、すでに二回も食言されているので、今回の夢が実現する保証はどこにもないからだ。もちろん、習近平政権の反腐敗キャンペーンは国民から広く支持されている。今後の問題は、いかにして貧困層をボトムアップするかにある。

多くの中国人は、習近平国家主席が提唱する中国の夢を静観している。強国になる夢についても、「国富民窮」だと揶揄されるぐらいである。たしかに、今の中国政府は世界で最も金持ちの政府といえるかもしれない。予算執行にあたり、透明性がなく、民主主義の国で議会に追求されるようなことは起こり得ないからだ。だからこそ、地方政府の役所の建物は先進国の国会議事堂よりも規模として大きいものが多い。このように、現代の中国では、地方財政、金融制度、企業のあり方など、まだ多くの点で抜本的な改革の余地を残している。

結局のところ、中国の夢の実現を呼びかける習近平政権に対しては、その国家像をどう実現させるかが問われている。毛時代のような統制された社会を目指すならば、中国の夢は実現しないだろう。第10章で述べたように、現状では、経済力はいくらか強化されているが、軍事力はどんなに強化されても、武力に魅力を感じる人はいない。たとえば、アメリカン・ドリームに魅了された人はアメリカの軍事力に魅了されたわけではなく、アメリカの文化や自由に魅力を感じるのである。では中国の魅力とは何だろうか。それは、その輝かしい歴史と文化のはずである。強い経済、強い軍事力と強い文化力から成る三次元の国家像を、今後いかに実現させるかについて、習近平政権はそのロードマップを示さないと、国民の多くはついてこないし、世界で尊敬される国にはなれないだろう。

現在、中国では、第三次留学ブームが起きている。エリートの家庭に生まれた若者は中国にとどまることなく、先進国へ留学している。しかも、今次の留学は最終的に移民を目的にしている。現在、アメリカには毎年30万人の中国人学生が留学している（2016年現在）。これらの頭脳は将来、中国に戻ってこなければ、中国にとって頭脳の流出になってしまう。

日本では留学生の呼び込み政策の基本方針が策定されているが、具体的な措置はまだ明らかにされていない。しかし、米、英などの留学事業先進国は海外の優秀な留学生を惹き付ける種々の魅力的なプログラムを打ち出している。20世紀の戦争の多くは資源をめぐる戦争だったが、これからは優秀な人材を獲得できない国は国際競争に勝てない。現在、人材が埋没している「鉱山」といえば、中国やインドなどの国々だろう。

米アップル社のビジネスモデルはその典型といえる。優秀な頭脳をカリフォルニア本社に集め、そこで製品とサービスをアーキテクトし、実際の生産は中国で行われる。したがって、アップル社は資源を確保する必要はなく、製品とサービスのグランドデザインだけ行えば済む話である。しかも、世界各国から優秀な頭脳を集めることでダイバーシティ（多様性）に富んだ製品とサービスが世界の消費者に供給され、愛用される。

このまま行けば、中国はアメリカのために人材を育成しているようなものだろう。毎年、数学オリンピックの受賞者の多くは中国人の若者なのだが、彼らの多くはその後、渡米し留学し、その後現地で就職する。人材を獲得する競争は、いわゆる静かな国際競争となるのだ。繰り返しになるが、20世紀において資源を押さえた国が強国となった。それに対して21世紀は、人材を確保する国が強国になるだろう。

もちろん、人材は力でキープすることは難しい。その国の魅力・文化力をもって惹き付けるしかない。安心、安全のうえに、快適な生活ができ、その中から豊かな構想力が生まれる。これを保障する国こそ強国になる。

国民を統制しようとする考えは前近代的な発想である。それは自国の国力を弱めることになる。長い間、歴代のアメリカ大統領は中国の首脳と会見するたびに、必ずといってよいほど人権と自由を議題に挙げ、中国政府に人権の尊重を求めてきた。最近のアメリカ大統領はいわゆる世界の普遍的価値観について、いっさい言及しなくなった。その背景には、中国がアメリカにとって競合する相手となり、中国政府自身が中国の国力を弱めてくれるならば、それはそれで有り難いことになると判断されているからである。中国政府が自国民に対する統制を強化すればするほど、中国の優秀な頭脳はどんどんアメリカに流出する。これはアメリカが願ってもないことである。

結論からいえば、中国政府が、国民に対する統制を行い続け、さらには強化しようとする以上、中国は強国になれない。

さて、それではこれからの日中関係はどのようになっていくのだろうか。

歴史的にも現実的にも、中国人は自分たちが世界の中心に位置すると考えている。日本の歴史家は中国の華夷秩序こそ中国的覇権の原点と解釈しているが、まったくの誤解である。歴史的に日中は朝貢関係になかった。元《げん》こそ日本に二度ほど攻め入ろうとしたが、それ以外の王朝は一度も日本を攻めようと思ったことはなかった。歴史的に中国人は太平洋への進出を考えたことがなく、たいていの場合、西へと道を切り開こうとした。それはシルクロードだった。ベトナムなどの南の国々は中原の王朝からみると、まだまだ未開で野蛮な地だった。だからこそ古代中国において、皇帝に嫌われた役人は広東など南方へ左遷された。また、よほどのことがなければ、皇帝は南方へ派兵しようとしなかった。中国の南方は皇帝にとって、ロシアにおけるシベリアのような存在だった。

北は騎馬民族があり、中原から乗り込むよりも、むしろ万里の長城を構築して侵入を防ぎたい。西へと発展の道を探る中国文化は、歴史家によって陸の文化と定義されている。したがって、古代中国は海の文化を持ち合わせていなかった。物流が発達していなかったこともあり、歴代皇帝は海鮮料理をほとんど口にしたことがなかった。清の皇帝たちが食べたとされる「満漢全席」には、海鮮料理がなかった。清王朝は北京で人工的に掘った池のことを「海」と呼んでいた。たとえば、中国の要人たちの執務室と住居を構えているのは「中南海」と呼ばれている。実はここは海ではなく、人口の池である。

中国が海洋戦略を講じようとしたのは近年のことである。造船技術が発達し、国際貿易を推進する必要もあった。中国は海に出ようとすれば、必ずや日本と対立する。しかし、国力を強化している中国はもはや陸に閉じこもるはずがなく、積極的に海に出ようとする。日中関係の悪化をもたらしたのは、日中双方が互いに平常心で相手の存在をみることができないからである。具体的に、日本人は弱い中国との共存に慣れているが、強い中国とどのように向き合うか、気持ち的にまだ整理ができていない。一方、中国人も日本がよき隣人であらんとすることに慣れていない。いまだに一部では日本のことを「小日本」と呼ぶぐらいだから、上からの目線で日本を見ている。

こうした難局を脱却するには、日中双方の政治家の知恵と国民レベルの相互理解が不可欠である。残念ながら、日中には、欧州におけるチャーチルやドゴールのような戦略的な政治家がなかなか現れない。国内政治の混乱と外交の乱れに惑わされ、ちょっとしたことで感情的になる政治家は、日中両国を平和の郷に導くことができない。

かつて、中国では、先見の明を持つ政略的な政治家は大人《たいじん》と呼ばれていた。今の日中の指導者は落ち着いた政治を行う余裕すらなく、どうしても近視眼的な政治を行いがちである。個人的に日中関係の先行きについて楽観できず、個々人がしっかりと知恵を蓄えていかなければならない時代となろう。日本の読者は、巷間喧伝されているような中国の覇権論、陰謀論など表層的な言説に惑わされず、中国の持つ未来の明るい側面と、未成熟で多くの改革を要する部分とをしっかり見極めながら今後も付き合っていくことが肝要だろう。

40年間で強大な国力を蓄えた中国に対して、世界は警戒を強めている。だが、本書でたびたび指摘したように、外から見るほど、この国はまだ頑強で磐石な国とはなっていないと筆者は考える。

足元を固めるためには、しっかりした法制度を整えなければならないし、その中には選挙制度も含まれる。しかし、共産党一党支配を維持するために、国民に自由に議員を選ばせる選挙制度を導入することは、まずないであろう。さらに、情報統制をいくら強めたところで、インターネットやグローバル化による国民の外国旅行体験などにより、秘密で塗り固めたヴェールはどんどん剥がれ落ちてきている。行き過ぎた情報統制は、逆に自らの首を絞めるだけであろう。

本書各章で見てきたように、中国は、世界に冠たる名実ともに評価される国家となるには、まだまだ、さまざまな制度を整えなくてはならない。筆者の見る限りでは、まだ道は険しい。頭でっかちの大国論を振りかざして進んでいくと、いつ脆弱な足元が崩れ落ちないとも限らない。一国民として、中国がこの先また、〝目覚めた獅子〟ならぬ、単なる〝張り子の虎〟状態に陥らんことを願うばかりである。

＊　＊　＊

本書脱稿後、筆者にとって、研究環境に大きな変化があった。20年間勤めた富士通総研を卒業することを決心したのだ。振り返れば、長銀総合研究所に在籍した5年間（１９９４—98年）は、筆者にとって、大学の学部に相当する調査研究の入門段階だった。富士通総研に入社してからの20年間（1998―2018年）は大学院の修士課程に相当するものだった。2018年4月から、東京財団政策研究所に移籍し、さらに政策研究に専念する。いわば博士課程に入る感じだろうか。

毎回、アメリカに出張するとき、日米の大きなちがいといえばシンクタンク機能に大きな格差があることを痛感する。筆者は今まで銀行系と企業系のシンクタンクに勤めてきた。銀行系と企業系のシンクタンクは日ごろの研究において多少なりとも親会社への貢献を求められる。研究活動経費を親会社に頼っている以上、それはやむを得ないかもしれない。ただし、このまま定年まで親会社への貢献を求められながら研究活動を続けることは、自分の人生において、何となく物足りなく感じたのも事実である。

今般、東京財団がシンクタンク機能を強化し、東京財団政策研究所に再編されるのをきっかけに、日本と中国の政策研究のユニットリーダーを任されることになった。これまでの研究内容とはさほどちがわないが、研究方法と研究体制は大きく異なる。これからより深い政策研究に取り組むなかで今まで以上に良い成果を出していくように精進し、近いうちにまたこのようなかたちで皆様にご報告させていただけるように頑張っていく所存である。

2018年3月　全人代閉幕の日に

著者しるす

参考文献

【和文文献】

伊藤憲一・田中明彦（２００５）『東アジア共同体と日本の針路』ＮＨＫ出版
犬養健（１９８４）『揚子江は今も流れている』中公文庫
ヴォーゲル、エズラ・F.（２０１３）『現代中国の父、鄧小平』（上下）増尾知佐子・杉本孝訳、日本経済新聞出版社
馬田啓一・木村福成（編著）（２００８）『検証・東アジアの地域主義と日本』文真堂
浦田秀次郎・深川由紀子（編）（２００７）『東アジア共同体の構築２：経済共同体への展望』岩波書店
尾崎春生（２００７）『中国の強国戦略　２０５０年への発展シナリオを読む』日本経済新聞出版社
片山智行（１９９６）『魯迅、阿Ｑ中国の革命』中公新書
柯隆（２０１５）『爆買いと反日』時事通信社
――――（２０１０）『チャイナ・クライシスへの警鐘―２０１２年中国経済は減速する』日本実業出版社
――――（２００７）『中国の不良債権問題』日本経済新聞出版社
――――（２００６）『中国の統治能力』共著、慶応義塾大学出版会
――――（２０１７ａ）「明日の中国を占う国有企業改革の行方―企業統治の観点からのアプローチ」『金融財政ビジネス』12月10日
――――（２０１７ｂ）「中国の電子商取引（e-commerce）の発展と課題」『富士通総研 China Focus』No.9（9月25日）
――――（２０１７ｃ）「中国―金融緩和と経済の行方、不動産バブル再来、高まる信用リスク」『金融財政ビジネス』８月10日
――――（２０１７ｄ）「習近平思想の浸透に向け、金融改革の新局面を迎えた中国経済」『金融財政事情』８月５日
――――（２０１７ｅ）「なぜ中国は世界一の FinTech 大国になっているのか」『富士通総研 China Focus』No.8（6月16日）
――――（２０１７ｆ）「中国経済の構造問題―習近平政権二期目の政策課題」『JETRO 中国経済』５月号
――――（２０１７ｇ）「人民元の為替レートと２０１７年の中国経済の行方」『富士通総研 China Focus』No.7（3月23日）

——（2017h）「『改革開放』の限界が見えてきた、中国に「明治維新」は無理だ」『文芸春秋』3月号、渡辺利夫との対談
——（2017i）「チャイナリスク顕在化か、トランプ政権誕生が追い打ち」『金融財政ビジネス』2月9日
——（2017j）「有効政策が見つからないレベルに達した中国の大気汚染問題（中国の環境統計）」『金融財政事情』（1月16日）
——（2017k）「グローバリズム後退の危機と保護主義の台頭―中国が進める一帯一路構想の検証」『JBIC 中国レポート「中国智庫」』（第2号）
——（2016a）「つじつまが合わない中国のエネルギー・電力の消費弾性値（中国のエネルギー統計）」『金融財政事情』12月5日
——（2016b）「中国不動産バブルの謎（中国の不動産統計）」『金融財政事情』11月21日
——（2016c）「国際貿易の落ち込みと景気減速で正念場を迎える中国経済（中国海関の国際貿易統計）」『金融財政事情』11月7日
——（2016d）「不可解な中国の失業率（中国の雇用統計）」『金融財政事情』10月24日
——（2016e）「過小評価されている中国のインフレ率（中国の消費者物価統計）」『金融財政事情』10月10日
——（2016f）「統計の改ざんが横行する中国経済のワナ」『金融財政事情』10月3日
——（2016g）「つかみにくい中国経済の全体像、マクロとミクロのかい離、中央と地方のギャップ」『金融財政ビジネス』9月29日
——（2016h）「岐路に立つ中国経済の行方」『富士通総研 China Focus』No.6（9月26日）
——（2016i）「中国経済はなぜ減速したか」『富士通総研 China Focus』No.5（6月16日）
——（2016j）「中国経済、さらなる減速へ、閉鎖のゾンビ企業は死んだふり」『金融財政ビジネス』5月9日
——（2016k）「中国経済まだまだ悪くなる」『文芸春秋』3月号
——（2016l）「不確実性、2016年の中国経済」『富士通総研 China Focus』No.4（3月2日）
——（2016m）「注目される中国国営企業改革の成否」『世界経済評論』1―2月号
——（2016n）「中国の構造転換、ゾンビ企業の閉鎖と『債転股』」『JBIC 中国レポート「中国智庫」』（第3号）

――――（2016o）「2016年の中国経済の行方」『JBIC中国レポート「中国智庫」』（第2号）
――――（2016p）「中国経済の真実―成長のサステナビリティとリスクの検証」『JBIC中国レポート「中国智庫」』（第1号）
――――（2015a）「迷走する中国経済―新5か年計画の行方」『JETRO中国経済』12月号
――――（2015b）「中国の経済統計は信用できるのか」『富士通総研 China Focus』No.3（11月25日）
――――（2015c）「中国環境問題」『日本経済新聞』「ゼミナール」欄、11月4日―18日（10回連載）
――――（2015d）「中国経済のファンダメンタルズの検証」『富士通総研 China Focus』No.2（9月24日）
――――（2015e）「中国経済の行方（中）国有企業の非効率性弊害」『日本経済新聞』経済教室、8月20日
――――（2015f）「中国の国際戦略　AIIB設立の狙い、課題と行方」『富士通総研 China Focus』No.1（8月8日）
――――（2015g）「新常態における日系企業の対中投資戦略の行方」『JBIC中国レポート「中国智庫」』（8／9月号）
――――（2015h）「深読み、中国の都市化政策」『JBIC中国レポート「中国智庫」』（6／7月号）
――――（2015i）「2015年の中国経済の行方―習近平時代の始動」『JBIC中国レポート「中国智庫」』（4／5月号）
――――（2014a）「中国進出の日本企業への提言」『JBIC中国レポート「中国智庫」』（7／8月号）
――――（2014b）「転向を余儀なくされるリコノミクス、歪む価格メカニズム、急減速する成長率」『金融財政ビジネス』7月3日
――――（2014c）「中国企業の過剰設備問題」『JBIC中国レポート「中国智庫」』（5／6月号）
――――（2014d）「視界不良の中国経済（中）不動産バブル崩壊の恐れ」『日本経済新聞』経済教室、5月15日
――――（2014e）「全人代の開会とリコノミクスの行方」『JBIC中国レポート「中国智庫」』（3／4月号）
――――（2014f）「2014年の中国経済の行方と長期展望」『JBIC中国レポート「中国智庫」』（1／2月号）
――――（2014g）「今年の中国経済の動向、懸念される消費動向」『金融財政ビジネス』1月20日
――――（2013a）「習近平国家主席の挑戦―三中全会の『決定』を読む」『JBIC中国レポート「中国智庫」』（11／12月号）
――――（2013b）「中国の待ったなしの環境汚染問題」『JBIC中国レポート「中国智庫」』（9／10月号）
――――（2013c）「中国の影の銀行と銀行の影の問題」『JBIC中国レポート「中国智庫」』（7／8月号）
――――（2013d）「難しい成長と改革の両立、『中国発金融危機』の懸念も」『金融財政ビジネス』8月5日

――（2013e）「インフレ懸念高まるなか、構造転換遅れる―日本企業の対中投資戦略の行方」『JBIC 中国レポート「中国智庫」』（5／6月号）

――（2013f）「習近平政権の誕生で中国経済は低成長に入るのか」『JBIC 中国レポート「中国智庫」』（3／4月号）

――（2013g）「深刻化する大気汚染の行方と課題」『JBIC 中国レポート「中国智庫」』（1／2月号）

――（2012a）「チャイナリスクの再認識 ―日本企業の対中投資戦略への提言―」『（富士通総研研究レポート』No.398（12月）

――（2012b）「中国の構造転換と中国における日本企業と中国企業のブランド戦略」『JBIC 中国レポート「中国智庫」』（11／12月号）

――（2012c）「中国の景気動向と日本企業の対中投資戦略」『JBIC 中国レポート「中国智庫」』（9／10月号）

――（2012d）「日中関係の新たな動きと日本企業の対中投資戦略」『JBIC 中国レポート「中国智庫」』（7／8月号）

――（2012e）「中国のエネルギー需給とその戦略」『JBIC 中国レポート「中国智庫」』（5／6月号）

――（2012f）「政権交代期のチャイナリスクの再認識」『JBIC 中国レポート「中国智庫」』（3／4月号）

――（2012g）「住宅制度改革の変遷と住宅バブルの行方」『JBIC 中国レポート「中国智庫」』（1／2月号）

――（2011a）「2012年中国経済を占う―五輪と万博後遺症の影響と展望」『JBIC 中国レポート「中国智庫」』（11／12月号）

――（2011b）「中国経済の行方とそのソブリンリスク」『富士通総研研究レポート』No.378（10月）

――（2011c）「苦境に立たされる中小企業経営の行方」『JBIC 中国レポート「中国智庫」』（9／10月号）

――（2010a）「中国経済のディレンマ―成長か構造改革か―第12次5か年計画の骨格」『JBIC 中国レポート「中国智庫」』（11月号）

――（2010b）「中国人民元為替問題の中間的総括」『富士通総研研究レポート』No.355（6月）

――（2009）「中国経済分析の視座―インフレと雇用の政策的意味―」『富士通総研研究レポート』No.342（5月）

――（2008）「中国経済のサステナビリティと環境公害問題」『富士通総研研究レポート』No.321（5月）

――（2006a）「中国における国家と市場の関係に関する考察」『富士通総研研究レポート』No.276（10月）

――（2006b）「日本企業対中投資の新たな選択―集中か分散か」『富士通総研研究レポート』No.250（1月）

――（2005a）「中国企業の対外直接投資に関する考察」『富士通総研研究レポート』No.235（7月）

――（2005b）「中国経済成長に内在するリスク要因」『Economic Review（富士通総研）』Vol.9, No.3（7月）

――（2005c）「中国経済成長に内在するリスク要因」『富士通総研研究レポート』No.217（2月）

――（2004a）「中国における国有企業民営化に関する考察」『Economic Review（富士通総研）』Vol.8, No.4（10月）

――（2004b）「中国経済はインフレに向かうのか―問われる金融政策の有効性」『Economic Review（富士通総研）』Vol.8, No.3（7月）

――（2004c）「中国における国有企業民営化に関する考察」『富士通総研研究レポート』No.201（7月）

――（2004d）「中国における食料価格上昇の背景に関する一考察」『Economic Review（富士通総研）』Vol.8, No.2（4月）

――（2004e）「中国人民元の為替政策に関する分析」『Economic Review（富士通総研）』Vol.8, No.2（4月）

――（2004f）「中国における電力供給の効率化と安定供給のディレンマ」『Economic Review（富士通総研）』Vol.8, No.1（1月）

――（2003a）「中国人民元の為替政策に関する分析」『富士通総研研究レポート』No.181（12月）

――（2003b）「中国の家計所得と消費構造に関する分析」『Economic Review（富士通総研）』Vol.7, No.3（7月）

――（2003c）「最近の中国の国際貿易の特徴」『Economic Review（富士通総研）』Vol.7, No.3（7月）

――（2003d）「中国の家計所得と消費構造に関する分析」『富士通総研研究レポート』No.162（4月）

――（2003e）「ＯＤＡ理念の再考と外交戦略の明確化」『富士通総研研究レポート』No.160（4月）

――（2003f）「中国市場におけるマーケッティングと人材獲得の重要性」『Economic Review（富士通総研）』Vol.7, No.2（4月）

――（2003g）「中国資本市場開放の第一歩―ＱＦＩＩの導入」『Economic Review（富士通総研）』Vol.7, No.1（1月）

――（2002a）「制度移行期の中国農業制度改革の方向性―『農民問題』と『農業問題』の考察を中心に」『富士通総研研究レポート』No.139（8月）

――（2002b）「対中投資における留意点―現地化とガバナンスの徹底による経営の必要性」『Economic Review（富士通総研）』Voi.6, No.3（7月）

――（2002c）「中国における金融国際化へのロードマップ」『Economic Review（富士通総研）』Vol.6, No.2（4月）
川勝平太（2006）『文化力、日本の底力』ウェッジ
岸田五郎（1995）『張学良はなぜ西安事変に走ったか――東アジアを揺るがした二週間』中公新書
キッシンジャー、ヘンリー・A.（1996）『外交』（上下）岡崎久彦監訳、日本経済新聞社
国分良成（2017）『中国政治からみた日中関係』岩波書店
――（編著）（2006）『中国の統治能力――政治・経済・外交の相互連関分析』慶応義塾大学出版会
舒乙（1995）『文豪老舎の生涯』林芳訳、中公新書
進藤榮一（2007）『東アジア共同体をどうつくるか』筑摩書房
鈴木美勝（2017）『日本の戦略外交』ちくま新書
添谷芳秀・田所昌幸（編）（2004）『日本の東アジア構想』慶応義塾大学出版会
チョムスキー、ノーム（1981）『知識人と国家』河村望訳、TBSブリタニカ
津上俊哉（2017）『米中経済戦争の内実を読み解く』PHP新書
寺島実郎（2012）『大中華圏　ネットワーク型世界観から中国の本質に迫る』NHK出版
トインビー、アーノルド・J.（1957）『歴史の教訓』松本重治編訳、岩波書店
西村豪太（2015）『米中経済戦争　AIIB対TPP』東洋経済新報社
福本勝清（1994）『中国共産党外伝』蒼蒼社
藤村久雄（1994）『革命家　孫文、革命いまだ成らず』中公新書
プー、バオ、ルネー・チアン、アディ・イグナシアス（2010）『趙紫陽極秘回想録』河野純治訳、光文社
ブレマ、イアン（1994）『戦争の記憶、日本人とドイツ人』石井信平訳、TBSブリタニカ
――（2012）『「Gゼロ」後の世界』北沢格訳、日本経済新聞出版社
松本重治（1974）『上海時代』（上中下）中央文庫
マディソン、アンガス（2000）『世界経済の成長史』金森久雄監訳、東洋経済新報社
毛毛（2002）『わが父・鄧小平』（上・下）藤野彰、鐙屋一ほか訳、中央公論新社
楊中美（1989）『胡耀邦―ある中国指導者の生と死』蒼蒼社

吉冨勝（２００３）『アジアの真実』東洋経済新報社
吉野文雄（２００６）『東アジア共同体はほんとうに必要なのか』北星堂
老舎（１９８０）『駱駝祥子』立間祥介訳、岩波文庫
———（１９８２）『茶館』沢山晴一郎訳、大学書林
渡辺利夫（編）（２００５）『日本の東アジア戦略―共同体への期待と不安』東洋経済新報社

【外国語文献】

Arrighi, Giovanni (2009) *Adam Smith in Beijing*, Verso（邦訳：中山智香子ほか訳、『北京のアダム・スミス―21世紀の諸系譜』作品社、２００９年）
Asemoglu, Daron and James A. Robinson (2013) *Why Nations Fail, The Origins of Power, Prosperity, and Poverty*, Profile Books（邦訳：鬼澤忍訳『国家はなぜ衰退するのか――権力・繁栄・貧困の起源』（上下）、早川書房）
Brown, Archie (2012) *The Rise and Fall of Communism*, Vintage（邦訳：下斗米伸夫訳『共産主義の興亡』中央公論新社、２０１０年）
Chang, Jung and Jon Haliday (2005) *Mao: The Unknown Story*, Globalfair（中国語訳：張戎訳『毛沢東：鮮為人知的故事』開放出版社、２００５年）
Ke, Long (2017) "Economic Risk under Xi Jinping Administration," *Japan Spotlight*, March/April.
——— (2016) "The Risks to China's Economy," *Japan Spotlight*, May/June.
——— (2013) "Chinese Industrial Policy and Economic Development," *Japan Spotlight*, May/June.
——— (2012) "Global Linkages and Economic Rebalancing in East Asia," *World Scientific Publishing Company* (Singapore).
Lampton, David M. (2001) *Same Bed Different Dreams*, The Regents of the University of California.
Nixon, Richard (1982) *Leaders*, Warner Books（邦訳：徳岡孝夫訳、『指導者とは』文芸春秋、１９８２年）
Pantsov, Alexander V. and Steven I. Levine (2012) *Mao, The Real Story*, Andrew Numberg Associates（中国語訳：林添貴訳、『毛沢東、真実的故事』聯経、２０１５年）
Pomeranz, Kenneth (2001) *The Great Divergence*, Princeton University Press（邦訳：北川稔訳『大分岐―中国、ヨーロッパ、

そして近代世界経済の形成』名古屋大学出版会、２０１５年）
Rawski, T. G.（2001）"What is happening to China's GDP statistics?" *China Economic Review* Vol. 12. No. 4.
Steinberg, James and Michael E. O'Hanlon（2014）*Strategic Reassurance and Resolve, US-China Relations in the Twenty-First Century*, Princeton University Press（邦訳：『米中衝突を避けるために　戦略的再保証と決意』村井浩紀、平野登志雄訳、日本経済新聞出版社、２０１５年）
趙紫陽（２００９）『改革歴程』香港新世紀出版社（中文）
満妹（２００５）『思念依然無尽―回憶父親胡耀邦』北京出版社（中文）
李鋭（２０１３）『李鋭口述往事』山大文化出版社（中文）
李鵬（２０１４）『李鵬回憶録１９２８－１９８３』中央文献出版社（中文）

中国「強国復権」の条件
——「一帯一路」の大望とリスク

2018年4月25日　初版第1刷発行

著　者————柯　隆
発行者————古屋正博
発行所————慶應義塾大学出版会株式会社
〒108-8346　東京都港区三田2-19-30
TEL〔編集部〕03-3451-0931
〔営業部〕03-3451-3584〈ご注文〉
〔　〃　〕03-3451-6926
FAX〔営業部〕03-3451-3122
振替　00190-8-155497
http://www.keio-up.co.jp/
装　丁————デザインフォリオ
組　版————株式会社キャップス
印刷・製本——中央精版印刷株式会社
カバー印刷——株式会社太平印刷社

Printed in Japan ISBN978-4-7664-2509-3